Erich Lejeune

Erkenne dich selbst!

Erich Lejeune

Erkenne dich selbst!

301 Fragen für ein gelungenes Leben

mvgverlag

Bibliografische Information der Deutschen Nationalbibliothek
Die Deutsche Nationalbibliothek verzeichnet diese Publikation in der
Deutschen Nationalbibliografie. Detaillierte bibliografische Daten sind im Internet
über http://dnb.d-nb.de abrufbar.

© 2009 bei mvgVerlag, FinanzBuch Verlag GmbH, München.
www.mvg-verlag.de

Umschlaggestaltung: Vierthaler & Braun, München
Lektorat: Wolfgang Ahrendt
Satz: Manfred Zech, Landsberg am Lech
Printed in Germany
ISBN 978-3-86882-008-9

Dieses Buch widme ich Sokrates,
der mir die Kraft gibt,
stets die richtigen Fragen
im Leben zu stellen.

Inhalt

Vorspann

Liebe Leserin, lieber Leser,
haben Sie auch ein Gute-Laune-Lied, eines, das Ihre Stimmung aufhellt, wenn der Tag mal trüber ist, eines, bei dem Sie mitsingen, eines, das einfach gute Gefühle, gute Laune in Ihnen hervorruft und Sie mit Energie, Freude und Begeisterung erfüllt? Auch ich habe so eine Glücksmelodie, so ein Wohlfühllied. Wahrscheinlich kennen auch Sie dieses weltberühmte Lied. Es ist »What a wonderful world« von dem begnadeten amerikanischen Trompeter und Sänger Louis Armstrong. Dieses Lied wurde in den Sechzigerjahren in den USA von George D. Weiss komponiert und von George Douglas getextet. Es entstand in einer Zeit, in der das politische und gesellschaftliche Leben in der Welt immer bedrückender wurde. Angst, Kriege und Krisen bestimmten das Tagesgeschehen. Genau in dieser Zeit war es wichtig, den Menschen wieder Hoffnung zu geben, ihnen zu zeigen, dass so viel Schönes und Gutes in unserer Welt existiert, woraus man Kraft schöpfen kann. Und genau das sagt uns dieses wunderbare Lied. Es gibt uns Hoffnung und es zeigt, dass trotz aller Probleme unsere Welt schön ist und wir Menschen allen Grund haben, dafür dankbar zu sein.

Jeden Tag spüre ich die Kraft dieses Textes. Und jeden Tag lebe ich die Botschaft dieses Liedes. Es beinhaltet nicht nur die Botschaft, dankbar zu sein, es ist vor allem die Botschaft, die Welt so zu erkennen, wie sie wirklich ist. Es ist die Botschaft der Schöpfung – beim Blick in die Natur oder auf andere Menschen. Und die Aussage, uns selbst und unsere Bestimmung in dieser Welt zu erkennen.

Oft gehe ich in diese wunderbare Welt hinaus und mache einen langen Spaziergang über die saftigen Wiesen am Tegernsee. Dabei atme ich das satte Grün der Bäume in den schattigen Wäldern in der Umgebung ein. Oder ich schlendere durch das leuchtende Rot der Rosen und die unglaubliche Blütenfülle in den Gärten am Mittelmeer. Und ich staune immer wieder über die schöpferische Vielfalt, welche die Natur uns geschenkt hat. Erfreuen auch Sie sich bewusst an der unbeschreiblichen

Pracht der Welt um uns herum? Ich bin mir sicher, denn das Grün der Bäume, das Rot der Rosen, die Vielfalt der Blütenpracht zeigt uns doch so schön, wie bunt, verschieden und vielfältig diese Welt und die Menschen darauf sind.

Spüren Sie, wie wunderbar diese Welt für uns sein kann?

Manchmal lege ich mich einfach am Strand in den weichen Sand oder auf eine herrlich duftende Wiese und schaue eine Zeit lang den weißen Wolken bei ihren verspielten Veränderungen und Bewegungen am unendlich weiten, blauen Himmel zu. Das ist ein wahres Gefühlskino für mich. Diese Weite des blauen Himmels und die Verspieltheit der Wolken in ihrer ständigen Veränderung ist ein Zeichen für uns, dass alles in dieser Welt sich bewegt und verändert. Und diese stete Veränderung ist es doch letztendlich, die unser Leben interessant macht und die Schönheit unserer Welt zum Ausdruck bringt.

Spüren Sie, wie wunderbar diese Welt für uns sein kann?

Oftmals halte ich mich bewusst lange an einem Tag im Freien auf und lasse die vielen verschiedenen Stimmungen, Farben, Gerüche und Düfte des Tages in der freien Natur auf mich wirken. Gern mache ich auch einmal einen langen Abendspaziergang und genieße in klarer Nacht den Blick auf die unzähligen Sterne, die am Himmel stehen. Denn das ewige Wechselspiel von Tag und Nacht zeigt uns doch, dass diese Welt immer aus Gegensätzen besteht. Dass es für alles in dieser Welt auch immer einen Gegenpol gibt. Und das ist gut so. Denn nur durch diese Gegensätzlichkeit ist unsere Welt letztendlich wirklich vollständig und darum so schön und unser Zuhause.

Spüren Sie, wie wunderbar Ihr Zuhause in dieser Welt für Sie sein kann?

An einem Regentag genieße ich es, hinauszugehen, zum Himmel hinaufzuschauen und einen Regenbogen zu betrachten, der in seinen vielen schillernden Farben ein leuchtendes Band über uns am Himmel spannt. Dieser Regenbogen zeigt uns in seinen schillernden Farben die Wichtigkeit der ständigen Erneuerung alles Lebendigen in dieser Welt und dass wir Farbe in unseren manchmal grauen Alltag bringen können, wenn wir die Routine abstreifen und offen und kreativ sind.

Spüren Sie, wie wunderbar diese Welt für uns sein kann?

Wenn ich unterwegs bin, schaue ich stets in die Augen und Gesichter der Menschen, die mir auf meinem Weg begegnen. Diese Gesichter erzählen die unterschiedlichsten Geschichten, denn jedes Gesicht ist einzigartig. Die unzähligen Gesichter der Menschen sind Wegweiser dafür, dass jeder Mitbewohner dieser wunderbaren Welt einzigartig und einmalig ist. Jeder hat sein Leben, seine eigene Geschichte, die wir in seinem Gesicht lesen können. Diese Einzigartigkeit der Menschen macht unsere Welt so schön.

SPÜREN SIE, WIE WUNDERBAR DIESE WELT FÜR UNS SEIN KANN?

Wenn Freunde sich begegnen und gegenseitig fragen, wie es ihnen geht, sehe ich, wie ihre Augen strahlen und sagen: »Ich mag dich« – oder gar den schönsten Satz des Lebens: »Ich liebe dich.« Jedes Gespräch und die Zuneigung eines Menschen zum anderen – das hält unsere Welt zusammen und macht sie letztendlich so schön. Kommunikation, Mitgefühl, Herzenswärme und zwischenmenschliche Beziehungen sind der Treibstoff unseres Lebens.

SPÜREN SIE, WIE WUNDERBAR DIESE WELT FÜR UNS SEIN KANN?

Wenn ein Baby lacht, male ich mir wunderschön aus, wie es wächst, sich entwickelt und erwachsen wird. Und ich weiß, dass dieses lachende Baby in seinem Leben noch so viel lernen wird, mehr, als Sie und ich je lernten. Babys und Kinder machen uns bewusst: Egal wie es im Moment gerade um uns herum auch aussieht, es gibt immer eine gute Zukunft. Und durch unsere Kinder halten wir unsere Zukunft fest in Händen. Und genau das ist es, warum unsere Welt so wunderbar ist.

SPÜREN SIE, WIE WUNDERBAR DIESE WELT FÜR UNS SEIN KANN?

Zur Einstimmung:
What a wonderful world

Lassen Sie nun den folgenden Originaltext von »What a wunderful world« auf sich wirken! Wenn Sie Internetzugang haben, können Sie dieses musikalische Juwel auch auf www.youtube.com/watch?v=vnRqYMTpXHc genießen.

WHAT A WONDERFUL WORLD
G. D. WEISS, G. DOUGLAS

I see trees of green, red roses, too
I see them bloom, for me and you
And I think to myself, what a wonderful world.

I see skies of blue and clouds of white
The bright blessed day, the dark sacred night
And I think to myself, what a wonderful world.

The colours of the rainbow, so pretty in the sky
Are also on the faces of people goin' by.

I see friends shaking hand, saying: »How do you do?«
They're really sayin': »I love you.«

I hear the babies cry, I watch them grow
They'll learn much more, than I'll ever know.

And I think to myself, what a wonderful world.
Yes, I think to myself, what a wonderful world.

Willkommen
in der Welt der Motivation!

Als ich vor zehn Jahren mein Buch *Lebe ehrlich – werde reich* auf den Markt gebracht habe, wusste ich nicht, dass dieses Buch später in 16 Sprachen übersetzt und für Tausende von Menschen auf der ganzen Welt Ansporn zur Motivation sein würde. Ich befand mich damals auf einem der Höhepunkte meines Lebens und wollte alle Erfahrungen, alles Wissen und alle Erkenntnisse aus meinem erfolgreichen Leben an meine Leserinnen und Leser sowie an viele Menschen, die sich für die Motivation begeistern, weitergeben. Ich war frei, unabhängig, ehrgeizig, weltweit erfolgreich und wusste aus meiner eigenen Lebensgeschichte, dass Ehrlichkeit, Disziplin sowie die Kraft des positiven Denkens die beständigsten Grundpfeiler für Erfolg im Leben sind.

Ich hatte bis dahin alles im Leben erfahren, was es in einer erfolgreichen Karriere von über 25 Jahren zu erleben gibt, einschließlich harter Rückschläge, Niederlagen, Enttäuschungen und Verluste. Aber gerade auch Misserfolge spornten mich immer wieder an und ich kämpfte umso mehr für meine Ziele, für meine Erfolge, für mein Lebensglück. Ich kämpfte wie ein Besessener und gab nie auf. Mit der Kraft der Motivation und meinem Lebensmotto: »Solange du an dich glaubst, hast du alle Chancen im Leben!« habe ich das geschafft, wovon viele Menschen träumen: unabhängig zu sein, ein großes Vermögen mit einer Idee, die zur Vision wurde, aufzubauen und nie sich selbst dabei verloren zu haben.

Der tägliche Kampf ums Überleben
prägte meine Kindheit!

Aufgewachsen in den trostlosen und ärmlichen Verhältnissen der Nachkriegszeit in einem Münchner Arbeiterviertel, begann mein junges Leben mit dem täglichen Kampf ums Überleben. Wie bei der Maslow'schen

Pyramide, die als wichtigstes Bedürfnis des Menschen das Essen, Trinken und Schlafen definiert, ging es zuerst einmal darum, täglich etwas zu essen zu bekommen. Zu dieser Zeit war ich oft unglücklich und unsagbar traurig. Unsere winzige Unterkunft war kalt und trostlos, von den Wänden lief das Wasser herunter, ein Nährboden für Kakerlaken. Zentralheizungen waren in diesen billigen Arbeiterwohnungen unbekannt. Und unseren kleinen alten Ofen konnte man in den kalten Wintertagen natürlich nur heizen, wenn genügend Geld da war, um Brennholz und Briketts zu kaufen.

Wenn wir einmal wieder keinen einzigen Pfennig Geld mehr in der Haushaltskasse hatten und auch nichts zum Essen im Brotkasten war, schickte mich meine kränkelnde Mutter oft mit der hoffnungsvollen Aufforderung auf die Straße: »Erich, bitte schau, ob du vielleicht irgendwo Geld findest!« Mit der Gewissheit, etwas Geld zu finden, lief ich dann immer zu einer Telefonzelle an der Hauptstraße. Manchmal lagen dort Zehnpfennigstücke im Rückgabespeicher, wenn die Leute einen besetzten Anschluss angerufen hatten, ungeduldig davoneilten und vergaßen, ihre Münzen wieder mitzunehmen. Auch vor dem Gemischtwarenladen, in dem meine Mutter als Aushilfe arbeitete, wenn sie nicht gerade durch ihre Krankheit sehr geschwächt war, fand ich oftmals nach Stunden des Suchens ein paar Groschen, die ich meiner Mutter strahlend und glücklich nach Hause brachte. Für ein Zehnpfennigstück bekam man damals immerhin fünf Maggi-Würfel. Die konnte meine Mutter aufbrühen. Zusammen mit einem Stück Brot war das für uns damals ein komplettes Abendessen.

Ich hatte nicht viel zu verlieren – nur meine Armut!

Und so stellte sich mir schon damals als Kind meine erste wichtige Lebensfrage: »Erich, wohin gehörst du überhaupt?« Und diese Frage war sofort mit einer anderen Frage verbunden: »Erich, wie kommst du hier aus dieser trostlosen Armut heraus?« Im Grunde hatte ich nicht viel zu verlieren – außer meiner Armut! Schon damals keimte in mir immer stärker der Traum und große Wunsch: »Ich werde einmal durch eine geniale Idee Millionär!« Denn ich hatte mitbekommen, wie sehr, sehr reiche Menschen, Millionäre vermutlich, ihre unvorstellbar teuren Autos meinem Vater, der als Autowäscher bei einem Autohändler seinen kargen Lohn verdiente, zum Waschen brachten. Mich beeindruckten diese chromblitzenden Karossen mit den feinen Ledersitzen und den hölzernen Lenkrädern. Was mich aber noch viel mehr faszinierte, war das ungeheure Selbstbewusstsein, das diese Autobesitzer ausstrahlten. Ich bewunderte diese feinen Herren für ihre absolute Lässigkeit und Selbstverständlichkeit, mit der sie in diese Wunderdinger der frühen Sechzigerjahre elegant einstiegen und davonbrausten. Dass ein derart unvorstellbarer Besitz etwas so Gigantisches sein konnte, grub sich tief in mein kindliches Denken ein. Die Erkenntnis, die ich daraus zog, war unglaublich einfach und anspornend: Reichtum kann durchaus mit einem großen Traum beginnen. Aus der Armut herauszukommen, zu denen zu gehören, die durch Leistung im Leben Großes schaffen, war von nun an mein flammender Wunsch und mein unumstößliches Ziel. Das war mein erster kraftvoller Motivationsschub und mein beständiger Antrieb zugleich für eine sehr, sehr lange Zeit – bis ich meinen großen Traum realisierte und an meinem Ziel ankam!

Ich schaffte, was ich wollte!

Mein Kindheitstraum wurde durch die Kraft der Motivation wahr. Ich wurde ein motivierender, ja ein begeisternder Verkäufer, der nie aufgab – und ich wurde durch das Verkaufen reich. Auf diesem langen, dornenreichen Weg gab es neben grandiosen und beeindruckenden Erfolgen jedoch auch niederschmetternde Tiefschläge. Im Moment meiner schlimmsten Niederlage musste ich erkennen, dass Erfolg und Reichtum niemals etwas Sicheres sind. Ich war aufgrund meines Ehrgeizes, meiner Disziplin und meines starken Willens zu einem der erfolgreichsten Verkäufer für elektronische Bauelemente auf dem zu dieser Zeit stark wachsenden Markt geworden. Ich brachte es in wenigen Jahren zu einem enormen Einkommen und Wohlstand. Doch mit der Zeit spürte ich immer mehr, dass mein damaliger Chef, mein großes Vorbild, hie und da gern mal die Wahrheit verfälschte. Dieses Verhalten wurde für mich immer unerträglicher. Denn intuitiv spürte ich, wie wichtig die Wahrheit für ein erfolgreiches und unbeschwertes Leben ist.

Ich erfuhr, dass Erfolg und Reichtum niemals für immer sicher sind!

Und so kam der Moment in meinem Leben, an dem ich meine Emotionen nicht mehr zurückhalten konnte. Und es kam, wie es kommen musste. Ich sagte meinem Chef klar und deutlich meine ehrliche Meinung, die ihn schlussendlich als Lügner entlarvte. Damit traf ich ihn schwer. Er konnte diese Wahrheit nicht ertragen. Trotzdem hätte ich niemals damit gerechnet, dass er seinen besten Verkäufer aus purer Eitelkeit daraufhin fristlos entlassen würde. Er tat es und schaltete seine knallharten Rechtsanwälte ein: Ich erhielt die fristlose Kündigung und so verlor ich alles, wirklich alles. In diesem Moment brach mein ganzes damaliges Leben wie ein Kartenhaus zusammen. Und mit dem Verlust meiner Arbeitsstelle und meines Wohlstandes ging auch der Verlust meiner Freunde und meiner Ehe einher.

Ganz tief in mir fand ich die Vision meines Lebens!

Nun war alles zerstört und weg und es gab nur noch mich. Zutiefst unglücklich musste ich mir eingestehen, dass ich bis dahin auf dem Weg meiner Karriere einzig und allein von dem Gedanken, reich zu werden, getrieben war. Ich hatte vergessen, diesen Wohlstand abzusichern. In diesem Moment meiner schlimmsten Niederlage stand ich wie gelähmt da. Ich war unsagbar müde und vor mir tat sich ein tiefes, schwarzes Loch auf, ein Tor zu einem langen, kalten, finsteren Tunnel. Ich sah nur noch einen Ausweg. Ich wollte mir das Leben nehmen. Doch als ich auf der berüchtigten Münchner Todesbrücke vor dem Abgrund stand, füllten sich plötzlich meine Augen mit Tränen und ich fing an, bitterlich zu weinen. Ja, ich weinte Stunden – so lange, bis keine Tränen mehr kamen. In diesem Zustand der völligen Erschöpfung hörte ich auf einmal, wie von Weitem, in meinem Inneren die samtene Stimme meiner geliebten Großmutter, die Tage vorher verstorben war. Sie schien mir von ganz weit weg zuzurufen: »Erich, gib dir die Antwort auf die Frage, wieso dir denn dein Chef so viel Geld bezahlt hat?« Und blitzartig schoss es mir durch den Kopf und ich schrie die Antwort mit letzter Kraft laut heraus: »Weil ich ein begeisternder Verkäufer bin!«

Mit der Kraft der Motivation fing ich wieder bei null an!

Ja, meine Großmutter war und ist bis heute mein Schutzengel, daran besteht für mich kein Zweifel. Sie war Zeit ihres Lebens mein Vorbild, meine über alles geliebte, vertraute Ratgeberin. Sie war es auch, die mich Werte wie Disziplin, Anstand, Ehrlichkeit, Demut und Respekt lehrte. Und sie schenkte mir durch ihre großartige Persönlichkeit die Kraft des Glaubens, des positiven Denkens und des Selbstvertrauens. Dieses Vertrauen in mich und meine Fähigkeiten sowie meine Begeisterung und Leidenschaft zum Verkaufen entzündeten sich durch dieses einschneidende Brückenerlebnis aufs Neue. Mit der Kraft des Satzes: »Weil ich ein begeisternder Verkäufer bin!« fing ich wieder bei null an. Mein unbedingter Wille zum Erfolg, der tief in mir verankert war, brach trotz der großen Not plötzlich wieder voll durch. So kam ich, ausgelöst durch diese fürchterliche Notsituation, auf die Vision meines Lebens.

Der unglaubliche Erfolg begann mit einer verrückten, aber genialen Idee!

Wenig später kaufte ich mir mit meinem letzten Geld, das ich mühsam zusammenkratzte, auf einem Flohmarkt einen alten wackeligen Schreibtisch und einen gebrauchten Fernschreiber für die stolze Gesamtsumme von 130 Mark. Mit diesem Schreibtisch und Fernschreiber begann ich, in meinem Leben ein zweites Mal das zu tun, was ich am besten kann: begeisternd zu verkaufen. Dieser legendäre Schreibtisch, an den ich mich noch heute gern erinnere, war das Symbol für meinen Neuanfang. Meine damaligen Kindheitsgedanken und Träume nahmen nun zunehmend konkrete Gestalt an. Sie wurden der Grundstein meines unglaublichen Erfolgs. Ich erkannte schon damals die wirtschaftliche und strategische Bedeutung von Mikrochips und gründete zusammen mit meiner jetzigen Frau und einem Partner mein eigenes kleines Chipbroker-Unternehmen in einer Dreizimmerwohnung in München-Schwabing. Im Nachhinein eine bahnbrechende und zukunftsweisende Revolution in der Welt der Mikrochips. So begann Mitte der Siebzigerjahre in dieser Schwabinger Dreizimmerwohnung unser kometenhafter Aufstieg zu einem späteren Milliardenkonzern der Hightech-Branche und dem größten Chipbroker-Unternehmen der Welt.

Ich erkannte, dass Erfolg nur dann etwas wert ist, wenn man ihn teilt!

Mein Ziel, mein Ehrgeiz, meine Disziplin, meine Ehrlichkeit und mein unbedingter Wille zum Erfolg trieben mich auch diesmal wieder mit großer Motivation voran. Doch ein weiteres wichtiges Element kam noch dazu: meine jetzige Frau Irène, die ich damals in der Schweiz kennengelernt hatte. Sie gab mir unendlich viel Kraft und glaubte trotz der schlechten Startbedingungen fest an mich. Und gemeinsam bauten wir unser Unternehmen auf und wurden von Jahr zu Jahr erfolgreicher. 22 Jahre später brachten wir unseren Konzern an die Deutsche Börse. Und an diesem unvorstellbaren Höhepunkt wurde mir klar, dass echter Erfolg nichts wert ist, wenn man ihn nicht teilt!

Mit *Lebe ehrlich – werde reich* gab ich alle meine Erfahrungen weiter!

Als ich damals an äußerem Reichtum alles erreicht hatte, wollte ich nicht nur meinen Erfolg teilen, ich wollte mein Wissen, meine Erfahrungen und meine Erkenntnisse aus der Welt der Motivation weitergeben. Also fasste ich all das, was ich bis dahin gelernt, erfahren und mir erarbeitet hatte, in Interviews und auf Tonbändern zusammen. So entstand mein erster internationaler Bestseller *Lebe ehrlich – werde reich*.

Wohlstand und Anerkennung reichen nicht, um wirklich zufrieden zu sein!

Alles hatte ich erreicht, was ich mir in meinem großen Traum als zehnjähriges Kind gewünscht hatte: nie mehr Hunger leiden und frieren, ein Leben in Reichtum und Wohlstand, international anerkannt und ausgezeichnet mit den begehrten Preisen verschiedener Institutionen, mit Freunden und einer wundervollen Frau an meiner Seite. Und trotzdem spürte ich dieses unbestimmte Gefühl der Rastlosigkeit und Leere in mir. Ich übernahm Lehraufträge für Motivation, zum Beispiel an der Eliteuniversität TU München. Ich hielt unzählige Vorträge. Ich brachte meine Bücher heraus, die weltweit in über 16 Sprachen veröffentlicht wurden. Zusammen mit meiner Frau Irène gründete ich die Stiftung »Herz für Herz – Stiftung für Leben!«, die Irène mit Leidenschaft und Engagement bis heute sehr erfolgreich führt. Ich wurde irischer Honorarkonsul und ich bekam das Große Bundesverdienstkreuz durch unseren Bundespräsidenten Horst Köhler verliehen. Noch im gleichen Jahr gründete ich die Lejeune Academy for Motivation, Communication & Success. Doch die innere Leere und Rastlosigkeit blieben. Tief in mir spürte ich die Kraft des inneren Reichtums und suchte nach dem Sinn meines Lebens. Hatte ich bisher Erfolg, Ruhm und Reichtum als Ziel eines glücklichen Lebens angesehen, wurde mir auf einmal bewusst, dass es noch etwas viel Größeres geben muss, das zu einem wirklichen gelungenen Leben führt.

Der Weg in die Welt der Philosophie offenbarte mir den Sinn meines Lebens!

Als ich in einer meiner Fernsehsendungen eine begabte junge Gymnasiallehrerin interviewte, kamen wir unter anderem auch auf das Thema Philosophie zu sprechen. Sie empfahl mir das anregende Buch *Sophies Welt* von Jostein Gaarder als einen ersten Einstieg in die Welt der Philosophie. Damit öffnete mir diese junge Philosophin unbewusst das Tor zu dieser bereichernden Lebenswissenschaft. Plötzlich wusste ich, worum es im Leben wirklich geht: Es geht um die Erkenntnis, wer man ist, und auch darum, eine persönliche Antwort auf die Frage nach dem Sinn des Lebens zu finden. Ich begann von nun an, mich ausführlich mit den Menschen, die sich wohl am meisten Fragen über den Sinn des Lebens stellen, zu beschäftigen: mit den Philosophen. Ich verschlang ein Buch nach dem anderen, traf mich mit wichtigen Philosophen und Denkern unserer Zeit und lernte in diesen Gesprächen viel über Werte und den Sinn des Lebens kennen. Eines Tages begegnete ich in München einem der großen Philosophen unserer Zeit, dem Rektor der Hochschule für Philosophie der Jesuiten, Professor Dr. Michael Bordt SJ. Wir trafen uns öfters zu Dialogen und merkten, dass sich die Bereiche Philosophie und Motivation hervorragend ergänzen und Synergien ermöglichen.

Ich trug mein Leben lang die Botschaft der Philosophie unbewusst in mir!

So setzte ich mich weiter mit der Geschichte der Philosophie auseinander und begeisterte mich zunehmend für Sokrates, der sich selbst den klügsten Menschen nannte, weil er zu der Erkenntnis gelangt war: »Ich weiß, dass ich nichts weiß.« Mit dieser philosophischen Erkenntnis war Sokrates an Klugheit allen anderen Menschen weit überlegen, die noch nicht einmal wissen, dass sie nichts wissen, sondern glauben, dass ihr Wissen ausreichend sei. In der Beschäftigung mit Sokrates erkannte ich, dass ich seine wichtigste Aufforderung an die Menschen schon seit mei-

24

ner Kindheit unbewusst in mir trug: die Aufforderung, alles in seinem Leben erst einmal zu hinterfragen.

Diese 301 Lebensfragen sind mein Geschenk an Sie!

Ich kam in meinem Leben immer wieder an einen Punkt, an dem ich mich entscheiden musste, in welche Richtung mein Leben weitergehen sollte. An all diesen Weichenstellungen waren es die folgenden Lebensfragen, die ich mir ehrlich selbst stellte und die mir bei meinen Entscheidungen immer wieder Kraft schenkten und weiterhalfen. Genau diese 301 Lebensfragen möchte ich Ihnen mit meinem Buch *Erkenne dich selbst!* gern schenken. Nehmen Sie dieses Geschenk an. Entdecken Sie anhand dieser Lebensfragen Ihre eigene Welt der Philosophie, der Motivation, der Wahrheit und des Erfolgs. Ich begleite Sie gern mit meinem Buch bei dieser philosophischen Motivationsreise in Ihr Inneres. Entdecken Sie Ihr wunderbares Leben. Sie werden sich selbst dabei erkennen und Ihr glückliches, gelungenes Leben finden. *Erkenne dich selbst!* wird Ihnen dabei helfen!

Erich Lejeune
München/Theoule s/M im Oktober 2008

Vorwort

Natürlich habe ich in meinem Leben schon viele Bücher gelesen: Erzählungen, Autobiografien, Romane, Sachbücher und eine Menge philosophischer und theologischer Werke. Aber bei kaum einem anderen Buch hatte ich so sehr das Gefühl, dass der Autor selbst von der ersten Seite seines Buches an persönlich, ja beinahe physisch, beim Lesen anwesend ist. Vielleicht liegt dieser Eindruck an dem Inhalt des Buches, denn es geht um Emotion, Begeisterung, Energie, Motivation, Philosophie und Freude am Leben – und all diese Phänomene haben eine stark körperliche Komponente. Das Buch will Menschen helfen, ihre Augen zu öffnen für die Schönheit ihres Lebens, für das, was in ihrem Leben alles möglich ist.

Nelly Sachs, die bekannte jüdische Dichterin, hat einmal gesagt: »Alles beginnt mit der Sehnsucht.« Wie wahr, möchte man sagen! Aber auch: Wie wenig Menschen wagen noch den Versuch, mit ihrer Sehnsucht in Kontakt zu kommen? Sich von ihrer eigenen Sehnsucht beflügeln zu lassen? Auf sie zu hören? Oder gar den Mut zu haben, ihrer Sehnsucht nachzugehen, sich nicht mit dem zufriedenzugeben, was »man« halt so hat und tut?

Auf die Sehnsucht zu hören setzt die Bereitschaft voraus, sich zu verändern und selbst aktiv zu werden. Wer Erich Lejeunes Buch gelesen hat, dem ist klar, dass das gelungene und glückliche Leben nicht etwas ist, das man bekommen kann, ohne selbst aktiv zu werden. Immer wieder wendet sich Erich Lejeune aufgrund seiner eigenen Lebenserfahrung gegen die Vorstellung, wir könnten dadurch wahrhaft glücklich werden, dass uns das Glück eines Tages schon zufällt oder dass ein glücklicher Zufall eintritt, der unser Leben verändert, und damit alle Probleme ein für alle Mal verschwinden. Der Autor macht immer wieder deutlich, dass unser Leben nur dann gelingen kann, wenn wir es aktiv und begeistert leben, wenn wir aus den 24 Stunden, die uns täglich zur Verfügung stehen, selbst etwas machen und unser Leben begeistert leben.

Dass Erich Lejeunes Überlegungen, Erfahrungen und Einsichten nicht durch ein theoretisches Studium, sondern durch ein hartes, auch entbehrungsreiches Leben gewonnen wurden, wird auf jeder Seite deutlich. Das Buch ist spannend und erfahrungsgetränkt. Gerade darum kann es alle Menschen ansprechen. Auch dann, wenn der Lebensweg von Erich Lejeune sicherlich ungewöhnlich ist, die Botschaft seines Lebens kann jeder für sich übernehmen. Diese Botschaft heißt: Erkenne dich selbst!

Das ist der entscheidende Punkt, auf den es im Leben ankommt. Erkenne dich selbst mit allem, was dazugehört: mit den Stärken, aber auch mit den Schwächen. Mit unseren Fähigkeiten, Talenten und Herzensträumen, aber auch mit unseren Blockaden, Ängsten und Unfähigkeiten. Es ist klar: Wer sich selbst nicht kennt, kann nichts aus sich machen. Er kann zwar Rollen übernehmen, die andere für ihn bereithalten, aber er wird dabei nicht glücklich werden können, weil der Mensch immer mehr ist als eine Rolle. Er kann Masken aufsetzen, die von ihm erwartet werden, aber er wird sein eigenes Lebensglück verfehlen. Man ist dann vielleicht ein fürsorglicher Elternteil, ein funktionierendes Vorstandsmitglied, ein unterhaltsames Vereinsmitglied, ein sportlicher Golfpartner – aber wer man selbst wirklich ist, weiß man nicht.

Erich Lejeune hat in seinem reichen Leben eine große Anzahl unterschiedlichster Menschen kennengelernt. Aber er hat nur wenige getroffen, die wirklich glücklich sind und das auch ausstrahlen. Viele dieser Menschen, so seine Erfahrung, geben sich sogar auf. Sie leben nicht ihr eigenes Leben, sondern das Leben, das andere für sie bereithalten. Eine ganze Medienindustrie lebt davon, uns vorzugoogeln und vorzugaukeln, dass das Leben vor dem Fernseher oder Computer das eigentliche Leben sei. Es gibt in dieser Scheinwelt wahrlich viele Möglichkeiten, sich selbst aus dem Weg zu gehen. Dagegen hilft tatsächlich nur eines: Aufwachen, sich selbst erkennen, anfangen und endlich bewusst leben!

Und das bedeutet für uns alle konkret: Wir müssen damit beginnen, uns die Lebensfragen zu stellen, die »man« sich normalerweise nicht stellt, weil sie sehr unangenehm sein können und weil sie uns mit unserem Innenleben in Kontakt bringen wollen, das viele von uns wenig oder überhaupt nicht kennen. Aber ohne diese Wahrnehmung dessen, was in uns ist, gelingt unser Leben nicht. Erich Lejeune macht aufgrund seines eigenen authentischen Lebensweges aus der Armut heraus eindringlich deutlich, dass wir vor der Alternative stehen, entweder jetzt zu beginnen, uns diese wichtigen Lebensfragen zu stellen, die in uns Veränderungen provozieren, uns infrage stellen und uns dadurch ein Stück mit uns selbst konfrontieren, oder so weiterzuleben wie bisher und somit ein Leben zu fristen, das an unseren Träumen, unseren Sehnsüchten, an dem, was wir eigentlich selbst sind, für immer lieblos vorbeizieht.

Der Schlüssel für dieses Buch und vielleicht auch für die Energie, die Begeisterung und innere Kraft von Erich Lejeune findet sich in einer der 301 Lebensfragen, die beinahe versteckt ist und leicht überlesen werden kann. Es ist die Frage, ob wir Gott für seinen Glauben an uns danken. Mich als Jesuit und Professor der Philosophie hat diese Frage überrascht. Nicht nur, weil sie unkonventionell ist. Normalerweise fragt man vielleicht noch, ob wir Gott dafür danken, dass wir an ihn glauben können. Aber umgekehrt? Dass Gott an uns glaubt? Das hört man eher selten! Aber der Glaube daran, dass Gott uns glaubt, dass er uns vertraut, dass er möchte, dass wir es schon schaffen mit unserem Leben, dass der Schöpfer des ganzen Universums Freude an unserem eigenen Leben hat und uns Kraft, Hoffnung, Energie, Motivation und vor allem Liebe zu unserem Leben und zu den Menschen schenkt, dieser Glaube enthält wirklich ein ungeheures Potenzial zur Veränderung. Manchen Leserinnen und Lesern wird dieser Gedanke vielleicht fremd sein, aber rührt er nicht dennoch etwas in uns an, das uns Mut, Begeisterung und Kraft geben kann? Aus diesem Grund wünsche ich dem Buch *Erkenne dich selbst!*, dass es viele Menschen findet, die es ernst nehmen. Die es als ein Übungsbuch für das Leben verstehen. Die es nicht einfach nur durchlesen und sich daran kurzfristig freuen, sondern die die Fragen, die vor jedem Kapitel gestellt werden, tatsächlich auf sich beziehen. Die mit diesem Buch aufrichtig und ehrlich an sich arbeiten. Die daraus den Mut schöpfen, ihr Leben aktiv zu gestalten und zu größerer Lebensfreude, Kraft und Liebesfähigkeit gelangen.

Prof. Dr. Michael Bordt SJ
Rektor der Hochschule für Philosophie der Jesuiten in München

Einleitung

Als Platon an den Hof von Dionysios dem Zweiten nach Syrakus eingeladen wurde, um ihn in die Kunst der Philosophie einzuweisen, war er sich nicht sicher, ob dieser in der Lage sei, die Bedeutung der Philosophie wirklich zu erkennen. Also machte er einen kleinen Test mit Dionysios. Er erzählte ihm davon, was die Philosophie ausmacht, von den schwierigen und langen Gesprächen und Debatten, die nicht immer zur Weisheit führten, sondern oft auch neue Fragen aufwarfen. Er sah, dass Dionysios aufmerksam zuhörte und alles fleißig notierte. So erkannte Platon, dass Dionysios eben gerade nicht geeignet war, sich mit Philosophie zu beschäftigen. Jeder, der sich mit Philosophie beschäftigt, denkt in Gesprächen über das Gesagte nach, stellt immer wieder Fragen, diskutiert und entwickelt dadurch seine eigenen Gedanken und Antworten. Denn in der Philosophie kommt es nicht darauf an, sich Antworten geben zu lassen, sondern selbst Fragen zu stellen und Antworten zu finden. Und genau das Gleiche gilt auch für die Motivation. Niemand kann einen anderen Menschen auf Dauer motivieren. Nur Sie selbst können sich immer wieder neu anspornen.

Motivation braucht Klarheit: das Wissen um sich selbst, um die eigenen Ziele, Fähigkeiten und das eigene Auftreten. Haben Sie sich selbst, Ihre Ziele und Ihre Fähigkeiten erkannt, ist das bereits Ihr größter Schatz. Denn Sie wissen nun, wer Sie sind, was Sie können und was Sie wollen. Nichts steht Ihnen mehr im Weg. Seien Sie deshalb der oder die, der oder die Sie wirklich sind!

Ich bin mir sicher: Alles, was Sie für ein erfolgreiches und gelungenes Leben brauchen, ist auch in Ihnen. Bitte fangen Sie jetzt an! Begeben Sie sich auf eine spannende, anregende und lehrreiche Reise in Ihr Innerstes und in die Welt der Motivation. Sie werden so viel Erstaunliches, Neues und Gutes an sich entdecken. Mit diesem Buch haben Sie einen motivierenden Reiseführer zu sich selbst. Die folgenden 301 Lebensfragen führen Sie zu Bereichen in Ihrem Innersten, die Sie bisher wenig oder gar nicht kannten.

Setzen auch Sie sich mit diesen 301 Lebensfragen gründlich auseinander. Bitte nehmen Sie sich Zeit, suchen Sie ehrliche Antworten, auch wenn es manchmal unbequem ist oder sogar schmerzt. Sie werden am Ende keine Testauswertung bekommen, kein Lob und keinen Tadel, keine Note. Sie werden nur eines gefunden haben: das Wertvollste – sich selbst!

Dieses Buch ist in vier große Bereiche unterteilt. Im ersten Teil, »Erkenne dich selbst – dem Leben Sinn geben!«, geht es um die grundlegenden philosophischen Fragen, was der Sinn des Lebens ist, wo wir herkommen und wer wir sind. Im zweiten Teil, »Energie – dem Leben Kraft geben!«, geht es um die Fragen, wie wir unseren Körper zu unserem Verbündeten auf dem Weg zu einem gelungenen Leben machen können. Im dritten Teil, »Motivation – das Leben leben!«, geht es darum, wie wir uns unseren Gewohnheiten und Herausforderungen im Leben stellen. Der letzte Teil schließlich, »Begeisterung – dem Leben Erfüllung geben!«, setzt sich mit den Fragen auseinander, wie wir für unsere Persönlichkeitsentfaltung und unsere Veränderung die Kraft in der Begeisterung finden.

Jeder dieser Bereiche ist in mehrere Unterkapitel aufgeteilt, die sich jeweils mit wichtigen Fragen der Selbsterkenntnis, der Begeisterung und der Motivation auseinandersetzen. Jeder dieser Teile wird mit den entsprechenden Lebensfragen eingeleitet. Diese Lebensfragen sind die erprobten Fragen, die sich auch mir in den entscheidenden Etappen meines Lebens stellten und die ich ehrlich mir selbst gegenüber beantworten musste, um die nächsten Schritte in meinem Leben weiter nach vorn zu gehen. Nehmen Sie deshalb mein Leben als Anregung dafür, Ihre Lebensfragen für sich selbst zu beantworten. Zum Abschluss der jeweiligen Kapitel folgen dann Tipps und Anregungen, wie Sie sich mit den jeweiligen Fragen auseinandersetzen und welche nächsten erfolgreichen Schritte Sie in Ihrem Leben bewusst unternehmen können.

Dies ist Ihr Buch, es ist ein sehr individuelles und persönliches Buch. Nehmen Sie sich deshalb auch bitte die Freiheit, es nach Ihren eigenen individuellen und persönlichen Bedürfnissen und Vorlieben zu lesen.

Gehen Sie direkt zu den Themen, die Sie in Ihrer jetzigen Situation besonders ansprechen. Die Kapitel sind absichtlich so gehalten, dass

Sie immer direkt einsteigen können. Auf diese Weise können Sie nach Gusto springen, Schwerpunkte setzen und experimentieren. Ja, Letzteres ist mir ganz wichtig. Arbeiten Sie mit diesem Buch, seien Sie kreativ, lassen Sie sich anregen und inspirieren. Lesen Sie dieses Buch nicht nur, leben Sie es!

Das bedeutet auch, dass Sie die Lektüre immer wieder einmal für eine gewisse Zeit unterbrechen und über die Fragen nachdenken, denn nur Sie können sich die richtigen Antworten geben. Das erfordert manchmal Zeit. Sorgen Sie sich nicht, wenn Sie die ein oder andere Frage nicht auf Anhieb klären können. Schon allein das Nachdenken ist ein unschätzbarer Gewinn und bringt Sie ein gutes Stück auf Ihrem Weg zu einem erfolgreichen, gelungenen Leben weiter.

Wichtig ist, dass Sie diesen Weg mit Freude gehen. Probieren Sie für sich aus, was Ihnen weiterhilft, was Ihnen guttut, wobei Sie sich wohlfühlen und was Sie voranbringt. Quälen Sie sich nicht mit starren Listen, auf denen Sie einen Punkt nach dem anderen sklavisch abarbeiten.

Dieses Buch ist wie ein Spiegel, der Ihnen Einblicke in Ihr Innerstes gewährt. Sie werden beim Lesen neue Stärken an sich erkennen oder bekannte besser schätzen lernen. Sie werden sich bewusster werden, was Ihnen im Leben wichtig ist, und Ihr Verhalten in bestimmten Situationen besser verstehen. Schon allein die Tatsache, dass einige Themen Sie stärken ansprechen werden als andere und Ihnen manches ganz selbstverständlich ist, während Sie sich mit anderen Aspekten intensiv auseinandersetzen müssen, verrät Ihnen sehr viel über Sie selbst. Das ist unglaublich aufregend, denn nichts ist so spannend für uns wie unser eigenes Leben.

Also lesen Sie und leben Sie! Leben will leben und nicht nur gedacht werden.

Ich wünsche Ihnen deshalb aus ganzem Herzen, dass Sie bei dieser spannenden Reise zu sich und Ihren Zielen genauso viel Freude haben wie ich beim Schreiben dieses Buches. Und wenn Ihnen mein Buch, das ich für Jung und Alt geschrieben habe, gefällt, empfehlen Sie es weiter!

Viel Freude beim Lesen wünscht

Erich Lejeune

I Erkenne dich selbst – dem Leben Sinn geben!

Viele Menschen verstellen sich, spielen Rollen, verbergen ihre wahren Wünsche und Sehnsüchte, weil sie glauben, das sei nötig, um von anderen Menschen mehr anerkannt und geliebt zu werden. Sie richten sich an ihrer Umgebung aus, geben etwas vor und gehen dabei an ihrem wahren Leben, an ihrem wahren Ich, an ihrem wahren Sein vorbei. Oft reden wir uns unser Leben, unsere Erfolge, unsere Beziehungen schön, nur um vor uns selbst und vor anderen besser dazustehen. Dabei spüren wir ständig, dass eine riesige Lücke zwischen dem, was wir vorgeben zu sein, und der Person, die wir wirklich sind, klafft. Dieses Verstellen kostet unendlich viel Kraft, Energie und Nerven und am Ende laufen wir in Sackgassen, werden gedemütigt und verlieren unser eigenes Ich immer mehr. Meine Erfahrung hat mich gelehrt: Nur wenn wir unsere wahre Persönlichkeit kennen und dazu stehen, werden wir ein selbstbestimmtes und damit gelungenes und glückliches Leben führen!

FRAGEN SIE SICH DESHALB WIE ICH IMMER WIEDER AUFS NEUE:

Was ist für mich mein Lebenssinn?
Wie gehe ich mit Glück um?
Wie gehe ich mit meinen Lebensfragen um?
Wie gehe ich mit meinen Wünschen um?
Was zeichnet mich aus?
Wie gehe ich mit meinem ICH um?
Wie gehe ich mit meinem Selbstbewusstsein um?
Was hat mich bisher geprägt?
Wie gehe ich mit meiner Herkunft um?
Wie gehe ich mit meiner Erziehung um?
Wie gehe ich mit meiner Bildung um?
Wie gehe ich mit meinen Werten um?

Wie gehe ich mit Regeln um?
Wie gehe ich mit meinem Denken um?
Wie gehe ich mit negativen Gedanken um?
Wie gehe ich mit positiven Gedanken um?
Wie gehe ich mit »komplexem Denken« um?
Wie gehe ich mit meinen Sinnen um?
Wie gehe ich mit meinen Intuitionen um?
Wie gehe ich mit meinen Emotionen um?
Wie gehe ich mit Liebe um?
Wie gehe ich mit meinem Glauben um?
Wie gehe ich mit meiner Seele um?

1. Was ist mein Lebenssinn?

Der Sinn und Zweck unseres Lebens besteht darin, den Zustand herbeizuführen, den wir allgemein als Glück bezeichnen. Glück ist, wenn wir rundum Zufriedenheit und Gelassenheit verspüren, wenn sich Ruhe in uns ausbreitet und wir in Einklang mit uns selbst sind. Glück können wir Menschen weder mit Geld kaufen noch mit Macht erzwingen. Glück entsteht auch nicht durch die bloße Anhäufung materieller Güter oder durch den Genuss von immer größerem Luxus. Glück ist etwas, das auf Menschen zukommt, die sich dafür öffnen.

Wie häufig fragen Sie sich: »Bin ich glücklich?« Versuchen Sie es doch einmal mit der Frage: »Wie kann ich glücklicher werden?« Diese Frage berücksichtigt die Tatsache, dass das Streben nach Glück ein fortlaufender Prozess, ein unbegrenztes Kontinuum ist, das nicht an einem bestimmten Punkt endet. Glücklicher zu werden ist eine Lebensaufgabe. Schon in der Antike stellte der Dichter Claudian so treffend fest: »Die Natur hat allen die Fähigkeit gegeben, glücklich zu sein, wenn jeder nur wüsste, sie auch zu gebrauchen.«

Wie gehe ich mit Glück um?

Was bedeutet Glück für mich?
Wann fühle ich mich glücklich?
Worüber bin ich glücklich?
Wie kann ich glücklicher werden?

Damit wir Glück und Zufriedenheit empfinden, ist es wichtig, dass wir Ziele haben, mit denen wir uns ganz und gar identifizieren, Herzenswünsche, die wir uns erfüllen wollen. Diese Ziele geben uns Orientierung, in welche Richtung wir unser Leben ausrichten wollen, und stiften Sinn. Das ist aber nur eine Seite der Medaille. Die andere ist, dass wir unseren Blick nicht nur nach vorn richten, sondern uns über das bereits Erreichte freuen, unsere Erfolge im Großen und Kleinen genießen, denn Zufriedenheit über das Erreichte gibt uns Kraft, neue Dinge in Angriff zu nehmen. Meine Devise lautete daher immer: »Strebe nach dem, was du willst, während du genießt, was du hast.« Diese Balance zwischen Zufriedenheit über das Erreichte und dem Streben nach »mehr« ist meiner Erfahrung nach ganz entscheidend für ein zufriedenes Leben.

Wir sind für unser Glück selbst verantwortlich!

Und dies ist der entscheidende Satz: Wir sind für unser Glück selbst verantwortlich. Egal wie unser Leben jetzt aussieht, egal wie viel wir verändern wollen, wir können ein glückliches Leben führen – jetzt und in Zukunft. Dazu müssen wir uns jedoch zuerst einmal die Frage stellen: »Was bedeutet Glück für mich?«, denn was einen letztendlich glücklich macht, ist von Mensch zu Mensch verschieden.

Doch auch wenn Glück etwas Individuelles ist, so verstehen die meisten Menschen etwas Ähnliches darunter. Die Glücksforschung hat sieben Faktoren identifiziert, die für das Glücksempfinden der Mehrheit eine zentrale Rolle spielen: tragende familiäre und freundschaftliche Beziehungen, eine befriedigende Arbeit, ein passendes soziales

Umfeld, Gesundheit, persönliche Freiheit, das Vorhandensein einer Lebensphilosophie und eine gesicherte finanzielle Lage. Wie sehen denn diese Bereiche bei Ihnen aus? In welchem Bereich würden Sie gern etwas verändern, wo würden Sie sich gern weiterentwickeln und worüber sind Sie so richtig glücklich?

Zum Glücklichsein brauchen wir Offenheit!

Meine Erfahrung hat mir gezeigt, dass man aktiv viel zu seinem Glück beitragen kann. Da gibt es zum Ersten das sogenannte Zufallsglück. Wir wünschen uns etwas, das uns unvermutet zufällt oder günstig für uns ausfällt. Ganz wesentlich ist unsere Haltung gegenüber dem Zufallsglück. Wir können uns für den Zufall einer Begegnung, einer Information, einer Erfahrung öffnen oder verschließen, wir können den Kescher bereithalten, in dem ein Zufall sich verfangen kann, oder eine Mauer errichten, an der jeder Zufall abprallt. Offenheit, Aufgeschlossenheit und eine wache Wahrnehmung können also ganz entscheidend zu unserem persönlichen Glück beitragen. Überlegen auch Sie, wie offen Sie für Ihr Glück sind. Diese Frage stelle ich mir immer wieder, sie ist ein fester Begleiter meines Lebens geworden.

Zum Glücklichsein brauchen wir Zeit und Genussfähigkeit!

Neben dem Zufallsglück gibt es das Wohlfühlglück. Hierzu zählen alle angenehmen Empfindungen, und davon gibt es viele: kurze kleine Freuden des Alltags, beispielsweise der üppig blühende Rhododendron im Garten, ein freundliches Lächeln des Kollegen oder der Kollegin im Büro, eine Unterhaltung, ein ermutigendes Gespräch mit einem Freund, aber auch ein köstlicher Wein, ein leckeres Essen oder eine gelungene Theater- oder Konzertaufführung. Ich nehme mir immer mehr Zeit, diese kleinen Freuden ganz bewusst wahrzunehmen und zu genießen. Und ich spüre: Das macht mein Leben glücklicher.

Diese persönliche Erfahrung wird auch durch die Glücksforschung bestätigt. Man weiß: Glücksgefühle sind in ihrer Intensität nicht beliebig steigerbar. Unser Körper kann nur ein bestimmtes Maß an Glückshormonen ausschütten. Da man die Intensität nicht beliebig steigern kann, bleibt nur die Möglichkeit, die Anzahl der Glücksmomente zu steigern und sie bewusst zu genießen. Oder kurz gesagt: »Wenn du glücklicher sein willst, tue mehr Dinge, die dich glücklich machen.«

Zum Glücklichsein brauchen wir eine positive Grundstimmung!

Während das Zufallsglück und das Wohlfühlglück ihrer Natur nach eher von kurzer Dauer sind, ist das Glück der Fülle eine dauerhafte Grundstimmung. Diese Grundstimmung, die nicht eine Addition von glücklichen Momenten, sondern eine helle, leichte, frohe Zufriedenheit mit dem ganzen Leben ist, erreichen wir, wenn wir im Einklang mit uns selbst leben, wenn wir uns mit unserem Tun und Handeln voll und ganz identifizieren können, wenn wir unsere Talente und Fähigkeiten entfalten und einbringen können, wenn wir nach unseren Werten und Überzeugungen leben können, wenn wir unseren Lebenssinn gefunden haben. Diese glückliche, positive Grundstimmung trägt uns über Rückschläge und Misserfolge und hilft uns, über Schwierigkeiten hinwegzukommen, sie gibt uns Kraft und Energie. Alle Lebensfragen sind letztlich auf diese dauerhaft positive Grundstimmung ausgerichtet. Entdecken Sie deshalb Ihren inneren Reichtum, leben Sie ihn und finden Sie so zum Glück der Fülle.

Unsere Krisen sind oft unsere Türen zum Glück!

An wie vielen glücklichen Stunden meines Lebens bin ich oder sind Sie achtlos vorübergegangen? Wie viele Stunden meines Lebens habe ich mit sinnlosem Ärger und Grübeln verbracht? Mein Erfolg begann auch nicht mit einem glücklichen Zufall, ganz im Gegenteil: Er begann mit Arbeitslosigkeit, Geldsorgen und einer gescheiterten Ehe. Sollten Sie sich in einer ähnlichen ausweglos erscheinenden Krisensituation befinden, nehmen Sie diese Krise als Chance an. Krisen entfesseln in uns unentdeckte Kräfte und Fähigkeiten.

Als ich nach meinem »Absturz« fast am Ende meiner Kräfte war, fand ich heraus, dass gerade in Notsituationen mein Energiespeicher Reserven hatte, die ich in guten Zeiten gar nicht wahrnahm. Und so kam ich zu der weisen Erkenntnis, dass Energie der wichtigste »Strom« des Lebens ist! Krisen öffnen uns oft Türen, die zum Glück führen, weil wir gezwungen sind, unser Leben zu überdenken, neue Wege zu gehen, kreativ und erfinderisch zu sein. Verlieren Sie nie die Hoffnung, denn Sie erkennen oft erst Jahre später, wozu dieser Wendepunkt in Ihrem Leben gut war. So weiß ich heute, dass der Tag, an dem meine größte Krise über mich hereinbrach, mein größter Glückstag war. Ich hatte an diesem schwärzesten Tag meines ganzen Lebens die geniale Idee zu meinem späteren Milliardenunternehmen!

Sehen Sie: Mein Tiefpunkt war der Aufbruch zu neuen Ufern. Ein Aufbruch ist immer etwas unglaublich Positives: Man kann sich ein schönes neues Ziel setzen, man kann sich einen neuen Lebensweg gestalten, neue Weggefährten suchen. Man kann aktiv planen, wohin man jetzt steuern möchte. Richten auch Sie Ihre Gedanken stärker auf die Zukunft, seien Sie kreativ, schöpfen Sie die Möglichkeiten, die sich für Sie ergeben, voll aus. Dieser positive Blick nach vorn hilft Ihnen auch in schweren Stunden immer weiter.

Das Glück finden wir nur in uns selbst!

Jeder von uns ist mit all den Ressourcen, mit all den Kräften und Fähigkeiten, mit all der Intelligenz, der Fantasie und Kreativität ausgestattet, die er benötigt, um ein glückliches Leben zu führen. Das ist der Grund, warum das Glück eines jeden Menschen aus ganz unterschiedlichen Dingen besteht. Ein ganz schlechter Ratgeber für das eigene Lebensglück ist deshalb der Blick auf das Glück und den Erfolg anderer Menschen. Hören Sie in sich hinein, wenn Sie erfahren wollen, worin Ihre größten Glücksmomente bestehen. Wenn wir das Glück nicht in uns selbst suchen – wo sonst sollten wir es finden?

Wann fühlen Sie sich eigentlich so richtig glücklich und zufrieden? – Viele Menschen haben vor lauter Alltagssorgen ganz vergessen, über diese wichtige Frage des Lebens nachzudenken. Dabei ist es das höchste Ziel unseres Daseins, diesen Zustand des Glücks und der Zufriedenheit zu erreichen. Aber wie könnte man ein so wichtiges Ziel erreichen, über das man zu wenig nachdenkt?

Glück ist die Verbindung von Gegenwart und Zukunft!

Ich genoss während meiner ersten Karriere große Erfolge und lebte nach der Maxime: Tue das, was dir jetzt guttut, genieße die Gegenwart und deinen Erfolg im Hier und Jetzt. Und so kaufte ich mir ein schönes Auto, eine große Wohnung und dachte keine Sekunde daran, meine Zukunft vorauszuplanen. Für dieses Verhalten bekam ich die bitterste Quittung meines jungen Lebens. Ich wurde entlassen. Mit meiner fristlosen Kündigung kam der Absturz!

Wenn man in der Gegenwart nicht zufrieden ist, fehlt einem die Kraft für die Zukunft. Bitte bedenken Sie also, wie wichtig es ist, zwar die Freuden und die Vorteile der Gegenwart schätzen und genießen zu können, gleichzeitig aber auch die Zukunft im Blick zu behalten.

Ich vergleiche das gern mit einer guten Ernährung: Manchmal essen wir, um uns zu verwöhnen. Der Genuss und nicht der Nährwert steht im Mittelpunkt. Das ist auch völlig in Ordnung, denn wir gewinnen dadurch an Lebensfreude. Doch wir wissen selbst, dass wir nicht immer nur das essen und trinken können, was uns schmeckt. Wir sollten auch an die Zukunft denken, Mangelerscheinungen und einer ungesunden Gewichtszunahme vorbeugen. Deshalb verzichten wir oft auf ein optimales Genuss- und Schlemmererlebnis, wissen aber, dass uns dies Vitalität, Fitness und Gesundheit für die Zukunft bringt.

Finden auch Sie Ihren persönlichen Weg zum Glück:

Beginnen Sie, intensiver in sich hineinzuhören. Erstellen Sie einmal eine Liste mit zehn Dingen, die Ihnen Freude machen, und planen Sie diese dann fest in Ihren Terminkalender ein.

Die Zeit, die Sie zum Glücklichsein verwenden, ist nie verlorene Zeit. Nehmen Sie sich Zeit für Ihr Glück. Dies ist ein wichtiger Schritt auf dem Weg zu Ihrem gelungenen Leben!

Sehen Sie einen Tiefpunkt als Aufbruch zu neuen Ufern an. Nehmen Sie eine Krise als Chance an. Krisen entfesseln in uns unentdeckte Kräfte und Fähigkeiten!

Ein rein hedonistisches Leben macht weder glücklich noch zufrieden. Nehmen Sie auch die genussvollen Seiten Ihres Lebens positiv an und sträuben Sie sich nicht dagegen. Das kostet Sie nur unnötig Kraft und Energie.

Wenn wir das Glück nicht in uns selbst suchen – wo sonst sollten wir es finden? Hören Sie in sich hinein, wenn Sie erfahren wollen, worin Ihre größten Glücksmomente bestehen.

Glück ist die Verbindung von Genuss und Strapazen!

Wichtig für unser Glück ist also immer eine gute Mischung. Wir brauchen Aufgaben, an denen wir wachsen können, wir brauchen Herausforderung, auch wenn dies kurzfristig für uns Unbequemlichkeit oder Verzicht bedeutet. Es gilt aber auch: Wenn man es sich in der Gegenwart gut gehen lässt, gewinnt man die Kraft, die notwendig ist, um Strapazen und Entbehrungen auf sich zu nehmen, um so Ziele zu erreichen, die einem erst zukünftigen Vorteil und Nutzen bringen. Die Forschung ist sich darin einig: Ein rein hedonistisches Leben macht weder glücklich noch zufrieden. Nehmen Sie also auch diese Seiten Ihres Lebens positiv an und sträuben Sie sich nicht dagegen. Das kostet Sie nur unnötig Kraft und Energie.

Es gibt nur einen persönlichen Weg zum Glück!

Entdecken Sie die verschiedenen Formen des Glücks, von den kleinen Freuden des Alltags, dem Wohlbefinden aller Sinne, einem spirituellen Glück, dem Gluck durch innere Ausgewogenheit und Ausgeglichenheit aufgrund einer guten Geist-Körper-Seele-Balance bis hin zu den ekstatischen Glücksgefühlen, die man beispielsweise bei seiner Hochzeit oder der Geburt des eigenen Kindes erlebt. Nehmen Sie die großen wie die kleinen Glücksmomente bewusst wahr und genießen Sie sie in vollen Zügen.

Wie gehe ich mit meinen Lebensfragen um?

Welches Leben führe ich?
Wie gehe ich mit meiner Lebensplanung um?
Wie sieht mein Lebensentwurf aus?
Was bedeutet für mich ein gelungenes Leben?
Welche Motive habe ich?
Der Wunsch nach einer deutlichen Verbesserung Ihres Lebens stellt Ihnen eine Reihe von Fragen. Sie sollten deshalb offen und ehrlich darüber nachdenken: Wer bin ich? – Was habe ich? – Wo stehe ich? Diese Fragen sind alles andere als materialistisch. Sie bedeuten nicht nur: »Was möchte ich alles besitzen?«, sondern: »Welche Persönlichkeit bin ich?« Erst dann können Sie die nächsten wichtigen Fragen beantworten.

Nichts ist wichtiger als die Auseinandersetzung mit sich selbst!

Wenn Sie Ihrem Leben die Richtung geben wollen, die zu Ihnen, zu Ihrer Persönlichkeit passt, ist es notwendig, sich intensiv mit der Frage auseinanderzusetzen, worin der Sinn Ihres – nur Ihres – eigenen Lebens besteht. Diese nicht einfache Auseinandersetzung mit sich selbst ist die wichtigste, die ein Mensch in seinem Leben zu führen hat.

Als Jean-Jacques Rousseau, der bekannte französisch-schweizerische Schriftsteller und Philosoph, bemerkte, dass der Mensch zwar frei geboren sei, jedoch überall in Ketten läge, meinte er damit, dass der Mensch als Kind zwar mit allen Instinkten und Gefühlen geboren wird, jedoch dann durch die Gesellschaft dazu gezwungen wird, diese Gefühle und Instinkte zu zügeln, bestimmten Vorstellungen und Erwartungen gerecht zu werden und dadurch nicht mehr selbst-, sondern fremdbestimmt lebt. Es gibt also auf der einen Seite unsere Ideen und Vorstellungen von dem, wie wir uns unser Leben wünschen, und auf der anderen Seite reale Lebensbedingungen, die unser Leben in bestimmte Richtungen drängen.

Nur wer sein Ziel im Auge behält, kommt dort an, wo er hin will!

Stellen Sie sich vor, Sie sind im Auto unterwegs. Sie wollen zu einer wichtigen Verabredung. Die Strecke, die Sie sich zu fahren vorgenommen haben, ist aber durch eine neue Baustelle gesperrt. Beginnen Sie in dieser Situation zu überlegen, ob Sie lieber woanders hinfahren sollten anstatt zu Ihrer Verabredung? Oder suchen Sie einen anderen Weg, Ihr Ziel zu erreichen? Ein anderes Beispiel: Stellen Sie sich vor, Sie gehen mit Ihren Kindern in einen Supermarkt. Sie haben im Kopf all die Dinge, die Sie einkaufen müssen. Doch bereits am Eingang des Supermarktes sehen Ihre Kinder leckere Süßigkeiten, die sie gern haben wollen, in anderen Regalen bunte Spielwaren. Überall in diesem Supermarkt hängen Schilder mit Sonderangeboten und Verlockungen, an denen Ihnen Weine, Käse und Schinken angeboten werden. Und was geschieht, wenn Sie dem Bitten und Quengeln Ihrer Kinder, den Aufforderungen des Supermarktes nachgeben? Reicht dann Ihr Geld auch noch, um Ihre notwendigen Einkäufe, weshalb Sie ja eigentlich gekommen sind, zu erledigen? Sicher nicht!

Beim Autofahren oder beim Einkaufen ist es für die meisten Menschen keine Frage, an ihrem ursprünglichen Plan festzuhalten. Beim Autofahren schauen wir in Karten oder auf das Navigationssystem und suchen einen Weg zu unserem Ziel, beim Einkaufen halten wir uns an unseren Einkaufszettel und widerstehen den zusätzlichen Verlockungen. Wir wissen eben genau, wohin wir wollen und was wir wollen. Und genauso sollte es sich mit unserer Lebensplanung verhalten. Auch hier gelingt es uns nur, allen Widerständen, Hindernissen und Verlockungen zu begegnen, wenn wir genau wissen, was und wohin wir wollen. Sollte es in einem so wichtigen Bereich wie der eigenen Lebensplanung nicht umso wichtiger sein, nicht jedem Druck nachzugeben, um das einmal gewählte Ziel zu erreichen?

Die Kunst im Leben besteht nicht darin, schöne Pläne zu schmieden, sondern diese Pläne auch umzusetzen. Natürlich ist ein Lebensplan wesentlich komplexer als ein Einkaufszettel oder die Route für einen Ausflug.

Wer sein persönliches Lebensziel gefunden hat, ist immer auf dem richtigen Weg!

Eine große Gefahr für unseren Lebensplan ist, dass man zu rasch von einem Ziel zum nächsten geht. Wenn wir einen Plan nicht umgehend und mehr oder weniger mühelos erreichen, lassen wir ihn fallen und gehen auf ein neues Ziel zu. So werden wir niemals das Gefühl erleben: »Ja, ich habe es geschafft!« Ständige Zielveränderung ist ein ganz großer Erfolgsverhinderer. Unser Lebensplan sollte langfristig Gültigkeit besitzen.

Meine Erfahrung hat mich gelehrt: Gehen Sie bei Gegenwind nicht vom Gaspedal. Bleiben Sie drauf, halten Sie Kurs, geben Sie gegen den Wind Gas! Und seien Sie nicht nur beharrlich, sondern auch geduldig.

Wenn ich ein Jahr nach der Gründung meiner Firma gesagt hätte, mein Ziel sei, in einem Jahr an die Börse zu gehen, wäre ich kläglich gescheitert. Gut Ding will Weile haben. Ich habe gut 30 Jahre gebraucht, um über Nacht reich zu werden.

Hegen und pflegen Sie Ihren Lebensentwurf. Er ist etwas ganz Persönliches, Einmaliges, Kostbares. So wie wir in einer Liebesbeziehung an unseren Herzensschatz denken, so ist es auch bei unserer Lebensplanung wichtig, dass wir von unserem Ziel träumen, dass wir uns den Weg dorthin wie auch unser »Zielfoto« so konkret wie möglich ausmalen. Unser Ziel sollte unser geliebter Erfolgsbegleiter sein. Dann spüren wir jeden Tag die Freude darüber, unserem Ziel näherzukommen. Ja, gehen Sie beständig auf Ihr Ziel zu, erneuern Sie täglich Ihr Zielbewusstsein, genießen Sie diesen einzigartigen Weg, der Sie von allen abhebt, und freuen Sie sich auf Ihr Gefühl, wenn Sie über die Zielgerade treten. Diese positive Einstellung wird Ihnen die nötige Gelassenheit geben und verhindern, dass Sie fanatisch oder verbissen werden. Verwechseln Sie nie Beharrlichkeit mit Verbissenheit, denn Sie wollen doch glücklich leben!

Unser Lebensplan entsteht auf der Landkarte unseres eigenen Lebens!

Solange ein Ziel realistisch ist, kann es nie zu hoch gesteckt sein. Deshalb ist die Grundlage unserer Lebensplanung, dass wir alle unsere Ausgangsbedingungen berücksichtigen. Dazu gehören unsere Begabungen und Fähigkeiten genauso wie unsere Herkunft und unsere Bildung und Ausbildung, unser räumliches und persönliches Umfeld genauso wie unsere Energie und unsere Motivation. Wenn wir feststellen, dass unser Lebensplan andere Fähigkeiten, anderes Wissen oder ein anderes Umfeld braucht, damit wir ihn verwirklichen können, kommt es darauf an, sich zu überlegen, ob und wie wir unseren Plan an die Verhältnisse anpassen können oder ob und wie unsere Lebensbedingungen so zu verändern sind, dass wir unseren Plan umsetzen können. Vielleicht müssen wir uns dazu weiterbilden, Energie aufbauen, uns in ein anderes Umfeld begeben oder unser Denken verändern. Wenn es uns gelingt, unsere Lebensbedingungen und unseren Lebensentwurf in Einklang zu bringen, werden wir in der Lage sein, unsere Energien und Kräfte wirklich so einzusetzen, dass wir ehrlich mit uns selbst, erfolgreich und glücklich leben werden. Und wir werden über uns hinauswachsen! Deshalb trauen Sie sich etwas zu! Seien Sie bei Ihren Zielen nicht zu bescheiden! Nehmen Sie ein für alle Mal Abschied von der Vorstellung, dass nur andere große Erfolge feiern und Spitzenleistungen erbringen.

Unser Wille zum Erfolg wächst mit den Zielen, die zu uns passen!

Wenn Sie bereits eine klare Vorstellung von Ihren Zielen haben, gratuliere ich Ihnen. Sie können jetzt durchstarten. Wenn Sie jedoch in Bezug auf Ihren Lebensplan noch ein wenig unsicher sind, dann kehren Sie am Ende dieses Buches hierhin zurück und Sie werden feststellen, dass Ihnen diese Aufgabe dann wesentlich leichter fallen wird.

In jedem Leben verbergen sich traumhaft schöne Wirklichkeiten!

Wie die plötzliche Lösung ungelöster Lebensfragen im Einzelnen funktioniert, kann man meist nicht rational nachvollziehen. Aber was dabei passiert, gleicht dem Blick auf computergezeichnete 3-D-Bilder. Sie bestehen aus endlosen Mustern, scheinbar ohne Struktur und ohne erkennbaren Sinn. Wenn man aber durch diese Oberfläche hindurchsieht, springt dieses Bild plötzlich um. Sie erkennen plötzlich tanzende Delfine, galoppierende Pferde oder wunderschöne Landschaften. In jedem Leben verbergen sich traumhaft schöne Wirklichkeiten – oftmals hinter einer eintönigen Oberfläche! Wer seinen Blick auf ein Ziel richtet, das hinter der Oberfläche des Alltags liegt, entdeckt eine Wirklichkeit, die er bisher für unerreichbar gehalten hat.

Unsere Lebensfragen ändern sich mit unseren Lebensphasen!

Ich hatte bereits früh meinen Lebensentwurf im Kopf. Ich wollte heraus aus der Armut, ich wollte reich werden, wollte zu denen gehören, die ein erfolgreiches Leben vorzuweisen haben. Und wie bei jedem anderen Menschen gab es auch in meiner Umgebung immer wieder Menschen, die versuchten, mich von meinem Lebensentwurf abzubringen. Und immer wieder tauchten Situationen in meinem Leben auf, die nicht mit meinen Vorstellungen zusammenpassten. Doch anstatt meinen Lebensentwurf bei jedem Problem, bei jedem »gut gemeinten« Ratschlag infrage zu stellen und damit mein Lebensziel aus den Augen zu verlieren, hielt ich stets an meiner Vision fest. Und suchte neue oder andere Wege, um an mein Ziel zu gelangen.

Am Beginn meiner beruflichen Karriere lautete meine Lebensfrage: »Wie komme ich aus der Armut heraus?« In einer späteren Phase meines Lebens wurde diese Frage abgelöst durch die Frage: »Wie verwirkliche ich meine Vision von einem späteren Weltunternehmen?« Und in der nächsten Stufe, die ich in meinem Leben erklomm, fragte ich mich: »Wie kann ich möglichst vielen Menschen etwas von meinem gelungenen Leben zurückgeben?« Mit den Fragen änderten sich auch meine Prioritäten. Früher strebte ich vorrangig nach materiellem Reichtum, was ich nicht bereue, denn Geld ist für mich gedruckte Freiheit. Heute habe ich die Freiheit, mich auf meine inneren Reichtümer zu konzentrieren, und das genieße ich in vollen Zügen.

Wenn wir unser Leben nicht bewusst leben, nimmt das Leben von uns Besitz!

Arthur Schopenhauer, der deutsche Philosoph und Hochschullehrer, sagte: »Ein Mensch muss wissen, was er will, und wissen, was er kann: Erst so wird er Charakter zeigen und erst dann kann er etwas Rechtes vollbringen.« Das heißt, dass nur Veränderungen, die aus uns selbst kommen und mit unserem eigenen Wesen übereinstimmen, erfolgreich sein werden. Darum ist es wichtig, sich darüber klar zu werden, welche Motive unser Handeln bestimmen, welche Bedürfnisse für uns wichtig und welche Bedürfnisse eher unwichtig sind. Finden Sie Ihre Motive eher in den Bereichen der eigenen Karriere, des Geldes, der Beziehungen oder vielleicht in der Freiheit?

Denken Sie Ihre Wünsche konsequent zu Ende. Sie kennen sicher wie auch ich die Situation, dass wir uns vielleicht jahrelang etwas sehnlich wünschten, und als wir es erreichten, stellte sich heraus, dass es gar nicht so begehrenswert ist. Der Grund hierfür ist meist, dass wir uns in unseren Träumen und Vorstellungen nur auf die positiven Aspekte konzentriert haben. Bei der Arbeitsstelle haben wir vorrangig das hohe Gehalt gesehen und uns ausgemalt, was wir uns davon alles leisten können. Deshalb wollten wir diese Stelle unbedingt haben. Den hohen Arbeitseinsatz und die Zahl der Überstunden hatten wir einfach ausgeblendet oder in ihrer Bedeutung für unsere Lebensqualität völlig unterschätzt.

Unterziehen Sie Ihre Träume und Ziele einer Prüfung auf Herz und Nieren. Fragen Sie sich: Was würde passieren, wenn sich mein Traum morgen erfüllen würde? Ich versuche, mir immer die neue Situation so detailliert wie möglich vorzustellen. Wie würde ich mich fühlen? Was würde sich in meinem Leben alles verändern? Was müsste ich aufgeben? Wie würde ich mich weiterentwickeln? Wie würde ich mich nach fünf oder zehn Jahren fühlen? Passt die neue Situation zu meinen anderen Lebensplänen? Würde mich mein neuer Weg von geliebten Personen entfremden? Wäre mir mein Wunsch noch genauso wichtig, wenn ich wüsste, dass ich nur noch kurz zu leben hätte?

Eine gelungene Zielfindung ist das A und O eines jeden Erfolgswegs!

Mehr als einmal musste ich meine Wünsche nach solch einer konsequenten Prüfung revidieren oder zumindest in Details abändern. Das ist jedoch wesentlich besser, als sich halb blind auf etwas einzuschießen. Denn ein Sieg oder ein Erfolg, der uns nicht nachhaltig und langfristig

Freude bringt, bereichert uns nicht. Checken Sie Ihre Ziele. Wollen Sie wirklich zu 100 Prozent, was Sie sich wünschen?

Richtiges Wünschen und eine gelungene Zielfindung sind das A und O am Anfang eines jeden Erfolgswegs. Es ist unerlässlich, sich Ziele zu setzen und ihre Umsetzung zu planen, wenn man sich nicht passiv durch das Leben bewegen und sein Glück und seine Lebensqualität dem Zufall überlassen will. Wenn man sein Leben nicht bewusst lebt, nimmt das Leben von einem Besitz. Und übrigens: Man sollte auch wissen, was man nicht will!

Wer danach strebt, seine Ziele zu erreichen, tritt viel sicherer im Leben auf!

Warum sind Ziele so wichtig? Ein klares Ziel gibt Orientierung, Energie und dem Leben einen Sinn. Unsere Energie bekommt durch die Fokussierung auf ein Ziel eine Richtung. Sich seinem Ziel zu nähern, seine Mission voranzutreiben, bringt Begeisterung, Lebensfreude und Zufriedenheit. Außerdem wachsen wir Menschen mit unseren Zielen. Messen auch Sie sich an Ihren Zielen und an dem, was Sie erreicht haben. Wir brauchen Maßstäbe, denn nur Messbares führt zur Verbesserung.

Die Ziele, die wir haben, können mannigfaltig sein. Wenn wir über sie nachdenken, kommen uns sicherlich viele kleine und große Ziele in den Sinn. Viele Ziele, die einen ganz unmittelbaren Nutzen für uns haben, einige Ziele, die wir erst über einen längeren Weg erreichen können, und vielleicht ein Ziel, das uns wie kein anderes am Herzen liegt: Unser Lebensziel!

Lebensziele zeichnen sich dadurch aus, dass sie nicht von Zufällen abhängig sind. Wie leicht kann die Gesundheit durch einen Unfall beeinträchtigt oder geschäftlicher Erfolg durch die Entscheidung eines Vorgesetzten beendet werden. Es wäre ein schlechtes Lebensziel, die Frage danach, ob das eigene Leben gelingt, von einem solchen Ziel abhängig zu machen. Wer sagt: »Mein Leben ist sinnvoll, solange ich gesund bin«, hat einfach eine einseitige Auffassung vom sinnvollen

Leben. Einseitig, weil sie ihn nicht glücklich machen kann! Das Lebensziel finden Sie in Ihrer Seele, tief in sich selbst. Sie finden es, wenn Sie sich selbst erkennen!

Wer wirklich sein Lebensziel gefunden hat, der ist sich absolut sicher. Diese Zielfindung ist das Wichtigste zu Beginn jeder Erfolgskarriere.

Bei der Zielsetzung in Ihrem Leben kommt es auf Folgendes an:

Setzen Sie sich klar definierte persönliche, berufliche, geistige und Herzensziele und haben Sie dann den Mut, konsequent auf sie hinzuarbeiten. Es ist dabei ganz entscheidend, die Ziele konkret und präzise zu formulieren und einen Zeitpunkt festzulegen, an dem Sie Ihr Ziel erreicht haben wollen.

Ziele dürfen uns weder über- noch unterfordern. Es kommt darauf an, sich Ziele und Zeiträume zu setzen, die mit den eigenen Fähigkeiten und Fertigkeiten übereinstimmen. Hier ist es wichtig, ehrlich mit sich selbst zu sein.

Des Weiteren kommt es sehr stark darauf an, dass das Erreichen unserer Ziele auch wirklich durch uns beeinflussbar ist. Ziele, die von Glück oder anderen Menschen abhängen, stehen oftmals auf unsicheren Beinen.

Unsere Ziele sollten nicht mit »Wenn ... dann«, sondern mit »Ich werde ... Ich kann ... Ich will ...« formuliert werden.

Nehmen Sie sich deshalb genügend Zeit, um über Ihr ganz persönliches Lebensziel nachzudenken, um es schlussendlich auch zu finden.

Wie gehe ich mit meinen Wünschen um?

Welchen Herzenswunsch habe ich?
Wie erkenne ich meinen Herzenswunsch?
Welche Ziele verfolge ich in meinem Leben?
Welche großen und kleinen Erfolge habe ich bisher erlebt?
Wie habe ich mich bei meinen Erfolgen gefühlt?
Wie oft spüre ich meine Bauchgefühle?
Wofür kann ich mich begeistern?
Was tue ich leidenschaftlich gern?

Die meisten unserer Ziele werden in der Regel von unserer pflicht-bewussten Seite bestimmt. So war es auch bei mir. Am Beginn meiner Verkäuferlaufbahn wollte ich unbedingt so bald wie möglich aus dem grauen Arbeitskittel heraus in einen weißen Kittel schlüpfen, später Schlüsselvollmacht erhalten und ein kleines Verkaufsteam leiten. Ich wollte mir ein nagelneues kleines rotes Auto verdienen und selbststän-diger werden. All diese durchaus sinnvollen Ziele ergriffen Besitz von mir und ich erreichte sie, eines nach dem anderen, aber ich spürte, dass dies noch nicht alles sein konnte.

Der Unterschied zwischen einem Ziel und einem Herzenswunsch liegt in den Gefühlen!

Wenn Menschen von ihren kopfgesteuerten Zielen sprechen, klingen sie meist vernünftig, plausibel, nüchtern. Wenn sie aber von ihrem Herzenswunsch oder Lebenstraum sprechen, strahlen sie, erzählen sie begeistert, gestikulieren sie, ihre Körpersprache verändert sich posi-tiv.

So geht es mir, wenn ich in meiner »Welt der Motivation und Phi-losophie« völlig aufgehe, mich mit anderen liebenswerten Menschen austausche und Ratsuchenden Anregungen für ein erfolgreiches und gelungenes Leben geben darf. Dann bin ich in völligem Einklang mit mir, die Zeit vergeht wie im Fluge, ich tanke gute Laune und Energie und teile sie mit meinen Mitmenschen. Ich gebe bei meinen Semi-naren und Vorträgen alles und bekomme gleichzeitig unendlich viel zurück!

Der Unterschied zwischen kopfgesteuerten Zielen und einem Her-zenswunsch liegt also in den Gefühlen. Erstere sind sehr wichtig, denn sie helfen uns, für unseren Lebensunterhalt zu sorgen und uns abzusi-chern.

Herzenswünsche machen uns auch dann glücklich, wenn wir sie noch nicht realisiert haben!

Aber irgendwann kommt der Punkt, an dem sich die Seele meldet, eine innere Stimme, eine Sehnsucht, die uns zuflüstert, dass es noch etwas anderes in unserem Leben geben muss. Jetzt gilt es, den Seelen- und Herzenswunsch zu erkennen und sich an seine Erfüllung zu wagen. Herzenswünsche machen uns glücklich, auch wenn wir sie noch nicht realisiert haben. Es reicht oft schon, wenn wir an sie denken.

Herzenswünsche sind Gefühle, die aus einem tiefen inneren Bedürf-nis entstehen. Herzenswünsche entstehen im Herzen und sind »Stern-schnuppen« für unsere Seele. Sie tun uns unendlich gut! Finden auch Sie Ihren Herzenswunsch. Die Begeisterung, die Sie dafür entwickeln werden, wird ansteckend und mitreißend für Sie und für Ihre Mit-menschen sein, denn Sie wissen ja: Nur wer voller Leben ist und das Feuer in sich spürt, schenkt sich und anderen Lebensfreude! Leben muss pulsieren.

Unser Feuer der Begeisterung braucht immer wieder Nahrung!

Das Feuer unserer Begeisterung braucht immer wieder Nahrung. Diese Nahrung besteht aus all den kleinen und großen Erfolgen, die wir bisher erlebt haben. Diese kleinen und großen Siege sind es, die das Erfolgsfeu-er immer wieder und wieder anfachen, sodass es ständig lodert.

Als ich in meinem Leben ganz unten war, keine Arbeit, kein Geld,
keine Familie mehr hatte, war es die Erinnerung an meine früheren
Erfolge, an meine Fähigkeiten, die mir wieder Mut zum Leben und zum
Weitermachen gab.

Erinnern Sie sich deshalb täglich an die Erfolge in Ihrem Leben und
lassen Sie Ihr Erfolgsfeuer lodern. Fragen Sie sich dabei, wie Sie diese
Erfolge erlebten, und spüren Sie nach, wie Sie sich in diesen Erfolgsmomenten fühlten. Ich kenne diese Gefühle. Es ist der Treibstoff, den wir
für neue Erfolge brauchen!

Es kommt darauf an,
unsere Träume zu verwirklichen!

Wie so viele andere Menschen auch haben Sie wahrscheinlich Träume
von Ihrem Leben. Träume, wie Ihr Leben aussehen könnte. Aber nur
dann, wenn Sie Ihre Träume aussprechen, werden Sie auch in der Lage
sein, an sie zu glauben und an ihnen festzuhalten.

Über lange Strecken darf man ruhig davon träumen, nach all den Mühen und Strapazen, die das Leben für einen parat hält, auch auf dem Gipfel
anzukommen. Wer davon nicht träumt und hofft, bleibt oft da, wo er ist.
Träume und Hoffnung sind ganz wichtige Bestandteile des Erfolgs, denn
Hoffnung treibt an. Hoffnung auf Erfolg steht am Anfang der meisten
Erfindungen und Entdeckungen. Ohne Hoffnung schwindet alle Lebensfreude und Energie. Das charakteristische Kennzeichen von Dantes Hölle
in seiner Göttlichen Komödie ist, dass es ein Ort ohne jegliche Hoffnung
ist. Das macht für Dante die Hölle aus: Denn Hoffnung ist niemals Hölle,
Hoffnung ist Leben, Hoffnungslosigkeit ist der Tod, zumindest der Tod
der Seele. Schiller sagte: »Noch am Grabe pflanzt der Mensch die Hoffnung auf.« Natürlich sollte Ihre Hoffnung wenigstens ansatzweise begründet sein. Wer träumt und gleichzeitig denkt: »Das wird ja doch wieder
nichts!«, der täuscht sich selbst und kann nicht erfolgreich sein. Das größte
Beispiel von Hoffnung ist die Geschichte von Nelson Mandela, der für
seinen Traum von der Gleichberechtigung aller Menschen unabhängig von
der Hautfarbe einen großen Teil seines Lebens im Gefängnis verbrachte

und nie die Hoffnung aufgab, dass sein Traum sich eines Tages verwirklicht. Träume und Hoffnung auf Erfolg sind dabei nur die eine Seite der Medaille, Entschlossenheit und Tatkraft die andere: Träume, die wir nicht versuchen in Wirklichkeit zu verwandeln, werden leicht zu Lebenslügen. Das dürfen Sie bitte nicht für Ihr Leben zulassen.

Die Begeisterung für unsere Träume ist die Kraft unserer Hoffnung!

Damit unsere Träume wahr werden, brauchen wir unerschütterliche Hoffnung und einen festen Glauben. Viele Menschen haben es uns vorgelebt, was alles möglich ist, wenn wir nur fest und unerschütterlich zu unseren Träumen und Visionen stehen:

Nelson Mandela bekämpfte sein Leben lang mit außerordentlicher Kraft und Widerstandsfähigkeit das südafrikanische Apartheidsregime, obwohl er fast 30 Jahre seines Lebens unter unmenschlichen Bedingungen im Gefängnis saß. Er war fest davon überzeugt, dass sein Leben dieser Kampf für das friedliche Miteinander aller Menschen ist, und hat seine Jugend und sein privates Leben für diesen Traum und sein Volk eingesetzt. Er wurde zum berühmtesten und beliebtesten Helden Südafrikas. Nie hat er die Hoffnung aufgegeben, dass sich sein Traum von einer Welt, in der alle Menschen gleichberechtigt zusammenleben, verwirklicht.

> *»Wenn du dich klein machst, dienst du nicht der Welt.*
> *Es ist nichts Erleuchtendes daran, sich klein zu machen,*
> *damit andere sich nicht unsicher in deiner Nähe fühlen.*
> *Wir wurden geboren, um Gottes Glanz, der in uns ist,*
> *zu verkörpern.«*

Dietrich Bonhoeffer wurde nur 39 Jahre alt. Und doch hat kaum ein Mensch des 20. Jahrhunderts so tief in Kirche und Gesellschaft hineingewirkt wie er. Straßen und Schulen, Kirchen und Gemeindehäuser tragen heute seinen Namen. Sein leidenschaftlicher Protest gegen die Nationalsozialisten, seine aktive Rolle im Widerstand gegen Hitler, seine Bücher und sein Märtyrertod sind ein Beispiel für ein Leben, das vom Traum für eine menschliche Welt geprägt war. Seine feste Hoffnung, die er in seinem Glauben fand, gab ihm die Kraft, seine persönliche Sicherheit ganz bewusst seiner Lebensaufgabe unterzuordnen und den Kampf gegen den menschenverachtenden Nationalsozialismus zu führen.

»Die Grenzen zwischen Widerstand und Ergebung sind also prinzipiell nicht zu bestimmen; aber es muss beides da sein und beides mit Entschlossenheit ergriffen werden. Der Glaube fordert dieses bewegliche, lebendige Handeln. Nur so können wir die jeweilige gegenwärtige Situation durchhalten und fruchtbar machen.«

Mahatma Gandhi zählt wohl zu den faszinierendsten Persönlichkeiten des 20. Jahrhunderts. Sein gewaltloses Eintreten gegen Diskriminierung in Südafrika und Indien machen ihn zusammen mit seiner daraus resultierenden Lehre zu einem der wichtigsten Vorbilder der Menschheit. Unzählige hat er inspiriert. In seinem Leben verzichtete Gandhi freiwillig auf Reichtum und Bequemlichkeit, um auf gewaltlose Art und Weise für die Freiheit und Rechte seines Volkes zu kämpfen. Ob Indien die Freiheit jetzt durch Gandhi oder den langsamen Untergang des Kolonialismus überall auf der Welt bekam, darüber kann man nur spekulieren. Sicher ist aber, dass Gandhi durch seine gewaltlose Art und Weise wahrscheinlich mehr erreicht hat als mit Aufständen, in denen viele Menschen ihr Leben gelassen hätten.

»Zuerst ignorieren sie dich, dann lachen sie über dich, dann bekämpfen sie dich und dann gewinnst du.«

Begeisterung ist das Feuer, das uns zu Höchstleistungen anspornt!

Begegnungen sind ein wichtiger Teil unseres täglichen Erlebens. Das gilt in besonders starkem Maß für den Austausch mit Kollegen, mit

Geschäftspartnern, mit Freunden und mit den Menschen, die wir lieben und mit denen wir zusammenleben. Wenn dieser emotionale, geistige und seelische Austausch positive »Bauchgefühle« hervorruft, befinden wir uns in der Mitte des Lebens.

Eines der großartigsten Gefühle ist die Begeisterung! Glauben Sie mir: Begeisterung verändert das Leben, Begeisterung überwindet alles Negative, Begeisterung zieht andere Menschen an, Begeisterung ist der unabdingbare Glaube an die eigenen Fähigkeiten, Begeisterung ist das Feuer, das in uns brennt und uns zu Höchstleistungen anspornt. Das Fazit kann nur sein: Die Begeisterung wird Ihnen Seelenruhe verschaffen, sie wird Sie erfolgreich machen, Sie mit einem wahren Glücksgefühl erfüllen und Sie werden der Sieger sein! Dinge, für die wir uns begeistern, sind Dinge, die uns vortrefflich gelingen. Wenn wir unsere Ziele an diesen Dingen ausrichten, werden wir diese Ziele auch erreichen. Darum ist es wichtig, sich einmal klarzumachen, welche Dinge in unserem Leben es wirklich sind, für die wir uns ehrlich begeistern können.

Was wäre unser Leben ohne dieses kosmische Feuer der Begeisterung? Ja, es ist die Begeisterung, die alles Gute und Wahre in uns zum Leben erweckt, und alle Kräfte, die wir brauchen, um es zu bewältigen und glücklich zu gestalten. Mit diesem Feuer der Begeisterung können auch Sie Ihr Leben anzünden, die verborgenen Schätze Ihrer Kreativität ans Licht holen, Pläne entwerfen und Träume und Visionen verwirklichen.

Das Beste, was es in unserem Leben gibt, kommt aus der Begeisterung!

Erfolgreiche Menschen haben Ziele, die sie so lange anstreben, bis sie diese erreicht haben. Man kann lernen, fleißig zu sein und hart zu arbeiten. Ausdauer ist lernbar. Wissen ist lernbar. Motivation für Erfolg kann man bis zu einem gewissen Grad in anderen Menschen entfachen. Man kann Menschen für Erfolg begeistern. Man kann sie anzünden. Aber wir wissen alle, wie schwierig es oft ist, ein Feuer, das man angezündet hat, am Brennen zu halten. Da gibt es das Strohfeuer, das in gewaltigem Aufflammen alles aufzehrt. Und da gibt es das Feuer, in das man ständig blasen muss, weil das Holz nicht lange genug gelagert hat oder feucht geworden ist. Ein Feuer, das lange vorhält, muss gleichsam von innen heraus brennen. Und mit der Begeisterung für den eigenen Erfolg ist es genauso. Das Beste, was es in unserem Leben gibt, kommt aus der Begeisterung.

Es kommt darauf an, unsere Ziele zu realisieren, ohne unsere Herzenswünsche zu vergessen:

Arbeiten Sie sich Schritt für Schritt durch Ihren »Terminplan für Erfolg« hindurch, kehren Sie immer wieder zu den Aufzeichnungen über Ihre Träume und Ziele zurück, verpflichten Sie sich täglich neu, Ihre gesteckten Ziele zu erreichen.

Nur wer voll Leben ist und das Feuer in sich spürt, schenkt sich und anderen Lebensfreude! Leben muss pulsieren.

Erinnern Sie sich an Ihre Erfolge in Ihrem Leben und lassen Sie Ihr Erfolgsfeuer lodern. Fragen Sie sich dabei, wie Sie diese Erfolge erlebten, und spüren Sie, wie Sie sich in diesen Erfolgsmomenten fühlten.

Träume und Hoffnung auf Erfolg sind nur die eine Seite der Medaille, Entschlossenheit und Tatkraft die andere: Träume, die wir nicht versuchen in Wirklichkeit zu verwandeln, werden leicht zu Lebenslügen. Das dürfen Sie bitte nicht für Ihr Leben zulassen.

Überlegen Sie einmal, wann Sie das letzte Mal wirklich leidenschaftlich eine Arbeit erledigt, sich wirklich leidenschaftlich etwas gewünscht oder wirklich leidenschaftlich einen Menschen geliebt haben.

Leidenschaft ergreift uns immer ganz oder gar nicht!

Wenn sich unsere Gefühle in Leidenschaft verwandeln, dann ist das meist mit einem Zurücknehmen anderer Gefühle und einer höheren Ergriffenheit verbunden. Wir werden vollständig von diesem Gefühl ausgefüllt. Und es sind immer starke Gefühle. Leidenschaft ist immer ganz oder gar nicht. Und auch wenn die Leidenschaft etwas ist, das uns ergreift, so handeln wir doch auch oft leidenschaftlich.

Der französische Philosoph René Descartes nannte die Leidenschaften die »Lebensgeister«. Das heißt, diese »Geister« dienen der Verwirklichung unseres Daseins und geben unserem Leben erst einen Sinn. Leidenschaftlich sein heißt seine Arbeit mit Begeisterung ausführen, auf andere zugehen, sich in Beziehungen einlassen und sich nicht scheuen, einmal aus gewohnten Bahnen auszubrechen. Oft verfechten wir leidenschaftlich eine Idee, auch wenn andere dagegen sind. Nur die Leidenschaft gibt uns die Kraft dazu.

2. Was zeichnet mich aus?

Immer wieder werde ich gefragt: »Was ist das Geheimnis des Erfolgs?« Meine Antwort darauf lautet stets: »Das richtige Ziel.« Erfolg, der uns glücklich und zufrieden macht, ist nie allein eine Frage von Disziplin oder von Tugenden. Die sind sicher ganz wichtig. Aber daraus entsteht noch kein Erfolg. Wenn Sie Erfolg in erster Linie mit Disziplin aufbauen, quälen Sie sich auf die Dauer, denn Disziplin ist meist mit Druck verbunden. Es entsteht ein Teufelskreis: Je mehr Druck Sie sich selbst aufbauen, umso mehr Selbstdisziplin müssen Sie aufbringen, um durchzuhalten, und erzwungene Selbstdisziplin steigert wiederum den Druck, Erfolg zu haben – schließlich müssen Ihre Mühen ja aufgewogen und belohnt werden. Wenn Sie diese Gefühle gut kennen oder gar gerade durchleben, kann ich Ihnen nur sagen: Die zentrale Antriebskraft heißt immer Begeisterung und nicht Disziplin. Wenn also die Disziplin, die

Sie aufbringen müssen, größer ist als die Begeisterung, die Sie bei der Verfolgung Ihrer Ziele empfinden, dann überprüfen Sie bitte noch einmal Ihre Ziele. Ihre Ziele müssen voll und ganz zu Ihrer Persönlichkeit passen und Ihnen die Möglichkeit bieten, Ihr Potenzial optimal zu entfalten. Ich versichere Ihnen: Sämtliche Erfolgstechniken sind nutzlos, wenn man sie nicht mit der eigenen Persönlichkeit unterlegen kann.

Wie gehe ich mit meinem ICH um?

Woran spüre ich, dass ich eine Persönlichkeit bin?
Wen sehe ich, wenn ich mich selbst betrachte?
Was zeichnet meine Persönlichkeit aus?
Wie wichtig ist mir meine eigene Entwicklung?
Was gefällt mir an mir?
Entspricht das, was ich tue, meiner Persönlichkeit?
Ich konnte nur so erfolgreich sein, weil ich Verkäufer aus Leidenschaft bin und beim Verkaufen meine Stärken voll einbringen kann. Für mich war und ist Verkäufer der schönste Beruf der Welt! Mit 14 Jahren begann ich als Lehrling im Verkauf, mit 26 Jahren war ich bereits Verkaufsleiter, mit 30 Jahren Geschäftsführer und heute blicke ich auf 50 Jahre Verkaufserfahrung zurück. Über eine Million Mal habe ich das Erfolgsgefühl des Verkäufers erleben dürfen, lauter kleine und große Freuden auf dem Weg meines Erfolgs und ein unsagbarer Wert, der meine Persönlichkeit enorm bereichert. Unser Erfolg wirkt sich auf unsere Persönlichkeit aus und unsere Persönlichkeit wirkt sich auf unseren Erfolg aus.

Die Größe unseres Erfolgs ist immer von der Größe unserer Persönlichkeit abhängig!

Damit meine ich, dass die Lebensziele, die Erfolg suchende Menschen erreichen möchten, so eng mit der Entwicklung ihrer Persönlichkeit verbunden sind, dass eine Trennung ausgeschlossen ist. Auf diesen Punkt komme ich immer wieder zurück, weil er das Einmaleins jedes dauerhaften Erfolgs ist: Die Größe Ihres Erfolgs ist immer von der Größe Ihrer Persönlichkeit abhängig.

Nun ist diese Erkenntnis gewiss nicht neu. Bereits im Griechenland der Antike wussten die Philosophen und Denker um diese Tatsache. Das Orakel von Delphi, wohl die berühmteste griechische Pilger- und Weissagungsstätte des antiken Griechenlands am Hang des Parnass, wurde immer wieder, vor allem in der späteren Zeit, von Menschen aufgesucht, die über ihre Zukunft, ihre Ziele, Erfolgschancen bei Auseinandersetzungen oder in der Liebe Rat suchten. Doch bevor die Ratsuchenden das Orakel befragen konnten, wurden sie am Eingang mit der Inschrift »gnôthi sautón«, »Erkenne dich selbst«, empfangen. Und genau das war die wichtigste Botschaft dieses Orakels. Diese bekannte Aufforderung deutet auf die eigentliche Absicht des Kultes hin, nämlich die Lösung individueller Probleme und Fragestellungen durch die Auseinandersetzung mit der eigenen Persönlichkeit. Die Erkenntnis des Inneren, des Selbst, war der Zugang zur Problemlösung in der Außenwelt. Damit wird das delphische »Erkenne dich selbst« zur Schlüsselkompetenz nicht nur im Bereich der Philosophie, sondern auch der Motivation!

Wir sind der Mittelpunkt unseres Lebens!

Erst wenn Sie vor dem Spiegel stehen und erkennen: »Ja, das bin ich!«, wird Ihr Erfolg größer werden, als Sie es sich je erträumt haben. Vergessen Sie nie: Sie sind der Mittelpunkt Ihres Lebens! Niemand anders kann dieses Leben für Sie leben. Deshalb setzt Ihr Traum von Glück, Erfolg und Reichtum voraus, dass Sie die ehrliche Suche nach Ihrem wahren Ich antreten. Das geht nicht von heute auf morgen. Immer wieder entdeckt man an sich neue Fähigkeiten, innere Kräfte und Interessen. Auch bei mir war es ein langer Weg zur Selbsterkenntnis und immer wieder lerne ich an mir neue Seiten kennen. Das ist spannend und bereichert mein Leben. Nehmen Sie sich doch auch einmal ganz bewusst unter die Lupe, in welchen Bereichen Sie sich weiterentwickeln wollen, wo Sie unter Umständen fremdbestimmt sind. Sie entdecken dann vielleicht, in welchen Bereichen Sie gelebt werden oder welche Potenziale noch brachliegen. Nehmen Sie sich dafür Zeit, denn: Wer andere studiert, ist klug, wer sich selbst studiert, ist weise.

Unsere Persönlichkeit verleiht uns unsere Individualität!

Was versteht man im eigentlichen Sinne unter »Persönlichkeit«? Persönlichkeit ist die Gesamtheit aller Eigenschaften und Verhaltensweisen, die jedem einzelnen Menschen eine unverwechselbare Individualität verleihen. Die Persönlichkeit eines Menschen setzt sich zusammen aus den körperlichen Grundbedingungen, der Intelligenz, dem Charakter und dem persönlichen Temperament. Von all den Milliarden Menschen, die diesen Erdball bevölkern, hat niemand denselben genetischen Fingerabdruck. Genauso einmalig und unwiederholbar ist die Anlage Ihrer Fähigkeiten, ist Ihre Persönlichkeit.

Je mehr Persönlichkeit wir besitzen, desto weniger müssen wir kämpfen!

Zu unseren körperlichen Grundbedingungen zählen unsere Kraft und Ausdauer, unsere Gesundheit und Fitness. Unsere Intelligenz ist unsere Fähigkeit zu denken, Probleme zu lösen und kreativ zu sein. Unser Temperament ergibt sich aus dem Zusammenspiel unserer Gefühle, Triebe und unseres Willens und unser Charakter wird in erster Linie durch unsere Wertvorstellungen geprägt.

Unsere Persönlichkeit ist niemals fertig abgeschlossen. Denn die vier Bereiche unseres Lebens, körperliche Verfassung, Denken, Temperament und Charakter, lassen sich weiterentwickeln oder, wenn notwendig, auch korrigieren. Doch dazu ist es wichtig, zunächst einmal festzustellen, wie es um diese Bereiche genau bestellt ist. Die Fragen in diesem Buch helfen Ihnen, Ihren Status in Bezug auf Ihre körperliche Verfassung, Ihr Denken, Ihr Temperament und Ihren Charakter genau zu hinterfragen und zu erkennen. Erst auf dieser Grundlage ist es möglich, jeden Bereich zielgerichtet und erfolgreich weiterzuentwickeln.

Wir verhalten uns immer auf unsere uns eigene Weise!

Wenn wir uns und unsere Vorlieben kennen, können wir besser entscheiden, welche Aufgaben uns liegen und welche eher nicht. Wir können dann leichter das tun, was uns wirklich zusagt, und andere Dinge vielleicht delegieren. Das bedeutet, dass wir unsere Energie bündeln und uns auf das fokussieren können, worin wir mit mehr Leichtigkeit und größerer Mühelosigkeit Erfolge erreichen. Die Konzentration auf unsere Stärken spart uns viel Kraft, denn wir können zwar auch Aufgaben, die unserer Persönlichkeit nicht entsprechen, erfolgreich erledigen, doch kostet uns dies meist wesentlich mehr Energieaufwand und Zeit. In meinen vielen Begegnungen mit führenden Persönlichkeiten habe ich immer eines feststellen können: Erfolgreiche Menschen verzetteln sich nicht, sie kennen und nutzen ihre Stärken und sind souverän genug, andere anfallende Aufgaben zu delegieren. Überlegen Sie einmal in Ruhe: Wo können Sie Kraft und Zeit sparen, welche Aufgaben könnten Sie abgeben, worauf möchten Sie sich konzentrieren?

Es gibt viele verschiedene Modelle und Ansätze, Menschen nach ihren Charakteren, Eigenschaften oder Motiven zu unterscheiden: das Drei-Hirne-Modell nach Paul McLean, die fünf Motivationstypen nach Werner Corell, die DISG-Methode von William Marston, das Enneagramm der neun Typen nach Helen Palmer und noch einige mehr. Die Wissenschaft spricht sogar von 5000 verschiedenen Charaktertypen! Zu jedem dieser Modelle gibt es natürlich Literatur und Seminare.

Lassen Sie sich davon nicht verwirren: Für welches Modell Sie sich auch immer entscheiden oder wenn Sie sich lieber in der Auseinandersetzung mit sich selbst an Ihre Persönlichkeit herantasten, Hauptsache ist, dass Sie sich voll Freude und Neugier selbst entdecken.

Die Erkenntnis Ihrer Persönlichkeit ist die wichtigste Aufgabe auf dem Weg zu Ihrem gelungenen Leben!

Die wohl anspruchsvollste Aufgabe in unserem Leben besteht darin, uns selbst zu entdecken. Mit sich allein ist das nicht immer so einfach. Dafür helfen vor allem Gespräche mit Freunden und Partnern. Vielleicht auch der Besuch seriöser Seminare oder Coachings. Darum unterstützt auch die Lejeune Academy Menschen in Wirtschaft, Politik, Wissenschaft, Kultur und Gesellschaft darin, ihr Potenzial zu entdecken, es optimal zu nutzen und so den Weg zu einem erfolgreichen, selbstbestimmten und erfüllten Leben zu finden, und bietet in lebendigen, fundierten Tests und effizienten Workshops die Möglichkeit, sich selbst zu erkennen. Dies öffnet Ihnen die Tür zu einem erstklassigen und selbstbestimmten Leben.

Vergessen Sie nie: Sie sind der Mittelpunkt Ihres Lebens!

Vergessen Sie nie: Sie sind der Mittelpunkt Ihres Lebens! Sagen Sie Ja zu sich!

Niemand anders kann dieses Leben für Sie leben. Deshalb setzt Ihr Traum von Glück, Erfolg und Reichtum voraus, dass Sie die ehrliche Suche nach Ihrem wahren Ich antreten.

Wenn Sie ein Ziel in Ihrem Leben erreichen wollen, sollte dieses Ziel voll und ganz zu Ihrer Persönlichkeit passen und Ihnen die Möglichkeit bieten, Ihr Potenzial optimal zu entfalten.

Überlegen Sie einmal in Ruhe: Wo können Sie Kraft und Zeit sparen, welche Aufgaben könnten Sie abgeben, worauf möchten Sie sich konzentrieren?

Um Ihre Persönlichkeit zu entdecken, nutzen Sie vor allem Gespräche mit Freunden und Partnern, besuchen Sie seriöse Seminare, buchen Sie Coachings oder nehmen Sie das Angebot der Lejeune Academy für Philosophie und Motivation an und besuchen Sie uns auf unserer Homepage www.lejeune-academy.de.

Wie gehe ich mit meinem Selbstbewusstsein um?

Wie oft sage ich Ja, obwohl ich Nein sagen möchte?
Wann zweifle ich an mir selbst?
Wie formuliere ich meine Zweifel positiv um?
Welche Abneigungen habe ich?
Welche Vorlieben habe ich?
Wo sind meine Begabungen angelegt?
Was kann ich gut?
Was kann ich besser als andere?
Worauf kann ich stolz sein?
Wie stärke ich den Glauben an mich selbst?
Viele Menschen treffen in ihrem Leben deshalb keine Entscheidungen, weil sie sich nicht mehr ihrer selbst bewusst sind. Sie verwechseln sich seiner selbst bewusst sein mit Selbstbewusstsein. Mit wenig oder gar keinem Selbstbewusstsein können alle Entscheidungen, die man trifft, immer nur halbherzig sein und bleiben. Und Selbstbewusstsein ist viel mehr als nur Selbstdarstellung und auf keinen Fall zu verwechseln mit Überheblichkeit.

Es kommt darauf an, auch einmal NEIN zu sagen!

Viele Menschen leben nicht ihr Leben, sondern das, das andere von ihnen einfordern. Sie passen sich an, lassen sich überreden und werden so zu Ja-Sagern. Mit einem Ja blockiert man genauso wie mit einem Nein, und zwar sich selbst. Achten Sie bitte darauf, dass Sie sich keinen Ja-Riegel vor Ihre Eingangstür zur Welt der Motivation schieben. Überlegen Sie einmal, wie oft Sie Ja sagen, obwohl Sie genau wissen, dass Sie Nein sagen sollten. Warum wollen Sie Ihre Wünsche und Bedürfnisse zurückstellen, wenn sie berechtigt sind? Lassen Sie sich bei Ihrer Entscheidung nur von gut reflektierten Gründen und Argumenten leiten, nicht aber von falscher Selbstlosigkeit, Ängsten vor unangenehmen Reaktionen oder einem unbegründeten schlechten Gewissen. Wenn Ihnen bei einem Nein Ihre Schüchternheit oder ein stark ausgeprägtes Harmoniebedürfnis im Weg steht, dann bedenken Sie bitte: Ein Nein gegenüber anderen Menschen ist oft ein Ja zu uns selbst. Und jedes Mal, wenn Sie Nein zu etwas Unwichtigem sagen, sagen Sie zumindest indirekt Ja zu etwas Wichtigem. Ein Nein kann etwas sehr Positives sein: ein Schutzschild für Körper, Geist und Seele, ein Filter, ein Instrument, sich Freiräume zu schaffen und diese zu erhalten. Wenn Sie immer nur Ja sagen, schließen Sie von vornherein 50 Prozent der Möglichkeiten aus. Mit einem begründeten Nein gewinnen Sie ein großes Maß an (Entscheidungs-)Freiheit!

Machen Sie ein gesundes, begründetes Nein zu Ihrem Freund auf dem Weg zum Erfolg. Aus meiner Erfahrung weiß ich, dass die Fähigkeit, sich abzugrenzen, sehr wichtig ist, sonst kommt es zu einer Überforderung durch zu viele Verpflichtungen, Druck und Stress sowie zum Verlust des Blicks für das Wesentliche.

Es gibt viele hilfreiche Tipps, leichter und erfolgreicher Nein zu sagen:

Überlegen Sie gründlich, ob Sie zu etwas Ja oder Nein sagen wollen, und wenn Sie sich für Nein entscheiden, akzeptieren Sie dieses Nein erst einmal für sich selbst.

Wenn Sie noch nicht genau wissen, ob Sie Ja oder Nein sagen wollen oder ob Sie Bedingungen an Ihre Antwort knüpfen wollen, lassen Sie sich nicht überrumpeln. Bitten Sie sich Bedenkzeit aus.

Überlegen Sie sich gegebenenfalls Alternativen. Oft fällt es uns leichter, Nein zu sagen, wenn wir eine Alternative oder eine andere Lösung anbieten können. Damit können wir zwar bei unserem Nein bleiben, zeigen dem anderen gegenüber aber Entgegenkommen.

Sind Sie von Ihrem Nein überzeugt, dann bringen Sie das auch so zum Ausdruck. Sprechen Sie klar, drucksen Sie nicht herum, verlieren Sie sich nicht in lange Entschuldigungen und Rechtfertigungen. Allein die Tatsache, dass Sie etwas nicht wollen, reicht als Grund, Nein zu sagen.

Bleiben Sie freundlich, aber bestimmt. Achten Sie darauf, dass Ihre Stimme selbstverständlich und gelassen klingt und Sie mit Ihrer Körperhaltung Ihre Aussage unterstreichen, sonst bieten Sie nur Angriffsfläche für lange Diskussionen und Überredungsversuche.

Rechnen Sie nicht damit, dass Ihr Nein gleich freudig akzeptiert wird. Die Bedürfnisse Ihres Gesprächspartners decken sich nicht unbedingt mit Ihren. Er beurteilt die Situation vielleicht ganz anders und verfolgt andere Ziele.

Bleiben Sie beharrlich, lassen Sie sich nicht manipulieren. Vielleicht wird an Ihr Mitleid appelliert, vielleicht wird Ihnen Egoismus unterstellt, vielleicht wird Ihre Begründung einfach vom Tisch gewischt oder das Argument hervorgebracht: »Es war aber immer so. So haben wir das doch immer gemacht.« Wiederholen Sie freundlich und bestimmt Ihr Nein, bis Ihr Gegenüber verstanden hat, dass Ihr Nein endgültig ist.

Natürlich kann es einmal sein, dass Sie bei Ihrer Entscheidung einen Aspekt übersehen haben und Ihr Gegenüber Sie mit guten Gründen überzeugt, Ihre Entscheidung zu überdenken. Sie haben alle Freiheit, Ihr Nein in so einem Fall zu revidieren.

Durchbrechen Sie die Denkblockade: Nein gleich negativ! Sagen Sie Ja zum Nein und genießen Sie den Entscheidungs- und Zeitreichtum, den Sie dadurch erlangen.

Es kommt auf die Freude im Leben an!

Die schönste Einstellung, die Sie zu Ihrem Leben haben können, ist die Freude an Ihrem wunderbaren Leben. Suchen Sie diese Freude in Ihrem Leben, auch wenn vielleicht Ihre Erziehung Ihnen etwas anderes eingeprägt hat. Warum ist es so wichtig, Tag für Tag diese Freude am Leben zu empfinden? Weil missmutige und übel gelaunte Menschen keinen dauerhaften Erfolg haben können. Suchen Sie in allen Ihren Unternehmungen das Positive, das, was Ihrem Leben Freude bereitet. Und das, was Ihrem Leben Sonne gibt.

Das ist der Weg, auf dem Sie eines Tages das Geheimnis des Erfolgs finden werden. Suchen Sie Lebensfreude statt Lebensersatz! Werden Sie ein glücklicher Mensch!

Es kommt darauf an, unsere Vorlieben und Begabungen zu kennen!

Solange man seine Begabungen kennt und an sich und seine Fähigkeiten glaubt, hat man alle Chancen im Leben. Sie werden überrascht sein, wie viele Begabungen Sie an sich entdecken werden.

Lenken Sie bitte deshalb Ihre Aufmerksamkeit auf die Begabungen, die in Ihnen stecken. Fragen Sie sich, in welchen Feldern Ihre Begabungen und Fähigkeiten angelegt sind:

Sind Sie kommunikativ, mit einem guten Sprachgefühl und einer Begabung für Fremdsprachen? Oder ein Mathe-Ass mit einem guten räumlichen Vorstellungsvermögen?

Sind Sie ein klarer, analytischer Denker, der messerscharf beobachtet, schnell das Wesentliche erfasst und auf den Punkt bringt?

Oder liegt Ihre Stärke in Ihrer Fantasie und Kreativität? Sind Sie ein geselliger, geistreicher und humorvoller Unterhalter?

Oder kommen die Menschen zu Ihnen, weil Sie ein einfühlsamer, diskreter Zuhörer sind?

Wenn Sie erst einmal mit der Entdeckung Ihrer Begabungen anfangen, werden Sie sehen, wie schnell sich das Schatzkästchen Ihrer Persönlichkeit mit Stärken, Talenten, Emotionen und Fähigkeiten füllen wird. Probieren Sie es aus! Es funktioniert, denn der Reichtum an positiven Eigenschaften ist riesig. Hier eine kleine Auswahl:

Kontaktfreudig, ausdauernd, flexibel, zielstrebig, loyal, geduldig, aufgeschlossen, begeisterungsfähig, analytisch, anpassungsfähig, ehrlich, selbstständig, tatkräftig, zuverlässig, hilfsbereit, authentisch und glaubwürdig, teamfähig, gerecht, beharrlich, pünktlich, verantwortungsbewusst, kreativ, humorvoll, vertrauenswürdig, ideenreich, ausgeglichen, belastbar, entschlossen, fleißig, einfühlsam, besonnen, charismatisch, eigeninitiativ, engagiert, kommunikativ, gewissenhaft, offen, neugierig, selbstkritisch, multitaskingfähig, ordentlich, musisch, sprachbegabt, feinsinnig, strukturiert, künstlerisch, entscheidungsfreudig, harmonisch, höflich, stil- und geschmackvoll, lebenslustig, maßvoll, gesellig, gastfreundlich, aufmerksam, gefühlvoll, leidenschaftlich, kooperativ, wortgewandt, kritikfähig, mutig, unkompliziert, umgänglich, vernünftig, realistisch, idealistisch, anständig, geradlinig, großzügig, fröhlich, geschickt, entgegenkommend, großherzig, scharfsinnig, lebhaft, liebenswürdig, nachdenklich, nachsichtig, pflichtbewusst, schlagfertig, selbstbewusst, wohltätig, zärtlich, diskret, weitblickend, treu, tüchtig, taktvoll, sportlich ...

Und jetzt genießen Sie dieses herrliche Gefühl, sich und andere Menschen mit dieser Auswahl an kostbaren Eigenschaften zu verwöhnen und glücklich zu machen!

Wenn wir zu unserem Weg JA sagen können, sind wir auf dem richtigen Kurs!

Sich seiner Stärken bewusst zu werden bringt aber nicht nur Selbstbewusstsein und ein gutes Lebensgefühl, es hilft uns auch bei unserer Zielfindung und Lebensplanung. Denken Sie bitte einmal ganz bewusst an all die Fertigkeiten und Fähigkeiten, die Sie besitzen, aber die Sie bisher noch nicht zur vollen Entfaltung gebracht haben. Überlegen Sie in diesem Zusammenhang, ob das, was Sie im Augenblick beruflich unternehmen, die Situation, in der Sie leben, dem entspricht, was aufgrund Ihres gesamten Potenzials möglich ist. Wenn Sie darauf mit einem klaren Ja antworten können, dann sind Sie auf einem Erfolgskurs, der durch das positive Denken und Handeln immer noch steigerungsfähig ist.

Wir können immer irgendetwas besser als andere!

Wir alle haben besondere Fähigkeiten, etwas, das wir besser können als irgendjemand anderes. Aber diese Talente sind für uns oftmals so selbstverständlich geworden, dass wir sie nicht einmal mehr bemerken. Wir erkennen nicht, welches unsere Stärken sind. Deshalb ist es so wichtig, dass wir uns dieser in uns schlummernden Energie bewusst werden. Sicher ist es auch wichtig, seine Defizite zu erkennen und daran zu arbeiten. Aber das darf nicht bedeuten, dass wir unsere bereits vorhandenen Fähigkeiten gar nicht mehr wahrnehmen und diese Energie nicht nutzen. Nach meiner Erfahrung ist es immer Erfolg versprechender, mehr Zeit und Energie in den Ausbau der eigenen Stärken zu investieren als in das Ausmerzen von Schwächen. Lenken Sie darum Ihre Aufmerksamkeit auf die Fähigkeiten, die in Ihnen stecken. Und in dem Maß, in dem Sie aktiv, voller Energie und Motivation auf die Verwirklichung Ihrer Ziele zuschreiten, treten die in Ihnen angelegten Fähigkeiten zutage und umso schneller werden Sie an Ihr Ziel gelangen.

Irgendwann am Beginn meines Weges wurde mir bewusst, dass man sich im Verkauf viel merken muss. Mir war klar: Wenn ich ein begeisternder Verkäufer werden wollte, musste ich mir alle Kundennamen, alle Artikel, Preise, Lagerplätze und dergleichen merken können. Dazu entwickelte ich meine Fähigkeit, mir alles in Bildern zu merken.

Zur Verbesserung meiner Merkfähigkeit absolvierte ich zusätzlich einen speziellen Rechenkurs an der Volkshochschule. Das war für mich damals ganz schön hart. Ich wollte natürlich viel lieber mit meinen Freunden und meiner Freundin ausgehen oder mit meiner Band Musik machen. Aber ich ging ganz eisern in diesen Kurs, der meinen Kopf schneller machte. Wir waren am Anfang 23 Leute. Nach zwölf Wochen waren wir nur noch vier. Aber mir haben diese zwölf Wochen viel gebracht. Ich habe dauerhaft mein Zahlengedächtnis geschult und die damaligen Kursgebühren von 25 Mark haben sich tausendfach amortisiert. Und diese Fähigkeit, mir alles Wichtige im Detail zu merken, ist nur einer der Grundpfeiler, auf denen mein Erfolg beruht.

Erfolgreiche Menschen sind immer fest überzeugt von ihrem Erfolg.

Diese feste Überzeugung sollten auch Sie tief in sich tragen. Erfolg ist wie eine Schwangerschaft. Er wächst heran, man muss ihn austragen und irgendwann kommt er gesund und lebendig zum Vorschein. Mit einem eisernen Willen stärken Sie Ihren Glauben an sich selbst und daran, dass Ihnen das Leben gelingt! Durch diese positive innere Haltung drängen Sie negative Sätze zurück und verwandeln sie nach und nach – durch Ihren Mut und durch Ihre Begeisterung – in positive Energien. Sie werden selbstbestimmter, freier, fröhlicher und unabhängiger.

Der positive Glaubenssatz: »*Du schaffst, was du willst!*«*, der Titel eines meiner Bücher, das in 16 verschiedene Sprachen übersetzt wurde, ist nicht einfach ein Satz, der einen Wunsch ausdrückt oder ein Ziel beschreibt. Dieser Erfolgssatz vermittelt Ihnen das unglaubliche Gefühl, dem Ziel näher zu sein. Das stärkt Sie in jeder Beziehung und gibt Ihnen die Kraft, Ihre Wünsche in die Tat umzusetzen. Als ich mit 33 Jahren meine jetzige Frau Irène in der Schweiz kennenlernte und ihr die schlimmste Niederlage meines Lebens in einem nächtelangen Gespräch erzählte, sagte sie mir anschließend ganz ruhig mit fester Stim-*

me: »Erich ich sehe trotz deiner Niederlage den flammenden Satz über deinem Leben: »Du schaffst, was du willst!« Dieser Satz wurde bis heute ein Wegweiser und Botschafter für mein Leben.

So stärken Sie Ihr Ich!

Suchen Sie Lebensfreude statt Lebensersatz! Werden Sie ein glücklicher Mensch!

Denken Sie bitte einmal ganz bewusst an all die Fertigkeiten und Fähigkeiten, die Sie besitzen, aber die Sie bisher noch nicht zur vollen Entfaltung gebracht haben.

Nach meiner Erfahrung ist es Erfolg versprechender, mehr Zeit und Energie in den Ausbau der eigenen Stärken zu investieren als in das Ausmerzen von Schwächen. Lenken Sie darum Ihre Aufmerksamkeit auf die Fähigkeiten, die in Ihnen stecken.

Kümmern Sie sich um sich, tun Sie sich Gutes, verwöhnen Sie sich, räumen Sie Ihren Wünschen und Bedürfnissen einen zentralen Platz in Ihrem Leben ein, ziehen Sie Grenzen um Ihr Ich und schützen Sie Ihre Freiräume.

Nehmen Sie sich in all Ihren Facetten ernst, wahr und wichtig. Sagen Sie zu sich, was Sie denken. Tun Sie, was Sie sagen. Fühlen Sie, was Sie tun. Denn Sie wissen ja, bewusst leben Sie nur, wenn Sie täglich den Pulsschlag Ihres Lebens fühlen!

Nur wenn man sich selbst akzeptiert und liebt, kann man auch Liebe schenken! Ein starkes Ich ist gut. Ja, es ist unsere Pflicht, für uns selbst zu sorgen. Wenn wir nicht für uns sorgen können, wie wollen wir dann für unser Umfeld oder nahestehende Mitmenschen sorgen?

Ich habe es immer geschätzt, wenn meine Firmenangestellten für ihre berechtigten Interessen eingetreten sind. Wie wollen Sie Ihren Chef davon überzeugen, dass Sie kämpfen und Interessen des Unternehmens durchsetzen können, wenn Sie bei Ihren berechtigten Bedürfnissen und Wünschen immer klein beigeben oder sich vielleicht nicht einmal trauen, sie klar zu artikulieren und einzufordern?

Zu einem starken ICH gehört ein geschätztes DU!

Damit diese gesunde Selbstliebe jedoch nicht zur übersteigerten Form des Egoismus wird, sollten wir nicht nur an unser eigenes Glück denken. Glücksgefühle, Freude und Liebe verdoppeln sich, wenn wir sie teilen. Arroganz, Überheblichkeit und Selbstzentriertheit hingegen grenzen ab. Wir stellen uns über unsere Mitmenschen beziehungsweise degradieren sie auf eine niedrigere Stufe. Damit zerstören wir jegliches Gemeinschaftsgefühl und die Nähe. Die Folgen sind Einsamkeit und innere Armut. Nur aus einem starken Ich und einem geschätzten Du wird ein bereicherndes, glückliches Wir!

3. Was hat mich bisher geprägt?

Zu dem, was unsere Persönlichkeit stark prägt, gehört insbesondere auch unsere Vergangenheit. Wie weit wir in unserem Leben auch vorwärts schreiten – wir können unsere Herkunft nicht einfach ablegen wie einen Anzug oder ein Kleid, das uns zu eng geworden ist. Unser Selbstbewusstsein, Selbstwertgefühl, unsere Ängste, Risikobereitschaft und unser Selbstvertrauen sind und werden durch unsere bisherigen Erfahrungen beeinflusst. Die Frage nach unserer Vergangenheit ist eine der drei großen Fragen der Menschheit: »Woher komme ich?« «Wer bin ich?« »Wohin gehe ich?« Die Antworten auf diese Lebensfragen bestimmen unser Sein, unser Verhalten und unser Handeln. Aus vielen

Gesprächen und aus meiner eigenen Erfahrung weiß ich, dass es nicht immer leicht ist, seine Herkunft anzunehmen. Ich bin überzeugt, wer seine Herkunft nicht annimmt, lebt mit einem beträchtlichen Teil seines Wesens im Zwiespalt.

Wie gehe ich mit meiner Herkunft um?

Wie viel Positives haben mir meine Eltern mitgegeben?
Wie viel Gutes und Positives hat mir meine Familie mitgegeben?
Was haben mir andere Menschen an Wichtigem mitgegeben?
Welche Startbedingungen hatte ich?
Was davon kann ich nutzen?
Welche Herkunft habe ich?
Welche Lehren ziehe ich aus meiner Vergangenheit?

Das Bekenntnis zu unserer Herkunft ist die Brücke in unsere Zukunft!

Setzen Sie sich mit Ihrer Herkunft und Vergangenheit offen und positiv auseinander. Denken Sie einmal in Ruhe darüber nach, welche Schätze Sie mit in Ihre Wiege gelegt bekommen haben. Inwiefern hat Sie Ihre Vergangenheit positiv geprägt und welche Erkenntnisse und Lebensleitlinien haben Sie aus Ihrem frühen Umfeld gezogen? Auch in schwierigen Familienverhältnissen sind meist sehr viele Samenkörner mit Stärken oder großartigen Ideen vorhanden, denn Not macht oft erfinderisch.

Als ich mich mit meiner Vergangenheit auseinandersetzte, kam ich zu der für mich sehr bedeutenden Erkenntnis: Ich habe meinen Reichtum in der Armut gefunden. Nur durch meine Herkunft wurde ich der, der ich heute bin. Mein Umfeld bedingte meine Lebenseinstellung und mein Lebensziel. Ja, ich bin für meine Herkunft heute dankbar, denn sie war der Ursprung für meinen späteren Erfolg. Auch mit Startbedingungen aus der letzten Reihe, wie ich sie hatte, kann man voll durchstarten und ganz nach vorn gelangen. Jeder Mensch, auch Sie, hat diese Chance!

Für unser heutiges Sein sind wir stets selbst verantwortlich!

Wie stark uns auch unser Umfeld geprägt hat, für unser heutiges Leben sind wir selbst verantwortlich. Sicher kennen Sie auch einige Menschen, die bis ins hohe Alter ihr persönliches Versagen im Beruf oder in ihren zwischenmenschlichen Beziehungen mit dieser einzigen Ausrede entschuldigen:»An allem sind meine Herkunft und meine schlechten Startbedingungen schuld.« Diese negative Gedankenschiene blockiert diese Menschen ein Leben lang und nimmt ihnen das Wichtigste – die Lebensfreude.

Meine Herkunft war auch nicht gerade das, was man unter einfach verstehen kann. Meine Eltern waren arme Leute, die sich mühsam ihr Brot verdienen mussten. Von meinem Vater bekam ich die Disziplin, von meiner Mutter lernte ich zu kämpfen, und meine Großmutter schenkte mir die Liebe und die Kraft des positiven Denkens. Diese Tugenden, dieses Erbe, das ich von allen dreien mitbekommen habe, sind die Pfeiler, auf denen ich meine späteren Erfolge aufbauen konnte. Heute weiß ich die Tugenden meiner Mutter, meines Vaters und meiner Großmutter aufrichtig zu schätzen.

Echte Dankbarkeit macht uns glücklich. Ich bin meiner Mutter unendlich dankbar, dass sie mich kämpfen gelehrt hat. Noch heute höre ich ihre Stimme:»Erich, wir sind zwar arm, aber wir können kämpfen, kämpfen, um diese Armut zu besiegen.« Ich bin dankbar für die Liebe und Zuneigung, die ich trotz der schwierigen Lebensbedingungen von meinen Eltern und meiner geliebten Großmutter erfahren habe. Sie hielten immer zu mir in schlechten und in guten Zeiten und schenkten mir trotz dieser harten Armut Geborgenheit in unserem kalten und rauen Arbeiterviertel. Das gab mir ein Selbstwertgefühl und Vertrauen, von dem ich noch heute zehre.

Deshalb darf ich Ihnen sagen: Überlegen Sie einmal, wofür Sie Ihren Eltern und Ihrer Herkunft dankbar sind! Und, wenn es möglich ist, danken Sie Ihren Eltern herzlich dafür. Suchen Sie ein Foto aus glücklichen Kindheitstagen und schreiben Sie ein paar kleine Zeilen des Dankes. Die Freude, die Sie damit schenken, wird für Sie mindestens so groß sein wie für Ihre Eltern.

Unser Verhältnis zu unseren Eltern beeinflusst unser Leben!

Das Fünfte Gebot: »Du sollst Vater und Mutter ehren, auf dass es dir wohl ergehe und du lange lebest auf Erden«, meint: Nur wer mit seinen Eltern ausgesöhnt ist, kann wirklich frei und glücklich sein. Nur wer mit seinen Eltern versöhnt ist, wird wirklich verantwortungsbewusst und erfolgreich sein – unabhängig davon, ob die Eltern noch leben oder vielleicht längst gestorben sind. Manchmal bringen uns unsere Eltern, meist unbewusst, Verletzungen und Verwundungen bei. Wirklich frei im Leben ist nur, wer mit seinen Eltern restlos versöhnt ist, wer aus ganzem Herzen verziehen hat – davon bin ich überzeugt.

Ich weiß noch so genau, wie ich mich als kleiner Bub aus Angst vor den Drohungen meines Vaters in meiner kleinen kalten Kammer verbarrikadiert habe. Wie ich mit schlotternden Knien hinter der Kommode hockte und wartete, bis seine Aggressionen, oft erst nach Stunden, vorüber waren. Ich erinnere mich noch heute an die Gefühle der Angst und des Ungewissen, die ich in diesen traurigen Momenten in mir spürte. In den Situationen, wo mein Vater vor der Tür schrie: »Ich will zu ihm!«*, und meine Mutter ihn mit aller Kraft zurückhielt. Erst viele Jahre später wurde mir klar, dass in diesen Momenten mein Vater übermannt war von den schrecklichen Erlebnissen des Krieges. Es war der Alkohol, der ihn aggressiv machte und den er brauchte, um die fürchterlichen Erlebnisse der Kriegsgefangenschaft, die in solchen Momenten erschreckende Macht über ihn hatten, für kurze Zeit zu vergessen. Als ich ihn Jahrzehnte später einmal fragte, wieso diese Aggressionen bei ihm in meiner Kindheit aufkamen, senkte er seinen Kopf und begann* *mit flatternder Stimme über Stalingrad zu erzählen. Es war schrecklich und wir fingen beide an zu weinen. Von nun an war ich wirklich bereit, ihm von ganzem Herzen zu verzeihen. Und glauben Sie mir, seit diesem Moment spürte ich fast körperlich, wie mein Herz sich von einer ungeheuren Last befreite. Und dieses Gefühl gab mir so viel neue Energie bis heute. Falls Sie sich in einer ähnlichen Situation befinden, versuchen Sie, darüber zu sprechen, und arbeiten Sie daran, die Harmonie zu den Eltern wiederzufinden. Es tut so unendlich gut. Und dieses unendlich gute Gefühl durfte ich auch zwischen meiner Tochter und mir nach vielen Jahren erleben.*

Der richtige Moment ist immer das Jetzt!

Es gibt noch zu viele Menschen, die in ihrem Leben wichtige Bereiche ausblenden. Sie fokussieren sich nur auf ein Ziel, das sie unbedingt erreichen wollen, und übersehen dabei oft wesentliche Dinge oder Menschen, die ihnen sehr nahestehen. Auch ich bin in meinem Leben nicht frei davon gewesen.

Als ich am Tiefpunkt meines Lebens stand, fokussierte auch ich mich nur auf ein einziges Ziel. Ich hatte alles verloren, was in meinem Leben wichtig war: Mein Geld, meinen Job, meine Freunde, meine rosigen Zukunftsaussichten, die ich mir vorher so bunt ausgemalt hatte. Ich stand mit nichts da. Vor allem verlor ich aber das Wichtigste, nämlich meine damalige Familie. Meine erste Frau zog mit meiner damals achtjährigen Tochter einige Monate vor der Scheidung von einem Tag auf den anderen aus. Es tat sehr weh, sie ohne Abschied gehen zu sehen. Doch meine neue Aufgabe, mein neues Ziel und die neue Herausforderung in meinem Leben forderten meine gesamte Konzentration. Und so nahm ich noch unter Schock stehend diesen Verlust nur sehr undeutlich wahr.

Nach schmerzvollen Jahren gewann mein Leben langsam wieder ein festeres Fundament. Ich hatte inzwischen meine jetzige Frau Irène kennen und lieben gelernt. Wir waren glücklich. Unser junges Unternehmen lief besser und besser und es kamen erste Erfolge. Neue Menschen traten in mein Leben. Und dieses Leben füllte mich, mein Denken und mein Handeln aus. Als das Fundament schließlich fest genug war, dass ich meinen Blick weiten konnte, wurde mir auf einmal schmerzlich bewusst, dass in meinem Leben etwas doch nicht ganz in Ordnung war. Ich dachte immer wieder und immer öfter an meine Tochter Sandra. Ich hatte zwar über die Jahre immer sporadisch Kontakt zu ihr gehalten, doch viel zu wenig. Es erschöpfte sich in Grüßen zu Geburtstagen, zu Weihnachten und anderen Feiertagen. Tief in mir machte sich so etwas wie ein schlechtes Gewissen breit. Ich litt immer mehr darunter, so wenig am Leben meiner Tochter teilzuhaben. Ich dachte in diesen Jahren so oft daran, Sandra wieder näherzukommen.

Gleichzeitig hatte ich auch Angst davor. Was wird Sandra mich fragen? Welche Antworten kann ich ihr geben? Macht sie mir vielleicht Vorwürfe? Lehnt sie mich gar ab? So verschob ich es immer wieder, den Kontakt zu Sandra aufzunehmen. Ich befand mich in einem regelrechten Konflikt zwischen schlechtem Gewissen und Ignorieren. Vielleicht kennen auch Sie diese Lebenssituation. Man wünscht sich etwas, gleichzeitig hat man Angst davor, enttäuscht zu werden. Genau so erging es mir. Doch es gab einen Moment, in dem ich mich entscheiden musste. Eine Situation, der ich nicht mehr ausweichen konnte. Sandra erkrankte schwer und ich spürte, dass dies der Moment war, in dem ich meine Furcht durch meinen ganzen Mut überwinden musste. Und ich tat es ganz bewusst.

Ich fuhr zu meiner Tochter, die ich über Jahre nicht gesehen hatte. Ich wusste, sie brauchte mich. Und plötzlich kam der Moment, an dem wir uns – in dem kalten Krankenhaus in Schwerin – gegenüberstanden. Das erste Mal nach so vielen Jahren sahen wir uns tief in die Augen. Es war ein überwältigendes Gefühl. Meine Befürchtungen bezüglich Vorwürfen, Fragen oder Ablehnung bestätigten sich nicht. Wir umarmten uns als Vater und Tochter und fingen an tief und lang zu weinen. Und so erlebten wir beide das erste Mal das große Gefühl der Liebe und es war, als wären wir niemals getrennt gewesen. Einfach nur die Wärme, den Herzschlag, die Zuneigung und die tiefe Liebe vom Vater zu seinem Kind spüren. Von der Tochter zu ihrem Vater. Ich spüre noch heute, wie eine Woge der inneren Befreiung mich warm durchströmte und mir klar war: Ja, das ist meine geliebte Tochter.

Seit diesem Augenblick sind wir wieder als Vater und Tochter vereint. Wir besuchen uns regelmäßig. Tauschen unsere Gedanken und Gefühle aus. Haben Teil am Leben des anderen. Und sind beide glücklich. Ich bin dankbar, dass der Schicksalsschlag mir die Entscheidung abverlangte und ich diesen Schritt gehen musste. Ich weiß nicht, wie lange ich diese Sache vor mir hergeschoben hätte. Diese wertvolle Zeit, die wir uns nun wieder nahe sind, kann uns niemand auf der Welt nehmen.

Glauben Sie mir bitte, wenn auch Sie in Ihrem Leben noch einen solchen »blinden Fleck« haben, eine ungeklärte Beziehung, einen Streit, ein »Eigentlich sollte ich ...«, zögern Sie bitte nicht länger. Gehen Sie diesen wichtigen Schritt. Überwinden Sie durch Mut Ihre Angst und Ihre Befürchtungen. Sie werden sehen, alle Angst wird weichen, wenn Sie es tun. Es ist so ein wunderbares Gefühl, einen Schritt auf einen Menschen zuzugehen. Und es gibt unendlich viel Kraft.

**Sie können Ihre Vergangenheit nicht ändern,
nur Ihre Einstellung dazu:**

Jeder Mensch hat seine Vergangenheit. Und sicher beeinflusst unsere Vergangenheit unser Handeln. Wohlgemerkt: unser Handeln! Nicht aber unser Sein. Unser Dasein. Dafür sind wir letztendlich selbst verantwortlich.

Denken Sie deshalb einmal darüber nach, welche Vorurteile, Wertvorstellungen und Verhaltensmuster Sie durch Ihre Herkunft bewusst oder unbewusst mitbekommen haben und in welchen Bereichen diese Einflüsse Sie eventuell behindern.

Wirklich frei im Leben ist nur, wer mit seinen Eltern restlos versöhnt ist, wer aus ganzem Herzen verziehen hat – davon bin ich überzeugt. Arbeiten Sie daran, die Harmonie zu den Eltern wiederherzustellen.

Die Vergangenheit ist unabänderlich. Wir können sie nicht verändern. Ändern können Sie nur Ihre Einstellung dazu.

Konzentrieren Sie Ihre ganze Kraft auf das, was Sie für Ihr zukünftiges Leben erreichen möchten und erreichen können. Freuen Sie sich auf Ihre neue Zukunft!

Wie gehe ich mit meiner Erziehung um?

Was macht meine Erziehung aus?
  Was an meiner Erziehung behindert mich?
  Was ist das Positive an meiner Erziehung?
  Was aus meiner Erziehung ist wichtig für mein Ziel?
  Wann und wo bin ich von meinem Lebensweg abgewichen?
  Wie finde ich auf meinen Lebensweg zurück?
Unsere Herkunft und die Erlebnisse aus unserer Kindheit und Jugend beeinflussen unser Verhalten und unser Leben. Doch nicht allein. Einen großen Anteil an dem, was wir heute sind, hat auch unsere Erziehung. Erziehung bedeutet, den Geist und den Charakter eines Menschen zu formen, zu bilden und seine Entwicklung zu fördern. Dabei geht es darum, bestimmte Lernprozesse herbeizuführen und zu unterstützen, um dadurch dauerhafte positive Veränderungen des Verhaltens zu erreichen.

Unsere Persönlichkeit zeigt sich an unserer Erziehung!

Aus meinen Seminaren weiß ich: Vielen Menschen mangelt es an Selbstvertrauen. Das liegt zum Teil an einer Erziehung, die stark negativ orientiert ist. Nach einer britischen Studie füttern Mütter im Durchschnitt ihr Kleinkind täglich mit 45 Nein-Botschaften wie: »Das darfst du nicht«,

»Das kannst du nicht« oder »Lass das«. Im Gegenzug erfährt das Kleinkind in der gleichen Zeit gerade einmal fünf Ja-Botschaften. Bis zu ihrem 18. Lebensjahr erleben Menschen neben 80.000 TV-Morden auch 180.000 Negativbotschaften. Aus eben diesem ungleichen Verhältnis von neun zu eins folgt, dass Menschen ihr Vertrauen in sich verlieren. Es ist deshalb ganz wichtig, dass wir beständig unser Erfolgsbewusstsein schärfen und unsere Erfolgsbilanz aufbauen. Oft geben wir bei kleinen Dingen zu schnell nach oder gar auf. Auch wenn uns der Ausgang einer Situation vielleicht wirklich nicht so wichtig ist, so ist es doch für unser Erfolgsbewusstsein nicht egal, ob wir uns abwimmeln lassen und geschlagen geben oder nicht. Bringen Sie deshalb bitte auch kleine Angelegenheiten von geringer Bedeutung zu einem für Sie befriedigenden Abschluss, denn auch kleine Erfolge sind Erfolge, die Sie auf Ihrem Erfolgskonto verbuchen können und die Ihr Selbstbewusstsein stärken! Es ist sehr wichtig, dass wir ein Grundvertrauen aufbauen und wissen: Uns gelingt, was wir uns vornehmen. Dieses Grundvertrauen ist das größte Geschenk, das wir einem Kind durch unsere Erziehung mitgeben können.

In unserer Erziehung finden wir die Wurzeln für unser gelungenes Leben!

In meinem Leben war es vor allem meine wunderbare Großmutter Agnes, die mich immer wieder aufs Neue bestätigte. Sie war von meinen Verkaufsqualitäten überzeugt und ihr verdanke ich, dass ich diese Laufbahn einschlug. Ich weiß die Verdienste meiner Eltern und meiner Großmutter um meine Erziehung sehr zu schätzen. Von meiner Mutter lernte ich zu kämpfen, immer nach vorn zu schauen und nicht aufzugeben, von meinem Vater vorsichtig und sensibel zu sein und auf das innere Gefühl zu achten, und von meiner Großmutter, wie wichtig Bildung und gutes Benehmen sind, sowie die große Kunst, ein Leben lang ein Optimist zu sein. Und sehen Sie, alle drei Lebensweisheiten waren die Grundbausteine meines überwältigenden Lebenserfolgs! Entdecken auch Sie die Erfolgswurzeln in Ihrer Erziehung. Sie sind die Basis für die zu erntenden Früchte in Ihrem Leben!

81

Manche Erziehungsgrundsätze begleiten uns ein Leben lang. An der Maxime meiner Großmutter: »Erich, bitte bedenke bei allem, was du tust, das Ende und die Konsequenzen!«, orientiere ich mich noch heute. Jedoch gibt es vielleicht auch in Ihrem Leben Vorstellungen und Werte Ihrer Eltern, die Sie hinterfragen oder für sich und Ihr Leben ablehnen. Das ist legitim und manchmal sogar sehr nötig.

Unsere Erziehung ist niemals abgeschlossen!

Im Grunde geht es darum, sich jeden Tag selber weiterzuerziehen, sich zu entfalten und das eigene Potenzial optimal zum Einsatz zu bringen. Täglich an uns zu arbeiten und ein bisschen besser zu werden steht auf der Checkliste des Erfolgs für uns Menschen ganz weit oben. Ich kann Ihnen nur empfehlen: Schreiben Sie diesen Satz: »Jeden Tag ein bisschen besser werden«, auf einen Zettel und tragen Sie ihn mit sich! Das A und O dabei ist, dass Sie Freude an Ihrer Entwicklung haben. Setzen Sie sich nicht zu stark unter Druck. Jeder Schritt zum Gipfel ist bereits ein Gewinn. Solange die Richtung stimmt, werden Sie ankommen, auch wenn Sie einmal rasten oder einen kleinen Umweg nehmen. Arbeiten Sie mit Liebe an sich, pressen Sie sich nicht in ein starres Korsett, verbiegen Sie sich nicht und bauen Sie nicht übermäßig Druck auf, sonst laufen Sie Gefahr, engstirnig und verbissen zu werden. Erfolg ist kein Selbstzweck, er soll uns glücklich machen und zu einem erfüllten, gelungenen Leben beitragen.

Erziehen Sie sich täglich zur Freude am Leben:

Entdecken Sie die Erfolgswurzeln in Ihrer Erziehung. Sie sind die Basis für die zu erntenden Früchte in Ihrem Leben!

Arbeiten Sie mit Liebe an sich, pressen Sie sich nicht in ein starres Korsett, verbiegen Sie sich nicht und bauen Sie nicht übermäßig Druck auf, sonst laufen Sie Gefahr, engstirnig und verbissen zu werden.

Erfolg ist kein Selbstzweck, er soll uns glücklich machen und er soll nicht zuletzt zu einem erfüllten, gelungenen Leben beitragen.

»Ich finde es herrlich, dass ich lebe!«, ist die schönste Einstellung, die Sie zu Ihrem Leben haben können. Suchen Sie die Freude in Ihrem Leben, auch wenn Ihre Erziehung Ihnen etwas anderes eingeprägt hat.

Missmutige und übel gelaunte Menschen können keinen dauerhaften Erfolg haben. Suchen Sie in Ihrem Leben das Positive, das, was Ihnen Freude bereitet. Das ist der Weg, auf dem Sie eines Tages das Geheimnis des Erfolgs finden werden.

Wie gehe ich mit meiner Bildung um?

Welche Bildung habe ich genossen?
An welchem Punkt bei meiner Bildung stehe ich heute?
Wie ausgeprägt ist meine Allgemeinbildung?
Welche Sprachen beherrsche ich?
Wie groß ist mein technisches Wissen?
Was weiß ich über wirtschaftliche Zusammenhänge?
Welche Bildungsbereiche will ich erweitern?
Was tue ich heute für meine Bildung?

Während unsere Herkunft und unsere Erziehung unser Verhalten geprägt haben, ist unser Wissen und unser Umgang damit ein Indikator dafür, welche Bildung wir genossen und uns angeeignet haben. Als Sokrates seinen berühmten Satz: »Ich weiß, dass ich nichts weiß«, vor ca. 2400 Jahren aussprach, meinte er damit nicht, dass es egal ist, ob man etwas weiß oder nicht. Er wollte damit auffordern, beständig zu lernen, ohne überheblich zu werden. Denn gleichgültig wie viel man weiß, es ist nie genug. Es gibt immer noch etwas, das man im Leben dazulernen kann!

Unsere Bildung sagt viel über unsere Persönlichkeit aus!

Bildung ist ein lebenslanger Prozess des Menschen, bei dem er seine geistigen, kulturellen und lebenspraktischen Fähigkeiten und seine personellen und sozialen Kompetenzen erweitert. Ziel der Bildung ist eine umfassende Persönlichkeitsentwicklung und optimale Entfaltung des eigenen Ichs.

Damit ist Bildung die Grundlage für ein interessantes, gelungenes Leben. Sie ist das elementare Ordnungssystem, das einem hilft, die Umwelt zu verstehen, sich Neues zu erschließen, Eindrücke einzusortieren und Zusammenhänge herzustellen. Das heißt, gebildeten Menschen steht nicht nur nützliches und bereicherndes Wissen in allen Lebenslagen zur Verfügung, sondern sie lernen und behalten auch leichter neuen Wissensstoff, da sie Verknüpfungen mit Ihrem eigenen, bereits bestehenden Wissen herstellen können. Durch die Hirnforschung wissen wir heute: Nur vernetztes Wissen ist abrufbar und steht uns dadurch zur Verfügung.

Unsere Bildung ist ein ausgeklügeltes Regalsystem!

Bildung ist wie ein ausgeklügeltes Regalsystem. Es gibt Teile, die sind grob strukturiert, und andere, die sind fein ausdifferenziert. Ist das Regal sinnvoll aufgebaut und in sich schlüssig gegliedert, kann man Neues leicht einordnen und hat es schnell griffbereit, auch wenn mal längere Zeit vergangen ist. Deshalb ist als Grundlage ein breites, fundiertes Allgemeinwissen unentbehrlich, das ist das tragende Gerüst. Je größer die Bandbreite der zur Verfügung stehenden unterschiedlichen Themenbereiche ist, desto interessanter, ausgewogener und weniger eintönig ist es. Außerdem gilt: Wie ein gutes Regalsystem flexibel und den sich wandelnden Bedürfnissen anpassbar sein muss, können wir auch unsere Bildung frei gestalten; manche Bereiche bauen wir aus, bei anderen gehen wir in die Tiefe und differenzieren sie aus, wieder andere reduzieren wir.

Nehmen Sie sich die Zeit, Ihr Bildungssystem unter die Lupe zu nehmen. Wo setzen Sie Ihre Schwerpunkte, welcher für Sie wichtige Bereich ist noch nicht so gut bestückt, wie Sie es gern hätten, wo wollen Sie noch anbauen? Entwerfen Sie in Gedanken Ihr Traum-Bildungssystem, seien Sie kreativ, lassen Sie auch ausgefallene Ideen zu: Sie werden sehen, die Umsetzung Ihres Entwurfs ist zwar ein langer, aber spannender, freudiger und aufregender Prozess mit vielen Teilerfolgen. Hier gilt: Der Weg ist das Ziel.

Unsere Bildung ist ein wunderschönes Bildungsalbum!

Sammeln Sie viele Eindrücke, Erfahrungen und Erkenntnisse für Ihr persönliches Bildungsalbum. Gehen Sie dabei auch neue Wege, verlassen Sie ausgetretene Pfade, gehen Sie auf Entdeckungstour. Gestalten Sie Ihr Bildungs- und Lebensalbum farbig und lebendig. Wir alle kennen die Macht der Bilder: Wie sie uns auf Länder, Themen und Menschen neugierig machen können, so kann uns auch Bildung neugierig auf »mehr« machen. Oft eröffnen uns schon die ersten Schritte in ein neues Themengebiet neue Welten. Wir vertiefen uns in Bereiche, die uns besonders ansprechen und interessieren. Dadurch werden die Kenntnisse immer detaillierter, feiner, facettenreicher, der Gesamteindruck immer klarer. Dieses wunderschöne »Bildungsbuch« hat eine unglaubliche Motivationskraft und schenkt viel Selbstbewusstsein und Freude.

Unsere Bildung ist Lebensfreude pur!

Für mich bedeutet das Duo »Bildung und lebenslanges Lernen« Lebensfreude pur,

- weil es den Kreis von Menschen, mit denen ich interessante, gewinnbringende, unterhaltsame Gespräche führen kann, vergrößert;
- weil es mich flexibler werden lässt, Dinge aus verschiedenen Perspektiven zu sehen, und ich dadurch auch komplexere Zusammenhänge leichter in meinem Leben analysieren und bewerten kann;
- weil Neugier eine wichtige Motivationskraft und Energiequelle ist und das Leben spannend macht;
- weil ich mich aktiver mit meiner Umwelt auseinandersetze und intensiver lebe.

Als ich mit 31 Jahren die Position des Kaufmännischen Direktors für ein weltbekanntes Schweizer Unternehmen bekam, das in 60 Ländern der Welt vertreten war, sprach ich kein Wort Englisch. Ich hatte nur eine Möglichkeit, um diese einmalige Chance auch zu meistern. Ich musste so schnell wie möglich in einem Crashkurs in London Englisch lernen. Es war unglaublich anstrengend und forderte mir viel Selbstdisziplin und Konzentration ab, aber ich tat es. Ich ging nach London und lernte in einer Woche Tag und Nacht die wichtigsten Wörter für die erste bevorstehende Weltreise. Und ich schaffte es. Sie können sich vorstellen, was das für ein positives Lebensgefühl für mich war und welche Kommunikationsmöglichkeiten und Türen es mir in meinem späteren Leben eröffnete!

Wir genießen immer nur die Dinge, die wir kennen!

Sie wissen aus eigener Erfahrung: Ereignisse, von denen man etwas versteht, kann man besser genießen, sie hinterlassen stärkere Eindrücke. Einer, der selbst Fußball spielt oder zumindest die Regeln kennt, wird ein Spiel mit ganz anderen Augen sehen als jemand, der nur wahrnimmt, dass 22 Leute einem Ball hinterherlaufen. Je mehr Kenntnisse, je mehr Wissen, desto mehr Lebensfreude, Genuss und Lebensintensität. Und das Wichtigste: Viel mehr Erfolg! Ich bin fest davon überzeugt, dass Bildung der wichtigste Grundbaustein für Erfolg ist.

Auf dem Weg zu einem gelungenen Leben können wir nie genug wissen!

Sicher gibt es immer wieder die Geschichten von erfolgreichen Menschen, die schlecht in der Schule waren, vorzeitig abgegangen sind oder nie eine richtige Schule besucht haben und dennoch erfolgreich wurden. Wenn man sich die Biografien dieser erfolgreichen Menschen jedoch genauer ansieht, erkennt man, dass sich diese Persönlichkeiten neben, spätestens aber nach der Schule auf den unterschiedlichsten Gebieten ihr ganzes Leben mit voller Kraft unentwegt weitergebildet haben. Ob es nun berühmte Sportler, Schauspieler, Wissenschaftler oder Geschäftsleute sind: Viele setzen auf die Kraft der Bildung. Sie haben Vorbilder gesucht, von denen sie lernen konnten, haben Hunderte von Büchern gelesen, teilweise bis in die Nacht gelernt, ihre Stärken entwickelt, ihre Talente ausgebaut und an ihren Fähigkeiten unentwegt gefeilt.

Ich beispielsweise lese sehr viel, um mich dadurch ständig weiterzubilden. Seit Jahren interviewe ich einmal pro Woche unterschiedliche Persönlichkeiten in meiner Fernsehsendung. Ich darf mich deshalb jede Woche über ein neues Thema aus Wirtschaft, Gesellschaft, Politik oder Wissenschaft einlesen und daran erfreuen. Einfach herrlich, immer mehr zu erfahren, mehr zu wissen und mehr zu lernen. Denn auf dem Weg zum Erfolg kann man nie genug wissen.

Nutzen Sie also jede Gelegenheit zu Ihrer Bildung und Weiterbildung. Die Bibliotheken und Buchhandlungen sind voll mit Büchern und Hörbüchern, die gelesen und angehört werden wollen, die alle Bildung der Welt enthalten. Seminare und Vorträge bieten Wissen und Kompetenztraining aus erster Hand. Auch das Gespräch mit anderen Menschen ist immer ein Stück Bildung, nehmen Sie es Tag für Tag an.

Wir können nur dann erfolgreich bestehen, wenn wir uns selbstständig und eigenverantwortlich Wissen aneignen!

Bei einer Umfrage in Deutschland des IFAK Instituts im Jahre 2007 gaben 98 Prozent der Befragten an, dass Bildung im persönlichen

Bereich wichtig oder sogar sehr wichtig ist. 91 Prozent gaben der Bildung im gesellschaftlichen Rahmen einen hohen Stellenwert. Zwei Drittel der Befragten sind der Meinung, dass der Bildungsbegriff in seiner ursprünglichen Bedeutung nicht überholt ist und dass gute Allgemeinbildung das ist, was einen gebildeten Menschen auszeichnet.

Für mich ist Bildung jedoch mehr als eine bloße Ansammlung einer möglichst großen Menge von Faktenwissen und Kenntnissen. Bildung in einer globalisierten Welt muss eine ganzheitliche Bildung sein. Dazu gehören neben fachlicher Kompetenz und einem soliden Grundwissen auch Handlungs- und Selbstkompetenz. Wir können nur dann erfolgreich bestehen, wenn wir in der Lage sind, uns selbstständig und eigenverantwortlich Wissen anzueignen. Nur wenn wir aus dem eigenen vernetzten Wissen Folgerungen ziehen können und die Fähigkeit und Bereitschaft besitzen, das als richtig Erkannte konsequent in die Tat umzusetzen, werden wir Erfolg haben.

Bildung hat viele Bausteine!

Zu einer umfassenden Bildung gehören natürlich auch Sozialkompetenzen wie Teamfähigkeit, Kommunikationsfähigkeit sowie Konflikt- und Konsensfähigkeit. Sie sind das A und O für gute und erfolgreiche Zusammenarbeit auf allen Ebenen für uns Menschen und werden zweifellos immer entscheidender.

Zentral sind ferner eine gute Recherche-, Methoden- und Präsentationskompetenz.

Noch immer begegne ich einigen »Zeit«-genossen, die stolz darauf sind, dass sie nicht mit ihrem PC umgehen können oder ihren Blackberry gerade mal zum Telefonieren nutzen. Alle E-Mails schreibt und empfängt die Sekretärin im Auftrag. Diese Einstellung: »Ich bin zu alt, um diesen neumodischen Kram zu lernen« oder »Das brauche ich nicht, es geht auch so«, nimmt ihnen ein Stück Unabhängigkeit und kann dazu führen, dass ihnen in dieser schnelllebigen Zeit ein gutes Geschäft oder eine sehr wichtige Information entgeht. Jeder sollte versuchen mit-

*zuhalten, mit der Zeit zu gehen und keine Scheu vor Neuem zu haben,
das kann doch nur bereichernd sein!*

Zuletzt sind noch die interkulturelle Kompetenz und die Wertekompetenz zu nennen. Gerade diese beiden Schlüsselkompetenzen werden in unserer globalisierten Welt immer wichtiger. Nur wer sich erfolgreich in einer anderen Umgebung zurechtfindet und es versteht, mit Menschen anderer Kulturen zu kommunizieren, kann die Chancen der Globalisierung optimal nutzen. Von entscheidender Bedeutung sind deshalb Fremdsprachenkenntnisse, landeskundliches Wissen – aber auch die Fähigkeit, andere Blickwinkel einzunehmen und unterschiedliche Standpunkte wahrzunehmen, zu analysieren und zu beurteilen.

Bildung, was für ein Vergnügen!

Entwickeln und steigern Sie Ihre Lust am täglichen Lernen. Entdecken Sie, wie aufregend es ist, sich permanent Wissen anzueignen. Nutzen Sie jede Möglichkeit zur Bildung und Weiterbildung. Egal von welchem Level Sie starten. Wenn Sie auf dem Weg zu Ihrem gelungenen Leben anderen erfolgreichen Menschen begegnen, sollten Sie mitreden können. Das geht nur dann, wenn Sie über einen großen Schatz an Allgemeinwissen und über spezifisches Wissen verfügen. Bilden Sie sich jeden Tag ein Stück weiter und meiden Sie Umfelder, in denen »geistige Windstille« herrscht!

*Großen Hunger nach Bildung hatte ich immer schon, nicht nur,
wenn eine neue Herausforderung vor mir lag. Ich habe mir all das Wissen angeeignet, das ich brauchte, um erfolgreich zu werden. Ich habe
andere Menschen um Rat und Wissen gefragt, gelesen, Hörbücher gehört, Abendschulen, Seminare und Vorträge besucht. Bis ich sicher war,
die Thematik zu beherrschen. So habe ich mich voll Freude und Energie
mit Sprachen, Motivation, Psychologie, Wirtschaftswissenschaften oder
Philosophie beschäftigt. Denn ich merke immer wieder im Gespräch
mit Politikern, Journalisten, Künstlern, Philosophen, Freunden, Jugendlichen oder Geschäftsleuten, wie wichtig eine fundierte Bildung ist.
Schnell wenden sich die Erfolgreichen von Ihnen ab, wenn sie spüren,*

hier ist ein Emporkömmling, der glaubt, mit etwas Halbwissen und vielleicht einer guten »Google-Idee« in dieser Liga mitspielen zu können. Ich gebe zu, das klingt auf den ersten Blick nach sehr viel Arbeit. Doch ich habe erfahren: Je mehr ich lernte, umso mehr Spaß machte es, noch mehr zu lernen. Lernen bringt nicht nur Bildung, sondern ist auch ein Highlight für Geist, Herz und Seele. Bildung schafft Sympathie und zieht Menschen an!

Holen Sie sich Bildung immer aus erster Hand:

Nehmen Sie Ihre Bildung unter die Lupe. Wo setzen Sie Ihre Schwerpunkte, welcher für Sie wichtige Bereich ist noch nicht so gut bestückt, wie Sie es gerne hätten, wo wollen Sie noch anbauen?

Gestalten Sie Ihr eigenes Bildungs- und Lebensalbum farbig und lebendig.

Nutzen Sie jede Gelegenheit zu Ihrer Bildung und Weiterbildung. Die Bibliotheken und Buchhandlungen sind voll mit Büchern und Hörbüchern, die gelesen und angehört werden wollen, die alle Bildung der Welt enthalten.

Besuchen Sie Seminare, hören Sie Hörbücher und Vorträge. Diese bieten Wissen und Kompetenztraining aus erster Hand. Auch das Gespräch mit anderen Menschen ist immer ein Stückchen Bildung, nehmen Sie es Tag für Tag an.

Die Lejeune Academy für Philosophie und Motivation hat viele Angebote und Herausforderungen, die Ihren Hunger nach Bildung, Lebensfreude, Wissen und Motivation stillen können. Wir vereinen ein breites Spektrum effektiv aufeinander abgestimmter Lernbausteine. Diese reichen von verschiedenen Seminaren, Kursen und Workshops bis hin zu exklusiven Impulsreferaten und Vorträgen durch mich

und unsere erstklassigen Referenten. Die geistige Koope-
ration zwischen der Lejeune Academy und der Hochschule der Philosophie der Jesuiten ist der Garant für Wissen
über ein gelungenes Leben. Alle unsere Lösungsansätze
beruhen nicht auf angelesenem Wissen oder Erfahrungen
aus zweiter Hand, sondern haben sich bereits in meinem
erfolgreichen, authentischen Leben verlässlich bewährt.
www.lejeune-academy.de

Wie gehe ich mit meinen Werten um?

Was sind Werte?
  Welche Werte prägen meine Persönlichkeit?
  Welche Werte sind mir in meinem Leben wichtig?
  Welche Werte sind wirklich meine Werte?
  Welche Werte muss ich gegeneinander aufwiegen?
  Welche Werte will ich wirklich leben?
  Ein wichtiger Teil unserer Persönlichkeit ist unser Charakter. Unser
Charakter wird vor allem durch Werte geprägt. Werte, die wir auf un-
serem Lebensweg mitbekommen haben. Von unseren Eltern, Lehrern,
Freunden und unserer Umwelt. Darum ist eine Auseinandersetzung mit
unserem Wertesystem eine wesentliche Voraussetzung, wenn wir unsere Persönlichkeit erkennen und entwickeln wollen. Jean-Paul Sartre,
der berühmte französische Schriftsteller und Philosoph, sagte, dass die
Menschen, indem sie ihre eigenen Werte schaffen, zugleich die Grund-
regeln des Lebens festlegen und damit auch ihre Persönlichkeit, also
sich selbst erschaffen. Wie wahr!
  Die Mehrzahl des Wortes Wert, die Werte nämlich, hat im allgemeinen Sprachgebrauch eine spezielle Bedeutung: Man versteht darunter vor allem die Grundsätze, nach denen eine Gesellschaft oder eine
Gruppe von Menschen ihr Zusammenleben richtet oder richten will

(auch Ethik genannt). Werte können persönliche Werte (wie Taktgefühl, Vertrauenswürdigkeit, also Werte die man an jemanden schätzt), materielle Werte (wie Geld, Macht, Eigentum), geistige Werte (wie Weisheit), religiöse Werte (wie Glaubensfestigkeit) oder sittliche Werte (wie Treue) sein.

Unsere Wertvorstellungen geben uns die Sicherheit in unserem Leben!

Auf dem Weg zu unserem Ziel brauchen wir Leitplanken und manchmal auch »Airbags«, die uns nicht von unserem Weg abkommen lassen und die uns Sicherheit geben, damit wir uns nicht verirren. Diese Leitplanken in unserem Leben sind die Werte und Wertvorstellungen, nach denen wir leben. Schauen wir uns in unserer heutigen Welt um, ist es oftmals schwierig, diese Leitplanken zu sehen. Überall scheinen diese verschwunden zu sein, so wie leider auch viele Werte aufgelöst sind: Fleiß, Disziplin, Ehrlichkeit, Pünktlichkeit, Anstand, Höflichkeit, Demut, Beharrlichkeit und viele weitere. Immer weniger Menschen scheinen diese Werte noch richtig zu leben. Jeder Mensch sollte deshalb seine Werte kennen. Denn ohne Werte findet man niemals ein lebenswertes Leben. Installieren Sie deshalb Ihren eigenen »Werte-TÜV«.

In meinen Seminaren gehe ich sehr stark auf diese Tugenden und Werte ein. Lustig ist dabei immer, wenn einige Seminarteilnehmer nach diesen Werte-Impulsreferaten zu mir sagen: »Ja, das ist doch nichts Neues, Herr Lejeune!« Ich antworte dann jedes Mal: »Da haben Sie wohl recht, neu ist es nicht, der allerdings wichtige Unterschied könnte sein, dass ich die Werte und Tugenden täglich lebe und Sie vielleicht nur gelegentlich.« Sehen Sie, liebe Freunde der Welt der Motivation: Werte sind die Grundbausteine des Lebens und erfordern jeden Tag Disziplin. Ohne Disziplin keine Umsetzung der Werte! Werden auch Sie ein täglicher »Wertemensch«!

Unsere Werte lenken unser Handeln bewusst und – mehr noch – auch unbewusst!

Es sind nicht nur materielle Werte, die uns Menschen auszeichnen. Es geht viel mehr um alte und neue Tugenden wie Treue, Tapferkeit, Disziplin, Fleiß, Beharrlichkeit und viele mehr. Es gibt weder in der Philosophie noch in der Psychologie oder der Soziologie einhellige Meinungen, was genau unter Wert oder Wertvollsein verstanden werden soll. Es bleibt eine der alten Fragen der Menschheit, mit der sich seit der Antike bis heute die großen Denker immer wieder beschäftigen. Ich bin meinen hugenottischen Vorfahren sehr dankbar, dass sie mir diese Grundwerte mit in die Wiege legten. Zu den Tugenden der Hugenotten, wie die französischen Protestanten im vorrevolutionären Frankreich genannt wurden (der Begriff entstammt wahrscheinlich dem französischen Wort aignos, Eidgenossen, weil sie stark von der Lehre Johannes Calvins beeinflusst waren), zählen in erster Linie Bescheidenheit, Sparsamkeit, Schlichtheit, Einfachheit ihrer Sitten, Gottesfürchtigkeit, Solidarität untereinander und Barmherzigkeit gegenüber Schwachen, Armen und Bedrängten.

Ein verantwortungsvoller, ehrlicher Umgang mit unseren eigenen Werten ist unerlässlich, denn diese lenken unser Handeln bewusst und – mehr noch – auch unbewusst. Die eigenen Werte zu finden und zu überdenken erfordert eine intensive Auseinandersetzung mit sich selbst. Dabei helfen Gespräche mit Freunden, aber auch Seminare oder Coachings, wie ich sie auch in meiner Akademie anbiete.

Es ist allein unsere Entscheidung, welche Werte wir leben wollen!

Welche Werte Sie wirklich leben und umsetzen können und wollen, ist eine Entscheidung, die nur Sie selbst treffen können. Zu den wichtigsten Grundwerten zählen: Mut und Entschlossenheit, Ausdauer und Weitblick für die Gestaltung unseres eigenen Lebens. Genuss und Genügsamkeit für unsere sinnliche Befriedigung. Bildung, Klugheit und Lernbereitschaft für unseren persönlichen Erfolg. Autorität und Gehorsam, Großzügigkeit und Sparsamkeit für unseren sozialen Status. Demut, Hingabe und Glaube, Bescheidenheit und Mäßigkeit, Barmherzigkeit, Großmut und Uneigennützigkeit für unseren Umgang mit der Umwelt. Disziplin und Verlässlichkeit, Gewissenhaftigkeit und Pünktlichkeit, Selbstdisziplin und Selbstbeherrschung, Fleiß, Geduld und Höflichkeit im Umgang mit anderen Menschen. Hilfsbereitschaft und Verantwortungsbewusstsein, Vergebung, Loyalität und Treue, Liebe, Freundschaft und Fairness im Umgang mit den uns nahestehenden Menschen.

Unsere Werte können wir nur ganz oder gar nicht leben!

Nehmen Sie sich bitte die Zeit und fragen sich, welche Werte in Ihrem Leben wirklich wichtig für Sie sind. Und bitte fragen Sie sich auch, von wem Sie diese Werte übernommen haben. Eltern, Erzieher, Lehrer, Partner, Freunde, Kollegen, Vorbilder und Mitmenschen: Alle haben ihre eigenen Wertvorstellungen. Welche dieser Werte jedoch für Ihr Leben Bedeutung haben, können nur Sie selbst entscheiden. Überlegen Sie deshalb, welche Werte sich gegenseitig vielleicht sogar widersprechen. Mut und Angst, Geberlaune und Sparsamkeit, Ehrlichkeit und Eitelkeit passen nicht immer zusammen. Und denken Sie auch stets daran, wenn Sie Ihre Werte bestimmen, dass diese immer hohe Prozentzahlen erreichen.

Unsere Werte sind immer konkret!

Man kann nicht nur ein wenig ehrlich sein oder nur teilweise treu. Oder nur etwas pünktlich und ein bisschen zu spät. Oder ein wenig schlecht drauf sein und ein bisschen motiviert sein. Oder ein bisschen vertrauensvoll sein und dabei ein wenig indiskret.

Den richtigen Umgang mit Werten zu lernen oder zu finden – da hilft uns die Philosophie durch die Überlegung: Was ist gut, was ist böse? Für Aristoteles ist die Haltung der Tugend die Haltung der Mitte zwischen zwei Extremen. Dabei ist zum Beispiel

- die Tapferkeit die Mitte zwischen Feigheit und Tollkühnheit,
- die Großzügigkeit die Mitte zwischen Geiz und Verschwendung.

Machiavelli stellt in seinem Werk *Der Fürst* fest, dass Tugenden wie Bescheidenheit, Sparsamkeit, Freigebigkeit oder Milde negative Folgen haben können, wenn sie falsch verstanden und angewandt werden. Natürlich ist es gut, hilfsbereit zu sein, aber lassen Sie sich dabei nicht ausnutzen. Deshalb:

> Seien Sie großzügig, aber nicht verschwenderisch.
> Seien Sie optimistisch, aber nicht blauäugig.
> Seien Sie ehrlich, aber nicht verletzend, sondern diplomatisch.
> Seien Sie mutig, aber nicht aggressiv.
> Gleiches gilt für verpönte Eigenschaften: Seien Sie nicht arrogant, aber selbstbewusst und ehrlich stolz auf sich und Ihre Leistungen.

Diese Erkenntnisse bringen eine unglaubliche Freiheit mit sich und nehmen uns Druck. Wir müssen uns nicht mit aller Gewalt in ein Tugendkorsett pressen. Man hat in einer Situation beispielsweise die freie Entscheidung: Helfe ich oder lehne ich ab, und zwar ohne schlechtes Gewissen, denn manchmal kann auch Letzteres die richtige Entscheidung sein, auch wenn sie der Tugend der Hilfsbereitschaft widerspricht.

Unsere eigene Werteskala ist das Navigationssystem auf dem Weg zu unserem gelungenen Leben!

Also denken Sie darüber nach, welche Werte für Sie wichtig sind und wie Sie diese Werte umsetzen wollen. Schreiben Sie Ihre eigene Werteskala auf. Notieren Sie alle Werte, die Sie ausmachen. Bewerten Sie diese mit einer Notenskala von 1 bis 10. So sehen Sie sehr bald, welche Werte welche Bedeutung für Sie haben. Achten Sie dabei auch darauf, welche Werte sich gegenseitig ausschließen oder sich gegenseitig befruchten. Auf dieser Grundlage können Sie entscheiden, welche Werte Sie wirklich leben und umsetzen können und wollen.

Lange Zeit zählte für mich nur, schnell mein Ziel zu erreichen, nämlich reich zu werden. Ich wollte heraus aus der Armut. Ich arbeitete hart an meiner Karriere. Doch musste ich bitter erfahren, dass Besitz allein nicht alles ist. Als ich meinen äußeren Reichtum verloren hatte, war ich plötzlich wieder arm und ganz allein. Ich erkannte mit der Zeit, dass es noch andere Werte im Leben gibt als materiellen Besitz. Wieder fing ich von vorn an und wieder wurde ich durch die Kraft der Motivation und der Werte reich. Doch diesmal achtete ich darauf, andere Menschen auf meinem Weg mitzunehmen. Auf meinem Weg zum Erfolg nicht nur meine Erfolge zu zählen, sondern auch meine Tugenden weiterzuentwickeln. Und dieses Mal war der Erfolg von Dauer.

Es kommt darauf an, unsere Tugenden zu leben!

Bereits in der Antike zählte für Aristoteles neben Tapferkeit, Großzügigkeit, Beharrlichkeit und Gerechtigkeit die Bescheidenheit zu den sogenannten Kardinaltugenden. Bescheidenheit war Bestandteil der Rittertugenden im Mittelalter und neben Ordnungsliebe und Sparsamkeit eine der bürgerlichen Tugenden im 16. Jahrhundert. Shakespeare zählte die Bescheidenheit in Macbeth zu den Königstugenden, während Benjamin Franklin sie in seiner Auflistung der wichtigsten 13 Tugenden wie folgt beschrieb:

1. Mäßigkeit – Iss nicht bis zum Stumpfsinn, trink nicht bis zur Berauschung.
2. Schweigen – Sprich nur, was anderen oder dir selbst nützen kann; vermeide unbedeutende Unterhaltung.
3. Ordnung – Lass jedes Ding seine Stelle und jeden Teil deines Geschäfts seine Zeit haben.

4. Entschlossenheit – Nimm dir vor, durchzuführen, was du musst; vollführe unfehlbar, was du dir vornimmst.
5. Sparsamkeit – Mache keine Ausgabe, als um anderen oder dir selbst Gutes zu tun; das heißt: Vergeude nichts.
6. Fleiß – Verliere keine Zeit; sei immer mit etwas Nützlichem beschäftigt; entsage aller unnützen Tätigkeit.
7. Aufrichtigkeit – Bediene dich keiner schädlichen Täuschung; denke unschuldig und gerecht, und wenn du sprichst, so sprich danach.
8. Gerechtigkeit – Schade niemandem, indem du ihm unrecht tust oder die Wohltaten unterlässt, die deine Pflichten sind.
9. Mäßigung – Vermeide Extreme; hüte dich, Beleidigungen so übel aufzunehmen, wie sie es nach deinem Dafürhalten verdienen.
10. Reinlichkeit – Dulde keine Unsauberkeit am Körper, an Kleidern oder in der Wohnung.
11. Gemütsruhe – Beunruhige dich nicht über Kleinigkeiten oder über gewöhnliche oder unvermeidliche Unglücksfälle.
12. Keuschheit – Übe geschlechtlichen Umgang selten, nur um der Gesundheit oder der Nachkommenschaft willen, niemals bis zur Stumpfheit, Schwäche oder zur Schädigung deines eigenen oder fremden Seelenfriedens oder guten Rufes.
13. Demut – Ahme Jesus und Sokrates nach.

Meine 32 Werte für Ihr gelungenes Leben:

1. Ausdauer:
   Wer Ausdauer hat, dem ist nichts unmöglich! Ihre kleinen Erfolge addieren sich zu riesigen Fortschritten, wenn Sie mit Ausdauer daran weiterarbeiten.
2. Barmherzigkeit:
   Wer aus freien Stücken gibt, bekommt unermesslich viel zurück!
3. Bescheidenheit:
   Wer Erfolg hat, kann es sich leisten, bescheiden zu sein!

97

4. Bildung:
   Lernen bringt nicht nur Bildung, sondern ist auch ein Highlight für Geist, Herz und Seele.
5. Dankbarkeit:
   Aufrichtige Dankbarkeit führt in die Herzen der Menschen.
6. Demut:
   Nur mit Demut im Herzen erkennen wir die Großartigkeit unserer wundervollen Welt.
7. Disziplin:
   Disziplin ist nichts weiter als ein Versprechen an sich selbst!
8. Ehrlichkeit:
   Wer nicht Ehrlichkeit annimmt und lebt, kann nicht erfolgreich sein!
9. Entscheidungsfreude:
   Wer nicht entscheidet, muss hinnehmen, dass andere für ihn entscheiden!
10. Mut:
    Mut ist Energie für unser Leben! Den Mutigen gehört die Welt! Mut lässt Hindernisse verschwinden!
11. Entschlossenheit:
    Nur wenn man entschlossen auf sein Ziel zugeht, wird man es auch erreichen!
12. Fleiß:
    Genie ist zu 90 Prozent Fleiß. Das bedeutet, dass auch kleine Talente durch großen Fleiß zu großen Leistungen fähig sind!
13. Freundschaft:
    Freundschaft ist eine Pflanze, die wir ständig gießen müssen!
14. Geduld:
    Die schönsten Träume erreichen wir nur mit Geduld und unermüdlicher Leistung!

15. Genügsamkeit:
    Die Hugenotten wählten den Weg der einfachen Lebens-
    führung, denn sie fühlten sich mit allen Wesen verbun-
    den. Dadurch konnten sie Freiheit von Angst und vom Ich
    erlangen.
16. Genuss:
    Wenn ein Genuss zur Regelmäßigkeit wird, wird er meist
    zur Sucht. Also genießen Sie, aber bitte in Maßen!
17. Gewissenhaftigkeit:
    Erfolg entsteht nur aus organisiertem, sorgfältigem,
    zuverlässigem und überlegtem Handeln.
18. Glaube:
    Der unerschütterliche Glaube an sich selbst bildet die
    Grundlage für alle Erfolge.
19. Großmut:
    Rache entstammt immer der Schwäche. Verzeihen kann
    man immer nur aus einer Position der Stärke.
20. Großzügigkeit:
    Die Großzügigkeit findet sich in der Mitte zwischen Geiz
    und Verschwendung.
21. Hilfsbereitschaft:
    Es gibt nichts Schöneres in der Welt, als aus dem Herzen
    heraus anderen Menschen zu helfen.
22. Hingabe:
    Die Hingabe und Begeisterung für mein Ziel bedeutet
    auch: Ich nutze jeden Tag meines Lebens, weil jeder
    sinnlos vergeudete Tag, jede ungenutzte Stunde unwie-
    derbringlich verloren ist.
23. Liebe:
    Nur wenn man sich selbst liebt, kann man auch Liebe
    schenken!
24. Pünktlichkeit:
    »Fast pünktlich« heißt im Grunde nichts anderes als
    »unpünktlich«. Kommen Sie mal fast pünktlich zum Zug,
    dann sehen Sie seine Rücklichter.

25. Selbstdisziplin:
Der Preis für das Aufbringen von Selbstdisziplin ist viel niedriger als das Bedauern, den Erfolg versäumt zu haben.
26. Sparsamkeit:
Wer mehr ausgibt, als er verdient, lebt in einer Scheinwelt, die eines Tages zusammenstürzt.
27. Uneigennützigkeit:
Erst wenn wir ganz uneigennützig geben, wird innerer und äußerer Reichtum zu uns zurückfließen.
28. Verantwortungsbewusstsein:
Unser Weg zu unserem gelungenen Leben kreuzt die Lebenswege vieler anderer Menschen. Und manchmal haben die anderen Vorfahrt.
29. Verlässlichkeit:
Verlässlichkeit bedeutet, so lange dranzubleiben, bis die Arbeit erledigt ist, die man sich selbst oder einem Auftraggeber versprochen hat.
30. Weitblick:
Die meisten Ziele liegen hinter unserem Horizont. Um sie zu sehen, müssen wir erst mal einen Berg besteigen.
31. Zielstrebigkeit:
Erfolgreiche Menschen weichen nicht von ihren Zielen ab!
32. Zuverlässigkeit:
Die Zuverlässigkeit besteht darin, ein gegebenes Versprechen unter allen Umständen einzuhalten – oder es gar nicht erst zu geben.

Wie gehe ich mit Regeln um?

Welche Regeln gibt es in meinem Leben?
Mache ich immer nur die Dinge, die ich wirklich will?
Wie ausgeprägt ist meine Selbstdisziplin?

Worin zeigt sich meine Selbstdisziplin?
Wie steigere ich meine Selbstdisziplin?
Disziplin ist meist ein zentraler Begleiter auf dem Weg zum Erfolg. Leider wird dieser Begriff allzu oft mit Gehorsam oder blindem Autoritätsglauben verwechselt. Doch Disziplin ist wertvoll und etwas ganz anderes. Jedes Gefüge, jede Gruppe, jedes Unternehmen existiert nur durch klare Vorschriften und Regeln, an die sich alle halten sollten. Hier hat Disziplin nichts mit Gehorsam zu tun, sondern mit Verantwortlichkeit der Gruppe, dem Gefüge, der Gesellschaft, dem Unternehmen gegenüber.

Nur mit klaren Regeln können wir erfolgreich sein!

Wir selbst sind nur dann erfolgreich, wenn wir für unser Leben klare Regeln aufstellen und uns aus Überzeugung daran halten. Nur so wird das, was wir tun, kalkulierbar, nur so können wir unsere Erfolge wirklich messen. Disziplin gibt unserem Tagesablauf eine Regelmäßigkeit, die hilft, wichtige Dinge nicht zu vergessen, Details nicht zu übersehen und die Dinge zu tun, auf die es ankommt. Jedes Schleifenlassen, jedes Vorsichhinschieben lenkt uns von unserem Ziel ab und kostet viel Energie und Zeit, wieder auf den richtigen Weg zu gelangen.

Disziplin verleiht uns die Kraft, verlässlich und stark zu sein, und schenkt uns Ausdauer und Beharrlichkeit. Sie macht uns selbstsicher. Und erst aus dieser Selbstsicherheit ziehen wir die Kraft, unsere Ziele zu verwirklichen. Disziplin ist ein aufrichtiges, ein ehrliches Versprechen an sich selbst.

Erst wenn wir uns selbst beherrschen, werden wir nicht beherrscht!

Disziplin ist jedoch weit mehr als Regelmäßigkeit. Disziplin ist selbst geschaffene Freiheit. Das klingt zunächst einmal ungewohnt. Doch überlegen Sie einmal: Nur wer seinen Willen, seine Gedanken und Gefühle beherrscht, wird nicht von ihnen beherrscht. Wer seine Gedanken fest im Griff hat, hat auch seinen Geist und damit sein Leben im Griff. Dazu gehört ein starkes Maß an Selbstdisziplin.

Disziplin ist der Schritt vom Müssen zum Wollen!

Ich zum Beispiel nehme mir jedes Jahr vor, vierzehn Tage, vier Wochen oder die ganze Fastenzeit keinen Tropfen Alkohol zu trinken. Mit jedem Tag, an dem ich dieses Versprechen mir selbst gegenüber einhalte, steigt dieses herrliche Gefühl: Ich beherrsche mich. Ich habe die Kraft, mich an meine eigenen Vorgaben zu halten. Dazu gehört auch ein starkes Verantwortungsgefühl sich selbst gegenüber.

Disziplin kann man kontinuierlich steigern. Als ich mit einem lieben Freund Anfang des Jahres 2000 beschlossen hatte, meinen ersten Marathon zu laufen, war meine Kondition gerade einmal ausreichend für ein Wochenend-Tennismatch. Es war ein großes Ziel, das ich mir setzte und das ich mit Begeisterung anvisierte. Tag für Tag absolvierte ich mein Lauftraining. Zu Beginn hielt ich meine Trainingseinheiten nur mit eiserner Disziplin ein. Doch mit der Zeit fiel es mir immer leichter. Zum Ende meiner Vorbereitungen war aus der Disziplin, mit der ich mich zum Training zwang, ein Vergnügen geworden, auf das ich nicht mehr verzichten wollte. Als ich dann am 5. November 2000 den New York City Marathon lief und durch das Ziel kam, wusste und fühlte ich, was die Disziplin für uns Menschen bedeutet und was sie für einen unschätzbaren Wert hat. Disziplin ist das Rückgrat für unser gelungenes Leben!

Unsere Disziplin zeigt sich in unserer Zuverlässigkeit und unserer Pünktlichkeit!

Ich sage heute manchmal zu Menschen, die mich fragen, woher meine großen Erfolge kommen: »Wissen Sie, ich habe 30 Jahre hart und diszipliniert gearbeitet, um über Nacht reich zu werden.« Das waren 30 spannende und schöne Jahre harter Arbeit und eiserner Disziplin. Das habe ich von meinem Vater gelernt. Mein Vater hatte sich eine Haltung bewahrt, die in seiner Situation und seinem Umfeld außergewöhnlich war. Er konnte in einem noch so kränklichen, geschwächten Zustand sein, es konnte regnen, stürmen, schneien – mein Vater stand morgens um fünf Uhr auf, rasierte sich mit kaltem Wasser und Seife am Waschbecken – ein Bad gab es in unserer Wohnung nicht – und verließ das Haus, um zu Fuß zur Arbeit zu gehen. Tag für Tag, Jahr für Jahr, zu Fuß, denn für die Straßenbahn reichte das Geld nicht. Ja, für diese Zuverlässigkeit und Disziplin habe ich ihn bewundert. Er ist ein großes Vorbild im Bereich der Disziplin, und dafür bin ich ihm bis heute unendlich dankbar. Aber auch meine Mutter, die Zeit ihres Lebens mal als Putzfrau, mal als Hilfsarbeiterin arbeitete, war diszipliniert. Sie liebte die Pünktlichkeit über alles und tolerierte keine Unpünktlichkeit.

Wir können unsere Selbstdisziplin steigern!

Mit realisierbaren Aufgaben:
Wenn man etwas leisten will, kommt es darauf an, dafür zu sorgen, dass es auch wirklich möglich ist, die gestellte Aufgabe zu erfüllen. Wenn die Lösung der Aufgabe unrealistisch ist, darf man sich nicht wundern, wenn man nicht die nötige Disziplin aufbringt, um sie zu verfolgen.

Mit Checklisten:
Analysieren Sie Ihre konkrete Situation, indem Sie sich die folgenden Fragen beantworten:

- Woraus genau besteht die zu lösende Aufgabe?
- Was ist notwendig, um diese Aufgabe zu erledigen?
- Was muss ich wissen und können?

Befassen Sie sich mit der gestellten Aufgabe und deren Voraussetzungen, bevor Sie beginnen. Erarbeiten Sie sich eine Checkliste, nach der Sie vorgehen können.

Mit Belohnungen:
Belohnungen können uns einen zusätzlichen Anreiz bieten, die Aufgabe zu bewältigen, die vor uns liegt. Doch es gibt einiges dabei zu beachten:

- Die Belohnung sollte groß, aber nicht zu groß sein. Versuchen Sie, die Belohnung Ihrem Einsatz anzupassen.
- Verzichten Sie nicht auf Ihre Belohnung. Wenn Sie eine Belohnung am Ende nicht einlösen, schaffen Sie nur Frustration.
- Genießen Sie Ihre Belohnung. Sie können mit sich zufrieden sein. Sie haben sich die Belohnung verdient.

Mit den richtigen Rahmenbedingungen:

- Finden Sie heraus, wie es tatsächlich um Ihre Selbstdisziplin bestellt ist. Vielleicht schauen Sie immer nur in die falsche Richtung und erkennen Ihre Diszipliniertheit gar nicht. Auch bei Menschen, die von sich selbst glauben, keine Selbstdisziplin zu haben, gibt es immer Bereiche, in denen sie es schaffen, bei der Sache zu bleiben,

Zum Beispiel bei ihren Hobbys oder im Sport. Finden Sie an solchen Beispielen für sich heraus, wie die Aufgabe und die Rahmenbedingungen gestaltet sein müssten, damit Sie noch erfolgreicher sein können.

Mit einem Tagebuch:
Führen Sie doch einmal eine Zeit lang ein Disziplintagebuch und fragen Sie sich dabei:

- Wo genau bin ich undiszipliniert?
- Was tue ich, wenn ich einer Aufgabe ausweiche?
- Womit lenke ich mich ab?
- Und wie fühle ich mich dabei?

Sie werden als Ergebnis dieses Disziplintagebuchs die Erkenntnis gewinnen, dass Sie die Disziplin, die Sie in einigen Bereichen Ihres Lebens bereits haben, in allen anderen Bereichen genauso gewinnbringend anwenden können.

Wie gehe ich mit meinem Denken um?

Wie funktioniert mein Gehirn?
Wie halte ich mein Gehirn fit?
Welche Anregungen gebe ich meinem Gehirn?
Eine der wichtigsten Voraussetzungen unserer Persönlichkeit ist unser Denken. Unter dem Begriff »Denken« werden alle Vorgänge zusammengefasst, die aus einer inneren Beschäftigung mit Vorstellungen, Erinnerungen oder bekannten und neuen Begriffen eine Erkenntnis hervorzubringen versuchen, um dann daraus eine brauchbare Handlungsanweisung für die zu meisternde Lebenssituation zu erhalten. Denken kann auf einem Einfall basieren oder spontan durch Gefühle und Situationen ausgelöst werden. Denken ist die Verarbeitung unserer Vergangenheit, die Bewältigung unserer Gegenwart und die Gestaltung unserer Zukunft.

Unsere Geist-Körper-Seele-Balance
wird vom Gehirn gesteuert!

Das Denken geschieht ausschließlich in unserem Gehirn. Dies ist die Zentrale unseres Körpers, die sämtliche Lebensfunktionen steuert –

105

die körperlichen, geistigen und auch die seelischen. Das Gehirn kann man grob in drei Bereiche unterteilen: Das Stammhirn steuert die Körperfunktionen wie Atmung, Herztätigkeit, Kreislauf und Reflexe. Das Kleinhirn ist für unsere Muskeln zuständig. Das Großhirn ist der Sitz der Gefühle und Wahrnehmungen, des Denkens und des Willens, die sogenannten kleinen grauen Zellen.

Unser Gehirn verarbeitet 16 Informationen pro Sekunde!

Das Gehirn reagiert ständig auf die Reize, die es aus der Umwelt empfängt. Dabei wird das, was wir fühlen, denken oder tun, als Erinnerung oder Erfahrung gespeichert und wir können es bei ausreichender Vernetzung bei Bedarf wieder abrufen. Das ist unser Gedächtnis. Das Gehirn besteht aus Nervenzellen, auch Neuronen genannt. Diese Zellen sind miteinander verbunden und kommunizieren miteinander. Jede Sekunde wirken unzählige Reize und Empfindungen auf unser Gehirn. Aus dieser Flut von Informationen filtert das Gehirn die wichtigsten heraus und nimmt ungefähr 16 verschiedene Informationen pro Sekunde auf, ordnet und speichert sie. Dies geschieht durch die Kommunikation von Millionen von Nervenzellen untereinander in sogenannten neuronalen Netzen. Das komplette Nervennetz des Hirns ist länger als 100 Kilometer. Die Anzahl der Synapsen – das sind die Verknüpfungen zwischen den einzelnen Hirnzellen – übersteigt 100 Milliarden. Und die Bearbeitungsgeschwindigkeit liegt angeblich beim ca. 150-Fachen einer modernen ISDN-Leitung. Zahllose dieser neuronalen Netze existieren in unserem Gehirn. Sie werden je nach Bedarf aktiviert: zum Hören, Sehen, Sprechen, Erkennen, Autofahren und vielem mehr.

Unser Gehirn ist ein Wunderwerk der Schöpfung!

Liebe Leserinnen, liebe Leser, ist es nicht erstaunlich, womit uns die Schöpfung hier ausgestattet hat? Ein Organ, das gerade mal 1400 bis

1500 Gramm schwer ist und das wir in unserem Kopf herumtragen, ist so viel leistungsfähiger als alle Laptops der Welt. Wir können die größten Computer der Welt bauen und dennoch wird es uns nie gelingen, an dieses Wunderwerk der Natur heranzureichen. Unser Gehirn sollte uns Anlass sein, immer wieder mit Demut und Achtung an die Großartigkeit der Schöpfung zu denken. Dieses großartige Organ besteht übrigens zu ca. 85 Prozent aus Wasser, der Rest des Körpers hingegen zu etwa zwei Dritteln. Deshalb sollten Sie viel trinken, um Ihr Hirn arbeitsfähig zu halten.

Je mehr Anregungen wir unserem Gehirn geben, desto leistungsfähiger wird es!

An den Kontaktstellen zwischen zwei Nervenzellen beziehungsweise zwischen einer Nerven- und einer Muskelzelle, den sogenannten Synapsen, tauschen rund 100 Milliarden Nervenzellen im menschlichen Gehirn unentwegt biochemische Signale aus. 100 Billionen Synapsen vernetzen unsere Nervenzellen auf diese Weise miteinander. Das Gehirn arbeitet und stellt umso intensiver neue und stärkere Nervenkontakte her, je mehr Eindrücke es erhält. Beim Lernen werden Vernetzungen zwischen Nervenzellen neu geknüpft oder verstärkt. Der Zerfall oder die Schwächung dieser Brücken bedeutet Vergessen, das heißt, das Wissen ist zwar noch vorhanden, aber nicht mehr abrufbar. Ob Auf- oder Abbau von Synapsen die Oberhand hat, hängt ganz wesentlich von den Anregungen ab, die ein Gehirn erhält. Je mehr wir unser Gehirn tagtäglich fordern, indem wir Neues dazulernen, desto leistungsfähiger wird unser Gehirn.

Als ich noch im Vertrieb und im Verkauf tätig war, kam es oft vor, dass meine Kunden im Gespräch aktuelle Tagesereignisse ansprachen oder Aktivitäten, die gerade in ihrer Stadt stattfanden. Als begeisterter Verkäufer war es klar für mich, dass ich hier mitreden konnte. Und so studierte ich jeden Morgen die Tageszeitungen und Regionalzeitungen und merkte mir die wichtigsten Meldungen und lernte die Fakten auswendig. Heute lese ich noch viel mehr und so bin ich in der Lage mitzureden und gleichzeitig ist es ein prima Gehirntraining für mich.

Nutzen Sie also jede Gelegenheit, etwas dazuzulernen und Ihr Gehirn fit zu halten. Betreiben Sie Gedächtnistraining und Gehirnjogging mit allem, was Sie interessiert. Aber auch hier gilt: Übertreiben Sie es nicht. Eine Reizüberflutung nimmt Ihnen nur wichtige Energie und lässt Sie ermüden. Wie beim Sport kommt es auf die richtige Dosis an und soll Freude machen.

Wenn wir unsere Denkfähigkeit und Kreativität steigern, wird sich der Erfolg wie von selbst einstellen!

Für ein einwandfreies Funktionieren benötigt unser Gehirn Sauerstoff, Vitamine und Mineralstoffe, die durch eine gute Durchblutung dem Gehirn zugeführt werden. Regelmäßiges Laufen und Ausdauertraining versorgen unser Gehirn mit Sauerstoff. Deshalb haben die meisten Genies ihre Ideen oder Geistesblitze immer in der freien Natur und selten in verqualmten Räumen oder stickigen Büros. Geben Sie Ihrem Gehirn sooft wie möglich den Sauerstoff, den es braucht.

> **Steigern Sie die Leistungsfähigkeit Ihres Gehirns, indem Sie Folgendes bedenken:**
>
> Unser Gehirn benötigt zum einwandfreien Funktionieren Proteine, Vitamine und Mineralstoffe, darum achten Sie auf eine ausgewogene Ernährung!
>
> Unser Gehirn benötigt zum einwandfreien Funktionieren Sauerstoff, darum sorgen Sie immer für frische Luft.
>
> Bewegung regt den Blutkreislauf und damit die Leistungsfähigkeit an, darum sorgen Sie für ausreichende Bewegung durch Laufen, Walken oder andere Ausdauersportarten.
>
> Je mehr Anregungen unser Gehirn erhält, desto mehr und stärker werden Synapsen gebildet, darum lernen Sie jeden

Tag etwas Neues und vernetzen Sie dieses mit bekanntem Wissen! Interessante Gespräche verbinden hier oft das Nützliche mit dem Angenehmen.

Je häufiger unser Gehirn beansprucht wird, desto leistungsfähiger wird es, darum trainieren Sie Ihr Gehirn mit Gedankenübungen, Gehirnjogging und Ähnlichem!

Wie gehe ich mit negativen Gedanken um?

Was speichert mein Unterbewusstes?
Ahne ich etwas von dem, was in mir unbewusst schlummert?
Welcher Müll verunreinigt meine Gedanken?
Welchen Gedankenmüll entsorge ich?
Welche negativen Botschaften rauben mir Kraft?
Welche negativen Botschaften und Informationen meide ich?
Wie prägt meine Sprache mein Denken?
Wie halte ich meine Sprache rein?
Wie halte ich mein Unterbewusstes rein?
Wussten Sie, dass Menschen zu 90 Prozent durch Programme aus dem Unterbewussten gesteuert sind? Nur 10 Prozent aller mentalen Prozesse laufen auf der Ebene des bewussten Seins ab. Das ist wohl der Grund dafür, warum viele Menschen sich als Opfer sehen. Sie ahnen nicht, dass Dinge mit ihnen geschehen, die sie so gar nicht haben wollten. Sie nennen es dann Schicksal oder Zufall und versuchen ein Leben lang, sich mit dieser Opferrolle abzufinden. Sätze wie: »So bin ich eben«, »Das kann ich nicht«, »Immer auf die Kleinen« oder »Es kommt sowieso, wie es kommen muss«, entstammen genau diesem Denken.

Für unser Unterbewusstes ist alles wahr!

Das Unterbewusste hat die Tendenz, jeden Gedanken und jede Information als wahr anzunehmen und zu realisieren. Hier wird unser Schicksal, unsere Zukunft hergestellt. Gesundheit und Krankheit, Erfolg und Misserfolg, Glück und Missgeschick, Klugheit und Dummheit sind nichts als Steuerungen unseres Unterbewussten. Es geht also vor allem darum, unsere Denkweise zu verändern, damit wir unser Unterbewusstes positiv beeinflussen. Viele Menschen denken sich mit destruktiven Gedanken selbst das Leben schwer. Wir alle führen ständig innere Dialoge, in denen wir bewerten, was wir gerade erleben. Dabei nutzen wir allzu oft negative Redewendungen und zermürbende Gedanken.

Die Welt können wir zwar nicht verändern, aber verbessern!

Bei den Informationen, die uns erreichen, kommt es zunächst einmal darauf an, zu unterscheiden, welche Dinge oder Nachrichten im Leben wirklich negativ sind und welche Nachrichten nur aufgebauscht sind. Viele Dinge gehören zur Welt und sind durch uns nicht beeinflussbar. Hungersnöte, Kriege oder Tsunamis sind schlimme Ereignisse, vor deren Wirklichkeit wir uns nicht verschließen dürfen. Wir dürfen diese Ereignisse nicht ignorieren. Menschen, die das Leid anderer gar nicht an sich herankommen lassen, leben ja auch nicht richtig. Es ist nichts Falsches daran, darunter zu leiden, dass wir in einer Welt leben, die nicht ideal ist. Diese Ereignisse gehören ebenso in diese Welt wie all das Schöne, das uns umgibt. Es kommt darauf an, diese Dinge so anzunehmen, wie sie sind. In gewissen Grenzen haben wir jedoch Möglichkeiten, diese Dinge zu beeinflussen. Wir können in unserem Umfeld, wenn auch nur geringfügig, Einfluss ausüben, indem wir mit anderen Menschen darüber reden oder auch mit Spenden im Rahmen unserer Möglichkeiten die schlimmen Auswirkungen lindern. Es liegt in unserer Hand, ob wir Ereignisse nur hinnehmen oder ob wir ein Quäntchen beitragen, die Welt so zu gestalten, wie sie sein sollte.

Eine einzige gute Tat bewirkt mehr als viele große Worte! Machen wir die Welt ein wenig schöner!

Glauben Sie mir, es gibt nichts Schöneres auf der Welt als das Gefühl, etwas bewirkt zu haben. Ich erinnere mich noch gut, wie meiner Frau Irène und mir Tränen der Rührung in den Augen standen, als uns Zaina aus Tansania erzählt hat, wie ihre Tochter Witti nach ihrer Herzoperation in München leise »Mama« gesagt hat. Die Ärzte vom Deutschen Herzzentrum haben mit einer Operation, die in Tansania so nicht möglich gewesen wäre, ihr Leben gerettet. Die von meiner Frau und mir gegründete Stiftung »Herz für Herz – Stiftung für Leben!« unterstützt kleine Herzpatienten aus der Dritten Welt, die ohne Operation keine Überlebenschance hätten, und engagiert sich bei der Durchführung prophylaktischer, diagnostischer und kurativer Maßnahmen sowie bei der Förderung von Wissenschaft und Forschung im Bereich der Herz- und Kreislauferkrankungen und der Herzchirurgie. Die Stiftung ermöglicht auch Herzoperationen und anschließende Rehabilitationsmaßnahmen sowie sonstige Eingriffe am Herzen und diagnostische Maßnahmen bei bedürftigen Patienten, insbesondere bei Kindern aus dem In- und Ausland. www.herzfuerherz.de.

Ein Herz für Afrika!

Die Arbeit mit unserer Stiftung »Herz für Herz – Stiftung für Leben!« hat das Leben meiner Frau und mein Leben enorm bereichert. Als wir im Kuratorium unserer Stiftung beschlossen hatten, den ärmsten Kindern der Welt in Afrika mit unserer Stiftung zu helfen, taten wir uns mit den Ärzten der »Herz für Herz«-Stiftung, Prof. Dr. Heinrich Netz und Prof. Dr. Hermann Reichenspurner, zusammen, um eine Mission unter dem Namen »Ein Herz für Afrika« zu starten. Wir reisten als Delegation nach Südafrika und wurden vom Direktor des Red Cross Childrens Hospital, Prof. Dr. Peter Zilla, in Kapstadt empfangen. Das Red Cross Kinderkrankenhaus ist das größte Spital für die ärmsten Kinder in Afrika. Wir erlebten in diesen Tagen Unvorstellbares. Die Ärzte vor Ort berichteten uns, dass es dort über 10 Millionen von Kindern gibt, die von der am schnellsten wachsenden Krankheit, dem rheumatischen Fieber, bedroht sind. Diese Krankheit beginnt bei den armen Kindern durch eine fiebrige Erkältung und greift dann, wegen fehlender Medikamente, schleichend die Kinderherzen an. Dieses Elend zu sehen und zu fühlen ist das Traurigste, was ich je in meinem Leben erlebt habe. Wir waren in den Townships von Kapstadt und haben in die stillen Augen dieser todkranken Kinder gesehen. Ich werde nie in meinem Leben die Umklammerungen der kleinen Kinder, die vom Tod gezeichnet waren, an meinen Beinen vergessen. Die Mütter, die Stunden in den überfüllten Warteräumen der Aids- und TBC-Klinik in den Townships auf die Medikamente warten, sind noch die Glücklichsten, denn sie bekommen ein wenig Hilfe. Aber was passiert mit den Millionen von Kindern in Afrika, die auf der größten Warteliste, die um den Tod zu besiegen, der Welt stehen? Wir fragten die Ärzte und sie sagten, ohne Hilfe werden ca. 400.000 Kinder pro Jahr sterben. Deshalb haben wir in Afrika beschlossen, die Mission »Ein Herz für Afrika« mit unserer Stiftung und ihren großartigen Helfern zusammen aufzubauen. Wir waren in Südafrika auch auf den Spuren des großartigen Südafrikanischen Pioniers der Herzen Prof. Dr. Christiaan Barnard unterwegs, der ähnlich wie wir nur eines in seinem Leben wollte: so vielen herzkranken Kindern wie möglich ein neues Leben zu schenken. Liebe Leserinnen, liebe Leser, Sie wissen doch auch, dass Helfen das schönste Geschenk ist, das man im Leben vergeben kann. Es kommt wie in unserem Falle oftmals tausendfach zurück. Als wir von den afrikanischen Ärzten in die Kinderherzstation geführt wurden, sah ich einen kleinen Jungen, er gab mir seine Hand und dankte mir. In diesem Augenblick wusste ich: In Wirklichkeit schenkte er mir sein Herz!

Positive Botschaften geben uns Kraft für ein gelungenes Leben!

Wir sollten viel mehr auf die positiven Botschaften in dieser Welt achten. Denn Tag für Tag werden wir mit vielen negativen Botschaften konfrontiert.

Neben den Nachrichten über wirklich schlimme Ereignisse gelangen auch unzählige Informationen in unser Gehirn, die nichts weiter als Informationsmüll sind. Es ist der Gedankenunrat, der von negativen Menschen gestreut wird. Diesen Ballast soll man am besten nicht zur Kenntnis nehmen. Denn diese Negativbotschaften, die täglich in unsere Gedanken eindringen, liegen in unserem Kopf wie auf einer großen Deponie herum. Negative Gedanken, seelische Gifte und hässliche Bilder dringen Tag für Tag unentwegt in unseren Kopf ein und rauben uns Selbstbewusstsein, Fantasie, Kreativität, gute Stimmung, Freude und Mut. Versuchen Sie, Menschen zu meiden, die Sie nur als Abladeplatz für ihren Seelenmüll benutzen, denn sie bombardieren Sie nur mit schlechter Laune, negativen Gedanken und verseuchen so langsam auch Ihre Seele. Wer schlechte Laune verbreitet, begeht Seelenverletzung am anderen.

Botschaften beeinflussen unser Denken, Verhalten und Handeln!

Dieses Müllabladen beginnt oft schon in der Kindheit. Häufig belasten Eltern ihre Kinder mit ihren eigenen ungelösten Problemen, benutzen ihre Kinder als Zuhörer für Negatives, das sie mit dem Ehepartner nicht direkt besprechen können oder wollen, und erzeugen damit Angst und Unsicherheit. In der Jugend sind es oftmals verkehrte Freunde, die ihre Probleme bei uns abladen. Und so geht es dann immer weiter.

In der Informationsgesellschaft, in der wir heute leben, werden wir Menschen ununterbrochen mit negativsten Botschaften überschüttet. Viele Medien und leider auch Menschen aus unserem Umfeld senden solche negativen Signale. Viele davon sind unwichtig, andere beeinflussen unser Denken, Verhalten und Handeln negativ, verursachen schlechte Stimmungen und Gefühle und behindern uns. Deshalb rate ich Ihnen: Schaffen Sie sich ein positives Umfeld und suchen Sie die Menschen, die Ihnen positive Gefühle und schöne Stimmungen schenken, die Sie beflügeln. Denn bei allem, was wir im Leben tun, ist die gute Stimmung bereits die halbe Miete!

Wir entscheiden, ob wir
gute oder schlechte Träume haben!

Für viele Menschen beginnt der Tag bereits mit einer ganzen Reihe von
negativen Nachrichten: Im Bad oder in der Küche dudelt schon das
Radio und sie hören dann Nachrichten über Unfälle, Morde, Streiks,
Unwetter, Flugzeugabstürze, Finanzskandale, Massenentlassungen
und und und. Am Frühstückstisch geht es dann munter weiter. Die
Tageszeitung untermauert und wiederholt die gehörten Nachrichten
eindringlich und anschaulich, diesmal mit bunten Bildern. Auf dem
Weg zur Arbeit, sei es mit dem Auto oder mit der Bahn, schauen wir
fast nur in unzufriedene Gesichter von Menschen, welche die gleichen
Nachrichten gehört haben. In der Arbeit kommen dann die Kollegen,
die nichts anderes zu erzählen haben als das, wie schlecht es ihnen
geht. Vorgesetzte lassen ihren Frust an uns aus. Kunden kommen mit
Reklamationen und Beschwerden. Abends auf dem Weg nach Hause
dann wieder schlechte Nachrichten aus den Medien. Zu Hause angekommen, erwartet Sie bereits der Partner oder die Partnerin mit den
Erfahrungen ihres Tages oder mit Vorwürfen, warum dies oder das
nicht erledigt ist. In der Sportschau bekommen Sie noch mit, dass Ihr
geliebter Verein ein wichtiges Heimspiel verloren hat, der Film, den
Sie sich zur Entspannung anschauen, liefert Ihnen entweder Leichen
oder gescheiterte Beziehungen. Und all das bewegt sich in Ihrem Kopf
und Ihren Gedanken, wenn Sie einschlafen. Wen wundern da noch
schlechte Träume?

Wir können unseren Spamfilter
auf jede Frequenz einstellen!

Diese unterbewussten negativen Eindrücke entwickeln sich zu bewussten Gedanken. Leider lässt sich dieser Müll in uns nicht einfach entsor-
gen. Das Einzige, was wir tun können, ist, in Zukunft zu prüfen und
besser zu filtern, was wir in unseren Kopf und damit in unser Leben
hineinlassen wollen und was nicht. Es kommt also darauf an, genau

zu selektieren, welche Botschaften wir annehmen wollen und welche wir nicht empfangen möchten, damit wir unser Denken und unser Unterbewusstes rein halten; rein von schädlichen, negativen, giftigen und bremsenden Nachrichten. Deshalb kommt es darauf an, unsere Sinne stärker auf die positiven, fördernden Botschaften auszurichten und zu schärfen. Glauben Sie mir, es gibt in Ihrem Leben mindestens genauso viele positive Botschaften wie negative. Ich denke, Ihre Entscheidung ist jetzt klar und Sie werden Ihren Spamfilter gegen Informationsmüll stärker einsetzen!

Überlegen Sie bitte einmal, ob es nicht sinnvoller ist, Nachrichten nur gezielt und bewusst zur Information zu nutzen. Die schlimmen Nachrichten in Ihrer Tageszeitung zu übergehen und mehr den Kultur- und Wirtschaftsteil in den Mittelpunkt zu stellen. Das heißt, statt dem Berieselungsradio am Morgen lieber eine CD oder zum Beispiel Klassik Radio zu hören und dadurch entspannt zu bleiben. Hören Sie doch mal morgens um 7:50 Uhr bei Klassik Radio rein, dann hören Sie meine Kolumne *Motivation Deutschland!*.

Unsere Sprache prägt unsere Gedanken und damit unseren Charakter!

In Zeitungen, Fernsehen oder Radio macht sich neben unnötigen Informationen auch ein immer salopperer Umgang mit der Sprache breit. Sogar in der Literatur gibt es Autoren, die sich nur noch mit Slangausdrücken artikulieren. Und wahrscheinlich begegnen auch Ihnen immer wieder einmal Menschen, die eine Fäkalsprache pflegen, nur Kraft- und Modeausdrücke gebrauchen oder deren Sprachvermögen sich in Jammern erschöpft. Spüren Sie bei diesen Gesprächspartnern nicht auch, wie diese Ihre Stimmung herunterziehen und schlechte Gefühle in Ihnen auslösen?

Erlauben Sie sich hier bitte die Freiheit, mit diesen Menschen nicht oder so wenig es geht zu sprechen. Denn diese mit negativen Wörtern gespickte Sprache hat einen negativen Einfluss auf Ihre eigene Ausdrucksweise. Wie ein schleichendes Gift kriechen die negativen Wörter in unsere Gedanken und setzen sich dort fest. Denken wir doch nur an unser Unterbewusstes. Es sammelt alle Erfahrungen, Erlebnisse und Gedanken. Dabei wertet es nicht. Es nimmt alles, was wir fühlen, denken und sprechen, als wahr an. Das heißt, jedes negative Wort, das wir benutzen oder hören, landet als negative Botschaft in unserem Seelenspeicher. Das Unterbewusstsein steuert unser Verhalten. Und daraus letztendlich entwickelt sich unser Charakter. Die Sprache, die wir pflegen, die Wörter, die wir benutzen, bestimmen schließlich, wie wir uns fühlen. Negative Wörter führen zu negativen Stimmungen, positive Wörter geben uns gute Gefühle, sie geben uns Kraft und sie motivieren uns. Was überwiegt in Ihrem Seelenspeicher?

Wer seine Sprache verändert, verändert sein Leben!

Mit der Reinheit unserer Sprache sorgen wir für die Reinheit unserer Seele. Es ist nämlich ein sehr großer Unterschied, ob wir »Problem« sagen oder »Herausforderung« oder »Chance«.

Es ist nicht das Gleiche, ob wir sagen: »Ich will nicht verlieren« oder ob wir sagen: »Ich will gewinnen.«

Es ist ein Unterschied, ob wir sagen: »Ich will nicht mehr lügen« oder ob wir sagen: »Ich bin ehrlich.«

Ob wir sagen: »Ich will nicht mehr dick sein« oder ob wir sagen: »Ich will eine gute Figur haben.«

Ob wir sagen: »Ich kann das nicht« oder ob wir sagen: »Ich versuche es.«

Ob wir sagen: »Ich bin krank« oder ob wir sagen: »Ich werde gesund.«

Ob wir sagen: »Ich bin am Ende« oder ob wir sagen: »Jetzt geht's los.«

Spüren Sie bereits die Wirkung dieser Formulierungen? So wie Sie auf die Reinheit Ihres Körpers und Ihrer Umgebung achten, achten Sie bitte ab jetzt mehr auf die Reinheit Ihrer Sprache und Gedanken.

Wer seine Sprache und sein Denken ins Positive verändert, verändert sein Leben gewaltig und nachhaltig!

Ich habe über die Jahrzehnte meine Sprache von negativen Formulierungen – zum Beispiel »eigentlich, ja aber, muss das denn sein, ich muss« – immer wieder gereinigt. Ich formuliere seither alles, was ich sage, in positiven Begriffen. Dazu gehört auch, dass ich es vermeide, zu fluchen und hässliche Kraftausdrücke zu benutzen. So halte ich mein Unterbewusstes, meine Gedanken, mein Verhalten und meinen Charakter rein und bin stets durch positive Gefühle motiviert und stimuliert. Sie können das auch. Achten Sie bitte ab sofort darauf, negative Gedanken in positive zu wandeln. Alles, was man negativ denkt, kann man auch positiv denken. Ein Beispiel hierzu aus meinem eigenen Leben. Als ich mich einer großen Zahnoperation unterziehen musste, sprach ich mit meinem Zahnarzt vorher alles durch: das gute Ergebnis, eventuelle Schwierigkeiten, die auftreten können, und natürlich auch das Thema Schmerzen.

Mein Zahnarzt sagte: »Ich nehme mir alle Zeit der Welt, und ich habe diesen Eingriff schon hundert Mal bei anderen Patienten durchgeführt.« Und sofort nahm er mir mit diesem Optimismus, dieser Freude, die er ausstrahlte, alle negativen Gefühle und Gedanken. Der Eingriff lief hervorragend. Geringe Schwellung am nächsten Tag, Schmerzen weg und eine hervorragende Stimmung. Die Kraft des positiven Denkens hilft eben auch beim Zahnarzt, vorausgesetzt, wenn er so ein Optimist ist wie meiner.

Der Erfolg, den ich in meinem Leben hatte und habe, war immer von meiner Fähigkeit und Kraft des positiven Denkens beeinflusst. Meine Sprache, mein Fühlen, mein Denken gab mir diese Energie und machte meine Gedanken lebendig, meine Ziele realisierbar.

Mit schönen Erinnerungen vertreiben wir negative Gedanken und Gefühle!

Meine Techniken, um positiver zu denken, bestehen in erster Linie darin, dass ich versuche, mich bei jedem Anflug von negativen Gedanken zu erinnern, welche Erfolge ich durch die Kraft des positiven Denkens erreicht habe. Diese schönen Erinnerungen vertreiben negative Gedanken und Gefühle. Wie oft haben Sie und ich schon im Leben kleine Erfolge erzielt. Es müssen nicht immer gleich die großen Erfolge sein. Es sind die kleinen Erfolge, die zählen. Zum Beispiel in der U-Bahn, als Sie einer älteren Dame herzlich Ihren Sitzplatz angeboten haben. Sie lachte dankbar zurück und erfreute dabei Ihr Herz. Oder als Sie erfolgreich die letzten beiden Sitzplätze im Flugzeug für Ihre Frau und sich nach London durch ein überzeugendes Gespräch mit Ihrem Reisebüro bekamen. Es sind die vielen kleinen Erfolge im Leben, die zu großen Erfolgen führen. Zählen Sie so wie ich Woche für Woche diese kleinen Erfolge. Es lohnt sich für Sie!

Die seelischen Gifte des Tages, die in einer schlechten Umgebung entstehen, rauben jede Begeisterung und jegliche Motivation. Also passen Sie auf die Negativdenker in Ihrem Umfeld gezielt auf. Lassen Sie sich von diesen Energievampiren ab sofort nicht mehr Ihre gute Stimmung wegsaugen. Denn negatives Denken macht auf Dauer krank und positives Denken auf Dauer gesund. Positives Denken schenkt Kraft und Energie, schafft gute Laune und macht Sie sehr sympathisch!

Deshalb möchte auch ich Ihnen meinen Ratschlag, den ich seit vielen Jahren immer wieder in meinen Seminaren und Vorträgen weitergebe, unterbreiten: So wie wir jeden Tag unsere Körperpflege betreiben, so sollten wir auch jeden Tag unsere Gedanken von den negativen Einflüssen reinigen.

Sie haben viele Möglichkeiten, Ihre Gedanken rein zu halten!

Statt morgens unter Zeitdruck zur Arbeit zu hetzen, sollten Sie lieber etwas früher losgehen. Nehmen Sie sich Zeit für schöne Eindrücke, indem Sie auch einen Teil des Weges zu Fuß gehen oder mit dem Fahrrad fahren.

Versuchen Sie doch einmal, Ihre Routine zu durchbrechen. Stehen Sie eine Stunde früher auf, denken Sie eine halbe

Stunde über sich und den neuen Tag nach und gehen Sie dann auch eine halbe Stunde früher außer Haus. Sie werden es nicht bereuen und Sie lernen dadurch ganz neue Leute kennen!

Statt sich von Kollegen und Vorgesetzten schon morgens runterziehen zu lassen, begrüßen Sie diese doch einfach mal mit einem netten: »Einen wunderschönen guten Morgen. Wie geht es Ihnen denn heute?« und lächeln Sie dabei freundlich. Oder machen Sie Ihren Kollegen ein kleines, ehrlich gemeintes Kompliment. Sie werden staunen, wie das wirkt!

Statt im Fernsehen Mord- und Totschlagfilme anzuschauen, lesen Sie lieber zweimal im Monat ein gutes Buch, das Ihr Wissen erweitert, schöne Bilder und klare Gedanken in Ihrem Kopf erzeugt.

Statt abends mit schlechten Gedanken einzuschlafen, sollten Sie lieber versuchen, die schönen Dinge, die den Tag über geschehen sind, in Ihren Gedanken festzuhalten.

Wie gehe ich mit positiven Gedanken um?

Welche positiven Botschaften geben mir Kraft?
Welche positiven Botschaften und Informationen suche ich?
Was ist positives Denken?
Wie verwandle ich negatives in positives Denken?
Wie denke ich positiver?
Was ist Optimismus?
Wie optimistisch bin ich?
Einer der Menschen, die mich auf meinem Lebensweg wohl am meisten beeindruckt haben, war der amerikanische Pfarrer und Publizist Nor-

man Vincent Peale, der auch als der Begründer des positiven Denkens gilt. Kurz gefasst lautet seine Botschaft für ein glückliches Leben so:

DER WEG ZUM GLÜCK

Halte jeglichen Hass von deinem Herzen fern.
Halte Sorgen von deiner Seele fern.
Lebe einfach, erwarte wenig, gib viel.
Fülle dein Leben mit Liebe aus.
Verbreite Fröhlichkeit.
Vergiss dich selbst, denk an andere.
Tu, wie du möchtest, dass man dir tue.
Probiere das eine Woche aus und du wirst staunen.

Das heißt, wir sollten lernen, positiv zu denken. Wenn also etwas Negatives auf uns zukommt, sollten wir uns sofort mit diesem negativen Einfluss auseinandersetzen. Wir sollten negative Gedanken und Gefühle nicht in unser Stimmungszentrum hereinlassen. Vielmehr kommt es darauf an, das Negative zu analysieren und es mit der Kraft der Motivation in Positives umzuwandeln.

Unser Gehirn ist in der Lage, negatives Denken in positives zu verwandeln!

Ich saß kürzlich in Nizza am Flughafen und war schon gedanklich wieder zu Hause in München. Plötzlich kam die Durchsage, dass sich der Abflug erheblich verzögert. Sofort meldete sich die Stimme des »inneren Schweinehundes« in mir und sagte: »Unmöglich, so ein Mist, immer diese Verspätungen!« Mein »innerer Spamfilter« hörte das, schaltete auf positives Denken um und sagte zu mir in etwa so: »Kein Problem Erich, jetzt hast du Zeit, einen schönen Earl-Grey-Tee an der Bar zu trinken, und kannst in Ruhe ein wenig in französischen Journalen lesen, um die Sprache zu lernen.« Ich tat es, ging an die Bar und siehe da, ich traf eine Bekannte, die ich seit Jahren nicht mehr gesehen hatte. Die Zeit bis zum

Einchecken verging wie im Fluge und so landete ich in München zwar mit Verspätung, aber in bester Laune. Deshalb mein Tipp an Sie: Hören Sie auf sich und fallen Sie Ihrem »inneren Schweinehund« ins Wort.
Wenn wir uns bei unseren Selbstgesprächen und Gedanken immer wieder fragen, was diese uns nützen, welche Lösungen sie uns aufzeigen und welche guten Gefühle sie uns damit geben, werden wir mit der Zeit überwiegend positive Gedanken haben. Und wenn wir uns gleichzeitig daran gewöhnen, bei abwertenden oder entmutigenden Gedanken »Stopp!« und »Platz!« zu unserem »inneren Schweinehund« zu sagen, werden wir mit der Zeit eine wirksame Blockade gegen negative Gedanken entwickeln. Bauen auch Sie sich ab sofort Ihren persönlichen Spamfilter gegen negative Gedanken ein!

Positives Denken führt zu einem positiven Sein!

Wenn wir uns darüber hinaus angewöhnen, uns nicht bei jedem Fehler in unserem Selbstwertgefühl zu verletzen und uns runterzuziehen, sondern Nachsicht mit uns zu üben, werden wir ein positiveres Bild von uns selbst und unseren Fähigkeiten entwickeln und dadurch mutiger und leistungsfähiger werden. Alles, was auf dieser Welt an Positivem geschieht, ist die Verwirklichung von positiven Gedanken und begeisternden Ideen. Gedanken bestimmen unser tägliches Leben. Sie bewirken alle positiven oder negativen Aktionen und Reaktionen. Denn alles in unserem Leben beginnt in der Denk- und Gefühlszentrale, in unserem Kopf. Die Qualität Ihres Lebens wird also immer von der Qualität Ihrer Gedanken und Ihrer Motivation bestimmt. Und die Fähigkeit zu denken hat jeder Mensch. Gedanken bestimmen auch unser Schicksal oder unser Glück. Schreiben Sie einfach mal alle negativen Formulierungen, die Sie den Tag über gebrauchen, auf und versuchen Sie, diese Formulierungen positiv umzudenken. Sie werden sehen, es bewirkt Wunder.
Viele Menschen, die mithilfe meiner Seminare oder den Motivationsarbeitsbüchern der Lejeune Power-Box diese Fragen bearbeitet haben, schafften den »Umstieg« von negativ auf positiv wesentlich leichter. Sie bestätigen mir durch ihre positiven Reaktionen, dass ihr Leben nachhaltig durch das

dadurch ausgelöste positive Denken verändert wurde. Wenn Sie mehr über die Lejeune Power-Box und ihren umfassenden Inhalt zur ganzen Welt der Motivation erfahren möchten, besuchen Sie doch unsere Homepage www. lejeune-academy.de. *Ich lade Sie hiermit herzlich dazu ein!*

Positives Denken geht manchmal mit negativen Dingen los!

Positiv denken heißt nicht, dass man Negatives nicht sehen oder sagen darf. Es geht vielmehr darum, nicht zu jammern, zu brüten oder mit dem Schicksal zu hadern, sondern weiterzuschauen, in allem auch das Positive zu sehen, allem etwas Positives abzugewinnen. Nur so kann man daraus lernen.

Wenn man das Unangenehme im Leben richtig anpackt, kommt auch die Begeisterung, weil man merkt, dass das außer einem selbst kaum jemand macht. Da findet man wenige Menschen, die das anpacken. Das widerspricht aber nicht dem positiven Denken. Das positive Denken geht immer mit negativen Dingen los. Positives Denken beginnt immer mit der Frage: Wie verwandle ich negative Dinge in positive?

Positives Denken wirkt sich auf das seelische Wohlbefinden, auf die Gesundheit, auf die geistigen Fähigkeiten, auf berufliche und finanzielle Erfolge und auf die zwischenmenschlichen Beziehungen aus. Auf alle Bereiche des Lebens.

Positiv denkende Menschen stellen die richtigen Fragen!

Den Menschen, die positiv denken, geht es meistens gut. Sie wissen, dass sie selbst darüber bestimmen, wie sie denken. Zwar empfinden auch positiv denkende Menschen ab und zu schlechte Stimmungen, fühlen sich unwohl oder bedrückt, doch sie wissen, dass Misserfolge und Niederlagen immer nur etwas Vorübergehendes sind, und schaffen es mit dieser positiven Einstellung, dass es ihnen schnell wieder besser geht und sie ihr Ziel erst recht anpacken.

Positiv denkende Menschen fragen nicht: »Warum immer ich?«, sondern sie fragen: »Was kann ich jetzt tun?«

Positives Denken stärkt das Immunsystem!

Positives Denken ist die beste Medizin. Weil das seelische und körperliche Wohlbefinden eng miteinander verknüpft sind, verfügen positiv denkende Menschen meist auch über körperliche Gesundheit und Vitalität. Wer positiv denkt, ist optimistischer. Und dieser Optimismus bewirkt, dass der Körper stärkere Abwehrkräfte entwickelt. So haben positiv denkende Menschen es leichter, selbst mit schweren Krankheiten umzugehen, und sind besser in der Lage, ihr Leben und ihre Lebensführung entsprechend umzustellen.

Positiv denkende Menschen fragen nicht: »Warum bin ich krank?« Sie fragen: »Wie werde ich gesund?« Oder: »Wie kann ich trotz meiner Krankheit mein Leben genießen?«

Positiv denkende Menschen finden in Problemen ihre Chancen!

Positiv denkende Menschen sind in der Regel ausgeglichener und in sich selbst zu Hause. Diese Ausgeglichenheit führt dazu, dass alle Sinnesorgane besser funktionieren, aufnahmefähiger sind. Dadurch, dass das Gehirn nicht ständig von negativen Gedanken abgelenkt und gebremst wird, sind alle Funktionen des Gehirns ausgeprägter und intensiver. Es arbeitet sich leichter und besser. So können sich positiv denkende Menschen mehr merken, sind kreativer und analytischer.

Positive Menschen sagen nicht: »Das weiß ich nicht, das kann ich nicht.« Sie sagen: »Das werde ich noch lernen!«

Weil positiv denkende Menschen Probleme als Chancen ansehen, als Herausforderungen, bremsen sie vor Hürden nicht ab, sondern nehmen einfach einen besseren Anlauf, um die Hürden zu überwinden. Oder sie finden Wege um die Hürden herum. Ihre positive und optimistische

Grundhaltung führt auch dazu, dass sie sich viel mehr zutrauen. Sie lassen sich auch von Fehlschlägen und Misserfolgen nicht negativ beeinflussen, sondern kämpfen für ihren Erfolg. So sind positiv denkende Menschen auch beruflich und damit finanziell immer erfolgreicher.

Positiv denkende Menschen sagen nicht: »Na ja, dann eben nicht.« Sie sagen: »Jetzt erst recht!«

Positiv denkende Menschen begegnen anderen Menschen mit Liebe!

Positiv denkende Menschen sehen und achten immer auf das Positive, das Gute, sie erkennen in anderen Menschen zunächst einmal einen Freund. Sie sind so in der Lage, allen Menschen zuerst einmal mit Liebe zu begegnen. Und selbst wenn sie von einigen Menschen enttäuscht wurden, übertragen sie diese Enttäuschung nicht auf alle anderen Menschen, sondern geben jedem Menschen die Chance, sich als Freund zu zeigen.

Positiv denkende Menschen sagen nicht: »Du hast mich enttäuscht.« Sie sagen: »Ich habe mich getäuscht.«

Mit einer solchen Grundhaltung im Leben wird Ihnen vieles einfacher gelingen, werden Sie sich einfach besser fühlen, Freunde finden und erfolgreicher sein.

Positives Denken bedeutet, Grenzen zu überschreiten, Hindernisse zu überwinden, Krisen zu meistern. Es ist einfach, positiv zu denken, solange es uns gut geht. Wichtig ist jedoch, das Negative auch in der Krise nicht triumphieren zu lassen. Das erfordert ständige Arbeit an der eigenen Persönlichkeit.

Positiv denkende Menschen sind Optimisten!

Positives Denken macht uns auch zu Optimisten. Kaum etwas im Leben ist so wichtig und sinnvoll wie Optimismus. Optimismus verändert das Denken und das Handeln – und damit auch die realen Gegebenheiten!

Optimisten leben mit der Überzeugung, dass sich alle Dinge zum Guten wenden. Für sie ist die Zeit des Leidens immer nur eine Phase im Leben. Sie geben gerade in schwierigen Lebenssituationen die Zuversicht und die Hoffnung nicht auf. Sie können auch dann nach vorn blicken, wenn das Leben durch Krankheit, Verlust eines geliebten Menschen oder durch andere Schicksalsschläge sie erschüttert.

Von Menschen, die ihre Zukunft am liebsten schwarzmalen, wird der Optimismus der Erfolgreichen oft als pure Anmaßung gegenüber dem Schicksal empfunden. Aber nicht nur zahlreiche Biografien erfolgreicher Menschen, sondern auch wissenschaftliche Studien zeigen ganz deutlich, dass Optimismus und die Hoffnung auf Besserung und eine entscheidende Triebkräfte für die Bewältigung von Schwierigkeiten darstellen.

Ein Pessimist sieht einen Rückschlag in der Regel als die Folge von Zuständen, für die er nicht verantwortlich ist und die er nicht ändern kann. Ein Optimist analysiert Rückschläge nach vermeidbaren Fehlern und sucht für die Zukunft positive Antworten. Optimismus und Pessimismus schaffen unterschiedliche Realitäten, indem sie Rückschläge unterschiedlich interpretieren.

Optimismus ist keine Eigenschaft, sondern eine Entscheidung!

Optimismus ist keine angeborene Eigenschaft der Menschen. In jedem Menschen steckt das Potenzial zum Pessimisten oder zum Optimisten. Es ist nur eine Frage der Entscheidung. Und wenn Sie sich entschieden haben, optimistisch zu denken, gibt es verschiedene Möglichkeiten, Ihren Optimismus zu stärken:

> • Lenken Sie Ihre Konzentration auf Lösungen und nicht auf Probleme. Nutzen Sie Ihre Chancen, anstatt über das zu klagen, was Sie nicht beeinflussen können.

- Lassen Sie sich von Rückschlägen nicht aus der Bahn werfen, sondern verfolgen Sie Ihre Ziele mit Mut und Entschlossenheit.
- Achten Sie auf Ihre Stärken und überlegen Sie, worin Sie besonders gut oder besser als andere sind.
- Denken Sie darüber nach, welche Einflussmöglichkeiten Sie im Augenblick haben.
- Suchen Sie Menschen, die Ihnen helfen oder Sie unterstützen können.
- Lassen Sie sich nicht verunsichern. Lassen Sie sich nicht von den ewigen Pessimisten das Leben vermiesen und von Ihrem Weg abbringen.

Entscheiden Sie sich, ab jetzt ein Optimist zu sein.

Ich bin seit jeher ein unverbesserlicher Optimist. Ganz gleich welche Rückschläge ich einstecken musste. Ich wusste immer: »Du schaffst es!« Mit dieser Einstellung habe ich mein erstes Geld verdient, meine erste Firma aufgebaut und auf dem Weltmarkt positioniert, die Lejeune Academy gegründet. Und jedes Mal gelang mir durch eben diesen mir eigenen Optimismus der Erfolg, den ich angestrebt hatte.

Sie können sich selbst positiv beeinflussen, wenn Sie:

- negative Gedanken in positive umwandeln!
- negative Gedanken abblocken und nicht mehr unkontrolliert zulassen!
- Ihre Gedanken ständig auf deren Wirkung hinterfragen!
- so weit wie möglich positive Wörter benutzen und negative vermeiden!
- sich immer wieder an persönliche Erfolge erinnern!

Persönlichkeitstraining, dieses in der heutigen Zeit so häufig strapazierte Modewort, ist für mich keine leere Floskel, sondern ein effektives Lernprogramm, um eine willensstarke, selbstbewusste Persönlichkeit zu entwickeln. Darum hat es sich die Lejeune Academy zum Ziel gesetzt, Menschen in der Entwicklung ihrer Persönlichkeit zu unterstützen und zu begleiten.

Wie gehe ich mit »komplexem Denken« um?

Wie sprechen und denken Frauen?
  Was ist der »Erfolgsfaktor Frau«?
  Welche Vorteile hat »weibliches« Denken?
  Was kann ich vom »weiblichen« Denken lernen?
  Unsere Welt wird zunehmend kommunikativer, emotionaler und globaler. Situationsadäquates Verhalten und Multitasking, also die Organisation, Abstimmung, Koordination und parallele Durchführung komplexer Aufgaben, sind zu zentralen Schlüsselkompetenzen geworden. Dies sind alles Bereiche, in denen Frauen punkten können, hierin liegen die traditionell als »weiblich« empfundenen Stärken.

Frauen sagen öfter WIR!

Die moderne Verhaltensforschung hat herausgefunden, dass Frauen öfter das Pronomen »wir« benutzen, Männer hingegen sprechen öfter in der Ich-Form. Frauen neigen dazu, weniger konfrontativ als Männer zu sein und eher nach diplomatischen Lösungen zu suchen. Sie zeigen im Allgemeinen mehr Takt- und Fingerspitzengefühl und verfügen über bessere Kommunikationsstrategien. In Führungspositionen haben sie ihre Mitarbeiter stärker im Blick und unterstützen sie darin, an ihren Aufgaben zu wachsen. Hinter vielen Frauen verbergen sich wahre Organisationstalente, oftmals schon gezwungenermaßen, weil sie Familie, Haushalt und Beruf unter einen Hut bekommen müssen. So verwundert es nicht, dass Untersuchungen über unterschiedliche Führungs- und Managementstile zu dem Ergebnis kamen, dass bei Frauen in Führungspositionen die Wege oft kürzer, Kontakte einfacher und der Informationsfluss transparenter werden. Hinzu kommt, dass sie außerhalb des Arbeitslebens stärker stabile Interessen zeigen, was zu einer ausgewogeneren Geist-Körper-Seele-Balance führt.

Die Zukunft ist weiblich!

Die Erfolge der Frauen sind nachweisbar. Die weibliche Bevölkerungshälfte hat nicht nur in Deutschland, sondern weltweit in den letzten Jahrzehnten spürbar aufgeholt. Immer mehr Frauen werden immer erfolgreicher, und zwar gerade dadurch, dass sie sich auf ihre Stärken besinnen und nicht das als »männlich« geltende Führungsverhalten übernehmen. Die Ergebnisse verschiedener Studien sprechen eine klare Sprache. Wird beispielsweise eine Firma von einer Frau gegründet, ist die Wahrscheinlichkeit, dass sie nach zwei Jahren noch besteht, deutlich höher. Und eine Untersuchung am Marketing-Lehrstuhl der Universität Erlangen belegt: 39 Prozent der Frauen erzielten einen überdurchschnittlichen Verkaufserfolg gegenüber 26 Prozent der Männer. Frauen agieren – so der Bericht – zielstrebiger, entwickeln ein besseres Gespür für die Kaufbereitschaft der Kunden, gehen besser auf den individuellen Kundennutzen ein, geben mehr Empfehlungen und üben im Gespräch weniger Druck aus.

Menschen verhalten sich nicht »weiblich« oder »männlich«, sie verhalten sich individuell!

Ich möchte an dieser Stelle keineswegs verallgemeinern oder pauschalisieren: Menschen verhalten sich nicht »weiblich« oder »männlich«, sie verhalten sich individuell. Dennoch lässt sich wohl nicht bestreiten, dass es Verhaltensweisen gibt, die eher bei Männern anzutreffen sind, und solche, die bei Frauen stärker verbreitet sind. Gerade im männerdominierten Führungs- und Managementbereich würde die Aktivierung »weiblichen« Denkens, weiblicher Erfahrungen und Verhaltensweisen noch ein unschätzbares Potenzial freisetzen. Also ist auch hier die Zukunft weiblich!

Deshalb, liebe Leserinnen, zeigen Sie Ihr Selbstbewusstsein! Aus meiner Erfahrung weiß ich, dass Frauen öfter von Selbstzweifeln geplagt werden als wir Männer, sie suchen die Schuld für Misserfolge sofort und ausschließlich bei sich selbst. Lernen Sie, intensiver an sich zu glauben, auf Ihre Leistungen stolz zu sein und aus dem Hintergrund hervorzutreten. Seien Sie nicht die unsichtbare Frau, die ihr Licht unter den Scheffel stellt und bescheiden anderen nur zuarbeitet, ohne dafür den ihr zustehenden Erfolg zu ernten. Scheuen Sie, wenn es darauf ankommt, nicht vor Konflikten zurück und fürchten Sie nicht, als egoistisch zu gelten, wenn Sie Ihre berechtigten Wünsche und Interessen vertreten. Artikulieren Sie Ihre Standpunkte klar und direkt, ohne sich zu entschuldigen oder zu rechtfertigen.

Frauen und Männer können und sollen voneinander lernen, damit beiden Seiten sowohl als »weiblich« als auch als »männlich« empfundene Verhaltensweisen und Stärken zur Verfügung stehen. Das erweitert enorm ihr Repertoire an situativen Handlungsmöglichkeiten. Ich kann dem Beschluss der Vereinten Nationen, die Förderung der Gleichstellung und Stärkung der Rolle der Frau zu einem ihrer acht Milleniumsziele zu erklären, nur voll und ganz zustimmen. Als weiblich geltende Denkansätze, Kommunikationsstrategien und Verhaltensweisen sind nicht nur eine bereichernde, sondern auch notwendige Ergänzung auf allen Ebenen.

Wir sollten lernen, »weiblicher« zu denken!

In der sogenannten Großhirnrinde gibt es Unterschiede zwischen Männern und Frauen. Zwar besitzen laut verschiedenen Untersuchungen Männer ca. 3 Milliarden Gehirnzellen mehr als Frauen, jedoch arbeitet das weibliche Gehirn wesentlich effizienter als das der Männer. Denn das menschliche Gehirn besteht aus zwei Hälften. Diese sind mit dem sogenannten Balken, dem Corpus callosum, miteinander verbunden. Durch diesen Balken, der aus Nervenfasern besteht, kommunizieren beide Großhirnhemisphären miteinander. Der Balken ist bei Frauen dicker ausgebildet als bei Männern. Darum funktioniert bei Frauen im Allgemeinen der Datenaustausch zwischen linker und rechter Gehirnhälfte besser und schneller als bei Männern. Dadurch ist das weibliche Gehirn mehr als das der Männer geeignet, komplexe Sachverhalte zu überblicken und schnelle Entscheidungen zu treffen.

In einer Welt, die immer schnelllebiger, informationsüberfluteter und vor allem komplexer wird, werden eben Gehirnstrukturen benötigt, die vernetztes und komplexes Denken zulassen. Das bedeutet für die meisten Männer, von den Frauen zu lernen.

Nun kommt es darauf an, Ihr gesamtes Gehirn zu nutzen und zu trainieren, damit sich die Verbindung der beiden Gehirnhälften verbessert.

Mit diesen Übungen trainieren Sie beide Gehirnhälften:

Machen Sie alltägliche Bewegungen bewusst mal mit der anderen Hand, zum Beispiel eine Flasche aufdrehen, einen Korken ziehen ...

Berühren Sie im Stehen oder im Sitzen abwechselnd mit jeder Hand das gegenüberliegende Knie für die Dauer von vier bis acht Atemzügen. Diese Übung bringt das Gehirn dazu, Fähigkeiten aufeinander abzustimmen.

Zeichnen Sie langsam und fließend eine große liegende Acht in die Luft. Richten Sie Ihren Blick dabei auf den Daumen, sodass der Kopf nur leicht mit der Bewegung der Acht mitgeht. Diese Übung stärkt die Integration der linken und der rechten Hemisphäre.

Zeichnen Sie auf einem großen Blatt Papier spiegelbildliche Formen wie Kreise, Vierecke oder Dreiecke, indem Sie beide Hände simultan bewegen. Das übt die Augenkoordination und unterstützt die Entwicklung der Augen-Hand-Koordination.

Eine sehr gute Möglichkeit ist auch das Erlernen eines Instruments wie Klavier oder Geige oder das Spiel mit Bällen, zum Beispiel Jonglieren, da hier die motorischen Fähigkeiten und die Koordination trainiert werden.

Wie gehe ich mit meinen Sinnen um?

Nehme ich meine Eindrücke bewusst wahr?

Welche Sinne sind bei mir ausgeprägt?

Welche Sinne will ich trainieren?

Wie trainiere ich meine Sinne?

Gehen Sie auf Entdeckungstour. Und das mit allen Sinnen. Sehen Sie, wie herrlich die Sonne durch die Bäume fällt, wie sich das Wasser auf dem See kräuselt und dadurch golden schimmert? Haben Sie die kunstvolle Fassade am Jugendstilhaus auf dem Weg zu Ihrer Arbeit schon einmal bewusst angeschaut oder erfreuen Sie sich lieber an spiegelnden Wolkenkratzern? Studieren Sie Ihre Mitmenschen. Schauen Sie bitte vor allem in ihre Gesichter. Lernen Sie, Körpersprache und Stimmungen zu lesen. Dies ist eine hohe und sehr nützliche Kunst.

Genießen Sie einmal bewusst Ihre Lieblingsmusik, anstatt sie nur nebenher laufen zu lassen, während Sie essen oder Arbeiten erledigen. Lassen Sie sich auch einmal auf neue Interpreten und Musikrichtungen ein. Wie wirkt diese Musik auf Sie? Welche Stimmung können Sie bei sich damit erzeugen? Es gibt ausgesprochene Gute-Laune-Stücke und es ist immer gut, ein paar davon zu kennen. Welche Musik beruhigt

Sie, welche regt Sie an und erleichtert Ihnen dadurch die Zeit auf dem Laufband oder Heimtrainer?

Unsere Gefühle intensiv wahrzunehmen ist eine notwendige Voraussetzung für unseren Erfolg!

Dieses Wissen bringt Lebensfreude. Seien Sie neugierig. Machen Sie einmal zum Beispiel eine andere Sauce zu Ihren Nudeln, probieren Sie einmal eine andere Weinsorte, kaufen Sie eine Käsesorte oder eine Frucht, die Sie noch nie gegessen haben. Genießen Sie dieses neue Geschmackserlebnis ganz bewusst. Schaffen Sie Ambiente durch Düfte, sei es in der Badewanne oder bei einer entspannenden Massage. Experimentieren Sie, lassen Sie sich inspirieren, steigern Sie Ihr Empfinden und Ihre Lebensfreude, seien Sie sinnlich, denn ein Mensch, der seine Sinne verschließt, kann niemals Erfolg haben. Ihm fehlen die Offenheit und das nötige Feingespür.

Mit unseren Sinnen werden wir zu Schatzsuchern in unserem Leben!

Selbst der schwärzeste Tag kann uns Lichtblicke schenken, wenn wir nur unsere Augen und unsere fünf Sinne dafür offenhalten. Ja, öffnen Sie Ihre fünf Sinne für die wahren Wunder, mit denen unser Leben reich gesegnet ist, für das fröhliche Lachen eines Kindes, für die wunderbare Melodie eines Vogels, der den Tag begrüßt, für den Duft eines Kornfeldes, über das der Wind streift ...! Werden Sie zum Schatzsucher in Ihrem Leben!

Sie werden staunen, wie viele kostenlose und wertvolle Eindrücke Sie dadurch sammeln. Und wie viele unterschiedliche Menschen Sie kennenlernen werden. Lachen Sie diese Menschen an und sie werden zurücklachen. Tun Sie diesen ersten Schritt. Anders geht es nicht.

Wenn ich U-Bahn fahre oder in einem Flugzeug bin, lache ich die Menschen in meiner Nähe sofort an. Lachen ist nämlich die schönste, die fröhlichste, die schnellste und ehrlichste Kommunikation zwischen uns Menschen. Und Muskeltraining obendrein: Die Augenbrauen heben sich, die Nasenlöcher weiten sich, der Jochbeinmuskel zieht die Mundwinkel nach oben, die Augen strahlen, der Atem geht schneller und die Luft schießt mit bis zu 100 Kilometer in der Stunde durch die Lungen. Probieren Sie es aus, lachen ist gesund und schafft Freude und Freunde!

Die verschiedenen Sinne lassen sich trainieren! Jeder auf seine Weise.

Wichtig beim Sinntraining ist, dass Sie sich immer für eine bestimmte Zeit auf einen einzelnen Sinn konzentrieren und ganz bewusst Ihre Erfahrungen und Gefühle dabei hinterfragen. Mit der Zeit spüren Sie, wie Sie Ihre Umwelt viel intensiver wahrnehmen.

Sehen
Sehen trainieren Sie in der Form, dass Sie sich auf alles konzentrieren, was Sie in diesem Augenblick sehen: Gegenstände, Formen, Farben mit allen ihren Einzelheiten und Nuancen. Nutzen Sie Spaziergänge, einen Cafébesuch oder einen Stadtbummel, um bewusst wahrzunehmen und zu beobachten. Schließen Sie dann die Augen und stellen Sie sich jedes Detail so präzise wie möglich vor.

Hören
Konzentrieren Sie sich eine Zeit lang auf das, was Sie hören: Geräusche, Klang, Lautstärke und Tonfall – und lassen Sie es in Ihrem geistigen Ohr nachklingen.

Tasten
Um Ihren Tastsinn zu trainieren, berühren Sie von Zeit zu Zeit verschiedene Gegenstände oder probieren Sie verschiedene Stoffe an und achten Sie genau darauf, wie es sich anfühlt. Nehmen Sie das Gespürte intensiv wahr.

133

Riechen
Um Ihren Geruchssinn zu trainieren, spazieren Sie doch einfach mal durch Parks oder Grünanlagen und versuchen Sie, sich den Duft der verschiedenen Blumen zu merken. Nehmen Sie Düfte ganz bewusst wahr.

Schmecken
Um Ihren Geschmackssinn zu trainieren, versuchen Sie doch einmal, bei einem guten Essen die Zutaten nur an ihrem Geschmack zu erkennen. Essen Sie in kleinen Portionen und lassen Sie die Geschmäcke lange auf Ihrer Zunge nachklingen.

Wie gehe ich mit meinen Intuitionen um?

Wie entstehen meine Intuitionen?

Kann ich meinem »Bauchgefühl« vertrauen?

Höre ich immer auf meine Intuition?

Neben den »normalen« fünf Sinnen sprechen wir oft von einem sechsten Sinn: der Intuition. Erfolg ist in wesentlichen Bereichen eine Frage der Intuition, der Emotion – und eher weniger des kühlen Verstandes. Erfolg heißt immer, dass etwas erfolgt. Dafür muss man seinem Gespür folgen. Wenn Erfolg nur eine Frage des rationalen Denkens wäre, müssten viele Menschen viel erfolgreicher sein.

Erfolg ist auch eine Frage der Intuition!

Viele Menschen legen Wert darauf, Entscheidungen mit klarem Kopf, Sachverstand und rationalem Denken zu treffen. Doch der Verstand, den wir einsetzen, ist begrenzt, da wir nur uns bewusstes Wissen und

Erfahrungen verarbeiten können. Dieses Wissen macht aber nur einen kleinen Teil unseres tatsächlichen Wissens aus. Die Intuition hingegen lebt von den Millionen von unbewussten Informationen, die wir im Laufe unseres Lebens erlebt, wahrgenommen und gesammelt haben.

Intuition erlaubt uns schnelle Entscheidungen!

Wir können nicht alle Sinneseindrücke, die wir wahrnehmen, bewusst verarbeiten. Es sind einfach zu viele. In der Forschung hat man herausgefunden, dass unser Gehirn nach ca. 40 Sinneseindrücken alle weiteren in unser Unterbewusstsein umleitet und dort abspeichert. Wenn einige dieser Informationen später, in anderen Situationen, wieder in unser Bewusstsein dringen, entsteht daraus Intuition. Unser Gefühl ist also nicht etwas Undefinierbares oder gar Willkürliches, sondern es ist der Rückgriff auf unser gespeichertes unterbewusstes Wissen. So wie wir Dinge, die wir nicht täglich benötigen, in einer Schublade liegen haben und vergessen, dass sie dort liegen.

Die Intuition erlaubt uns schnelle Entscheidungen, denn unser Gehirn hat im Unterbewusstsein sehr viele Informationen nicht nur einfach wahllos abgelegt, sondern zu Mustern verarbeitet. Diese Muster werden immer dann aktiv, wenn uns in der Realität ein ähnliches Muster begegnet. Das nennen wir gern Wiedererkennungseffekt, ein Déjà-vu-Erlebnis oder auch Vorurteile. Doch nur durch diese Vorurteile und Raster sind wir in der Lage, die permanente Informationsflut, die uns umgibt, zu filtern. Unser Unterbewusstsein greift in jeder Situation auf ein solches Muster zurück und lenkt unser Denken und Handeln. So müssen wir nicht jede Situation aufs Neue analysieren und interpretieren, sondern können sehr schnell zwischen richtig und falsch, gut und schlecht entscheiden.

INTUITION IST MEIST DIE BESSERE ENTSCHEIDUNG!

Hierbei ist es interessant zu wissen, dass in den meisten Situationen die Intuition die bessere Entscheidung hervorbringt als das rationale Nachdenken. Der Bauch »denkt« 1000-mal schneller als der Kopf. Deshalb hören erfolgreiche Menschen stark auf ihren Bauch, ihre Seele – und nicht nur auf den Kopf. Sportler, die in heiklen Situationen automatisch richtig handeln, oder Ärzte, die ohne langes Nachdenken durch die richtige Intuition Menschenleben retten, gehören zu ihnen.

Oftmals benötigen äußere Umstände durchdachte Lösungen für anstehende Entscheidungen. Wir haben Zeit. Und wir nutzen diese Zeit damit, über alles Mögliche nachzudenken und alles zu hinterfragen. Und leider bauen wir mit diesem langen Nachdenken nur größere Zweifel auf. Wir konzentrieren uns zu sehr auf Einzelheiten, dass wir das Muster, das unseren Entscheidungen zugrunde liegen sollte, nicht mehr deutlich erkennen. Damit verschwenden wir viel Energie auf Probleme, die nur in unserem Nachdenken auftauchen.

Wie gesagt, Ihr Bauch »denkt« 1000-mal schneller als Ihr Kopf. Nehmen Sie ihn ernst und folgen Sie mehr Ihrem Gespür!

So können Sie Ihre Intuition verbessern:

Betrachten Sie eine intuitive Eingebung als Frage. Fragen Sie sich: Woher kommt das Gefühl? Kenne ich ähnliche Situationen? Kenne ich ähnliche Schilderungen?

Erweitern Sie Ihren Erfahrungsschatz. Nehmen Sie so viel Informationen wie möglich auf. In der Arbeit, im Familienleben, in der Freizeit, im Urlaub etc.

Fokussieren Sie Ihre Aufmerksamkeit oder Achtsamkeit. Nur wenn Sie aufmerksam mit sich und Ihrem Umfeld umgehen, fallen Ihnen die wesentlichen Merkmale auf, die Ihre Intuition als Futter braucht.

Entwickeln Sie einfache Regeln, die wie Ihre Intuition funktionieren.

Vertrauen Sie auf die Intuition anderer Menschen (wenn Sie sie gut kennen). Lassen Sie sich Geschichten von anderen erzählen, um Ihre Intuition indirekt zu entwickeln.

Wie gehe ich mit meinen Emotionen um?

Was sind Emotionen?
Wie nehme ich meine Emotionen wahr?
Wie wirken sich Emotionen auf ein gelungenes Leben aus?
Wie beeinflusse ich meine Emotionen?

Wenn einige Philosophen der Antike sagten, es sei wichtig, das Leben mit Gleichmut zu ertragen, so ist das keine Absage an die Gefühle. Gefühle haben wir. Immer. Wut und Zorn, Freude und Trauer. Jeder von uns kennt diese Emotionen. Die Kunst besteht insbesondere darin, wie wir mit diesen Emotionen umgehen. Lassen wir sie unkontrolliert zu, unterdrücken und verdrängen wir sie oder leben wir sie in einem gesunden Maße aus?

Gefühle werden in der Psychologie oft als seelische Zustände bezeichnet, die ohne Mitwirkung des Bewusstseins als Reaktion auf ein äußeres oder inneres Geschehen auftreten und meist als angenehm oder unangenehm erlebt werden. Gefühle können sehr schnell ausgelöst werden oder sich langsam aufbauen. Das hängt immer von unserer jeweiligen Verfassung ab.

Wir sind für unsere Emotionen selbst verantwortlich!

Neben der Psychologie beschäftigt sich auch die Philosophie ausführlich mit dem Thema Emotionen. Im Rahmen meiner wöchentlichen Fernsehinterviews sprach ich mit dem Philosophen Prof. Dr. Michael Bordt SJ über genau diese Frage. Er führte dazu Folgendes aus:

»Die Frage, ob wir unser Leben als gelungen betrachten, hängt ganz wesentlich davon ab, was für Emotionen wir in unserem Leben haben. Dies aus folgendem Grund: Normalerweise unterscheiden wir Emotionen intuitiv voneinander, und zwar nach guten Emotionen, die wir gern haben und gern haben möchten, und schlechten Emotionen, die wir nicht wollen und die uns normalerweise unzufrieden machen, wenn wir sie erleben. Wir sind mit unserem Leben zufrieden, wenn es uns emoti-

137

onal gut geht – und das bedeutet, dass wir uns freuen, wenn wir ›gute‹ Emotionen erleben, und wir unzufrieden sind und denken, wir müssen in unserem Leben etwas ändern, wenn wir ›schlechte‹ Emotionen erfahren. Wenn wir ständig nur mit Aggressionen und Wut im Bauch herumlaufen, tendieren wir dazu zu meinen, dass etwas in unserem Leben falsch läuft und wir etwas ändern müssen. Wenn wir umgekehrt von Menschen umgeben sind, zu denen wir uns emotional hingezogen fühlen, dann sind wir meist mit unserem Leben zufrieden. Provokant gefragt: Besteht das gelungene Leben also darin, möglichst viele gute und möglichst wenig schlechte Emotionen zu haben?

Sie sind damit dann auch verantwortlich für die Emotionen, die Sie haben. Wie es Ihnen geht, liegt an Ihnen, nicht an den anderen, nicht an den äußeren Umständen. Wenn Sie meinen, ein anderer Mensch oder ein äußeres Ereignis sei die Ursache dafür, dass es Ihnen schlecht geht und Sie nicht das Leben führen können, das Sie führen sollten, dann befinden Sie sich in einem fundamentalen Irrtum über sich selbst und das Leben. Sie erkennen nicht, dass es ausschließlich an Ihnen liegt, ob Sie es zulassen, dass ein anderer Mensch oder ein äußeres Ereignis vermeintliche Ursache dafür ist, dass Sie kein gelungenes Leben leben.«

Wir können unsere Gefühle beeinflussen!

Gefühle sind zwar nicht direkt beeinflussbar, doch können wir sie durch unseren Umgang mit ihnen verstärken oder abschwächen.

So können wir Gefühle beispielsweise körperlich durch Hunger oder Abgespanntheit negativ oder durch Meditation und Schlaf positiv beeinflussen.

Gedanklich beeinflussen wir unsere Gefühle, indem wir sie hinterfragen und verstehen, woher sie wirklich kommen und was sie gerade in uns auslösen.

Alkohol und Psychopharmaka können Gefühle zwar betäuben und sie kurzfristig unterdrücken, werden aber ihre Ursache nicht lösen, ja sogar ihre Lösung behindern, weil wir keinen klaren Gedanken fassen können und uns zudem bereits nach kurzer Zeit abhängig machen.

Die emotionale Selbstkontrolle ist eben die Fähigkeit, negative Emotionen wie Zorn, Trauer, Enttäuschung, Niedergeschlagenheit in positive Emotionen zu verwandeln. Das klappt nicht sofort und auch nicht immer, aber ein beherzter Versuch lohnt sich immer, denn: Großartige Leistungen beginnen mit großartigen Gefühlen!

Wie gehe ich mit Liebe um?

Was ist Liebe?
Woran erkenne ich Liebe?
Worin zeigt sich meine Liebe?
Was gibt mir die Liebe?
Wen oder was liebe ich wirklich?
Wer liebt mich wirklich?
Gut zu leben heißt immer auch, in guter Beziehung zu leben. Wer nur um sich selbst kreist, der tut sich nichts Gutes. Nur wer andere liebt, bekommt Liebe zurück. Jeder, der einem anderen schon einmal von Herzen wirklich helfen konnte, hat es erfahren: Das Glück derer, denen man geholfen hat, strahlt auf den Helfer zurück.

Liebe heißt etwas zurückzubekommen!

Meine Frau und ich erfahren durch unsere Arbeit mit der »Herz für Herz – Stiftung für Leben!« immer wieder, wie schön es ist, ein herz-

liches Dankeschön von den Kindern zurückzubekommen, denen wir mit der dringend benötigten Herzoperation das Leben retten konnten. Vor Jahren hatten wir die schwer herzkranke zehnjährige Louna aus Haiti, die dort in einem Waisenhaus lebt, für eine Herzoperation nach München geholt. Lounas Kindheit wurde von einem schrecklichen Ereignis überschattet. Ihr Vater wurde vor ihren Augen mit einer Machete geköpft. Diese Tragödie hatte Lounas Mutter nie verkraftet. Sie war nie mehr in der Lage, für ihre Kinder zu sorgen. Bis Louna dann in ein Waisenhaus aufgenommen wurde, ernährte sie sich von dem, was sie auf der Müllhalde fand. Louna bekam hier in München die lebensrettende Operation, kann jetzt zur Schule gehen und ist heute ein gesundes, fröhliches und glückliches Mädchen. Als meine Frau und ich an dem der Operation folgenden Weihnachtsfest einen Brief von Louna aus Haiti bekamen und ihn unter dem Tannenbaum öffneten, lasen wir Folgendes – mit ihrer kindlichen Schrift in Französisch geschrieben: »Liebe Frau Lejeune, ich kann schon schreiben, ich bin so glücklich über mein neues Leben, das Sie mir geschenkt haben. Ich habe kein Geld, deshalb bete ich für Sie mein ganzes Leben lang jeden Tag ein, Vaterunser!« Meine Frau und ich schauten uns an, hatten Tränen in den Augen und spürten in diesem Moment genau, was echte Liebe zu leisten imstande ist.

Ohne Liebe gibt es kein erfülltes Leben!

Denn Glauben ohne Liebe macht fanatisch.
Zielstrebigkeit ohne Liebe macht rücksichtslos.
Disziplin ohne Liebe macht asketisch, hart und übt Druck aus.
Großzügigkeit ohne Liebe macht verschwenderisch.
Erfolg ohne Liebe macht arrogant, überheblich, ja sogar größenwahnsinnig.
Ein Leben ohne Liebe ist kalt, einsam und macht krank.

Liebe ist die stärkste Motivationskraft!

Es gibt viele Formen der Liebe: Selbstliebe, Partnerliebe, familiäre Liebe, Nächstenliebe, Objekt- und Ideenliebe, Gottesliebe. Aber alle Formen haben eines gemeinsam: Liebe ist die stärkste Motivationskraft, eine unerschöpfliche Energiequelle, ein Lebenselixier für Körper, Herz und Seele. Liebe gibt uns Kraft und Ruhe zugleich. Liebe ist stärker als der Tod. Sie lässt uns in den Gedanken und Erinnerungen unserer Mitmenschen oft Jahrzehnte weiterleben, lässt andere unser Lebenswerk weiterführen.

Wir erfahren viele verschiedene Formen der Liebe!

In meinem Leben habe ich festgestellt, dass die verschiedenen Formen der Liebe sich ergänzen, bereichern und gegenseitig steigern. Die Liebe meiner Familie hat meine Kindheit und Jugend geprägt und meine Seele gefestigt. Noch heute kommen in mir intensive Glücksgefühle und eine starke emotionale Bindung hoch, wenn ich an meine geliebte Großmutter Agnes, meine starke und fürsorgliche Mutter Rosa und meinen vom Leben geprüften sensiblen Vater Hans denke. Ich besuche sie oft am Urnengrab und spüre im Zwiegespräch mit ihnen die Kraft des Satzes: »Liebe ist stärker als der Tod.« Sie förderten alle auf ihre Art meine Stärken und Talente und gaben mir ein stabiles Wertegerüst auf meinen Lebensweg mit. So legten sie das Fundament dafür, dass ich in Einklang mit mir selbst lebe. Diese Selbstliebe ist ganz entscheidend, denn nur wer sich selbst liebt, kann auch anderen Liebe geben. All diese Erkenntnisse sind heute durch meine Lebenserfahrung und meinen festen Glauben gewachsen.

Machen Sie sich doch auch mal wieder selbst eine Liebeserklärung, wenn Sie in den Spiegel schauen. Loben und schätzen Sie sich dann für Ihre Stärken und Tugenden, streicheln Sie Ihr Herz und Ihre Seele und tun Sie sich öfter etwas richtig Gutes.

Liebe ist der Motor unseres Erfolgs!

Schon früh in meinem Leben entwickelte sich meine Liebe zum Erfolg. Den Traum, ein erstklassiger, begeisternder Verkäufer und Chef eines Weltunternehmens zu werden, trug ich seitdem im Herzen. Diese Liebe zu meiner Vision war der Motor meines Erfolgs. Wenn Sie Ihre Vision, Ihren Herzenswunsch hegen und pflegen wie eine geliebte Person, erfahren Sie Erfüllung und Lebenssinn.

Wahre Liebe findet immer die Balance zwischen Egoismus und Selbstaufgabe!

Auch wenn Erfolg allein schon Glücksgefühle in uns auslöst, ist er umso schöner, wenn man ihn teilen kann. Ich hatte das große Glück, dass mich meine Frau Irène und gute vertraute Freunde auf meinem Lebens- und Erfolgsweg begleitet haben – in guten und in schlechten Zeiten. Liebe zu einem anderen Menschen bedeutet für mich Vertrauen, Nähe, eine innige, tiefe Verbundenheit, die den reinen Zweck und Nutzwert einer zwischenmenschlichen Beziehung bei Weitem übersteigt. Was gibt es Beglückenderes für einen selbst wie auch für den Partner, als wenn man sagen kann: »Ich bin angekommen. Bei dir habe ich mein Herzensglück, mein Seelenfeuer gefunden. Ich bin nicht mehr auf der Suche.« Das Gefühl des »Wir« gibt uns Kraft, Halt, Geborgenheit und lässt uns das Paradies auf Erden erleben. Damit aus dem Ich- ein Wir-Gefühl wird, ist jedoch eine tiefe, ehrliche Wertschätzung des anderen nötig. Liebe bedeutet Anerkennung der Persönlichkeit und Individualität des anderen, ein gegenseitiges Fördern und eine selbstlose Unterstützung bei der Persönlichkeitsentfaltung des anderen. Jede Beziehung lebt von der Erfüllung der eigenen Bedürfnisse und der Bedürfnisse des anderen. Deshalb muss man sich manchmal zurücknehmen, ohne sich jedoch je selbst aufzugeben. Wahre Liebe findet immer die Balance zwischen Egoismus und Selbstaufgabe.

Ein ganz wichtiger Bestandteil in meinem Leben war und ist aber auch die Liebe zu Gott. Sie gibt mir ein tiefes Urvertrauen und Orientierung bei meinen Entscheidungen und hilft mir, mich nicht zu wichtig zu nehmen.

Liebe ist das, was wir daraus machen!

In einer aufrichtigen Liebe spiegelt sich die Schönheit der Seele wider, Liebe verleiht uns durch Ausschüttung der Botenstoffe Dopamin, Adrenalin, Cortisol und Endorphin intensive, ja rauschartige Glücksgefühle, erhöht unsere Lust und Energie und schenkt uns ein tiefes Wohlbefinden. Dies ist aber kein Geschenk des Himmels, das einfach auf uns herabfällt. Liebe ist etwas, das man täglich pflegen muss. Aus meinem Leben weiß ich: Liebe ist das, was man daraus macht.

Dies bedeutet: Man muss sich für den Partner und die Beziehung Zeit nehmen. Zeigen Sie deshalb Ihre Gefühle, schaffen Sie Stimmung, zelebrieren Sie Momente der Zweisamkeit, genießen Sie gemeinsame wertvolle Lebenszeit. Und seien Sie großzügig. Liebe allein versteht das Geheimnis, andere zu beschenken und dabei selbst reich zu werden. Unterstützen und verwöhnen Sie Ihren Partner mit kleinen Aufmerksamkeiten, herzlichen Worten und ehrlichen Komplimenten, zeigen Sie Dankbarkeit für das gemeinsame »Wir«. Gerade in der Partnerschaft nehmen wir oft so vieles für selbstverständlich.

Liebe ist der gemeinsame Blick auf gemeinsame Erinnerungen!

Ganz entscheidend ist auch, dass wir uns austauschen, miteinander reden und uns zuhören. Eine Studie aus den USA besagt, dass Ehepaare nach 15 Jahren durchschnittlich weniger als fünf Minuten am Tag miteinander reden. Das ist erschreckend. In solch einer Ehe lebt man bestenfalls nebeneinander, aber nicht miteinander. Deshalb ist es so wichtig, dass man gemeinsame Interessen hat. Nur so kann man auf einen Schatz an gemeinsamen Erlebnissen, Erfahrungen, Erfolgen und Glücksmomenten zurückblicken, die ein starkes Gefühl der Zusammengehörigkeit entstehen lassen. Machen Sie doch einmal ein Jahrestagebuch Ihrer Liebe, in dem Sie die schönsten Fotos, Anekdoten gemeinsamer Erlebnisse oder Reisen, gemeinsame Erfolge und kleine Liebeserklärungen des letzten Jahres zusammenstellen. Sie werden glücklich sein, weil Sie die schönsten Momente auf diese Weise noch einmal durchleben, und Ihrem Partner werden Sie eine große Freude damit bereiten.

Liebe ist der gemeinsame Blick auf die gemeinsame Zukunft!

Mindestens so wichtig wie der Blick in die gemeinsame Vergangenheit ist der Blick in die gemeinsame Zukunft. Für die Liebe ist es ganz entscheidend, dass man in die gleiche Richtung blickt. Dies bedeutet natürlich nicht, dass nicht jeder Mensch seinen eigenen Freiraum braucht und auf manchen Gebieten eigene Wege geht. Liebe erreicht aber zweifellos eine viel stärkere Intensität, wenn sie auf ein gemeinsames Ziel gerichtet ist. Das kann eine gemeinsame Familie, die Umsetzung einer gemeinsamen Vision oder die Erfüllung eines gemeinsamen Lebenstraums sein.

Aus meinem Leben weiß ich: Liebe lebt von der Balance zwischen dem »Ich« und dem »Du«, vom Geben und Annehmen, von der Wertschätzung des anderen in all seinen Facetten und mit all seinen Stärken und Schwächen, von Spontaneität und einem hohen Maß an Aufmerksamkeit, inniger Zuneigung, Ehrlichkeit und Vertrauen.

Lieben können wir nur indirekt lernen!

In einem philosophischen Gespräch, das ich mit Professor Dr. Michael Bordt SJ führte, kamen wir auch auf das Thema Liebe zu sprechen. Auf meine Frage, wie man denn lernen könne zu lieben, antwortete er mir: »Man kann zwar nicht direkt lieben lernen, aber indirekt, nämlich durch das Leiden. Man sagt ja auch im Deutschen so schön: Ich kann dich leiden, wenn man sagen möchte, dass man jemanden sehr gern hat und liebt. Je größer das eigene Herz ist, desto leidensfähiger ist es. Das bedeutet, dass es das Leid der anderen integrieren kann, ohne dabei zumachen zu müssen, sich abwenden zu müssen oder selbst davon vergiftet oder angesteckt zu werden. Je mehr ich auf diese Art und Weise lieben kann, desto freier werde ich. Ich kann dann prinzipiell jeden Menschen lieben, weil es nichts gibt, das ich nicht ertragen könnte und wo ich Menschen ablehnen oder aus meiner Mitte entfernen müsste.«

Liebe ist immer selbstlos!

Wie oft wird der Satz: »Ich liebe dich« gebraucht, ohne dass er wirklich ernst gemeint ist. Oft heißt es: »Ich liebe dich, wenn du ... dieses oder jenes tust.« Das ist für mich keine wirkliche Liebe. Liebe kann doch nicht an Bedingungen geknüpft werden. Liebe ist nur dann wirklich ehrlich und wahr, wenn sie auch bedingungslos ist. Wenn ich keine Erwartungen daran knüpfe. Wenn ich keine Gegenleistung verlange. Erst wenn ich bereit bin, wirklich bedingungslos zu lieben, werde ich auch Liebe bekommen.

Liebe ist stärker als der Tod!

Auf dem Weg ins Büro begegne ich in der U-Bahn oft einem älteren Herrn. Ich schätze ihn so auf Mitte 70, doch er ist noch sehr fit und gesund. Wir kennen uns zwar nicht näher, aber wir grüßen uns immer wieder freundlich. An einem Nachmittag saß ich gerade in dem gemütlichen Café unten bei meiner Akademie und genoss eine frische Wurstsemmel. Und was soll ich Ihnen sagen, genau dieser ältere Herr kam herein. Diesmal allerdings nicht so fit und aufrecht, wie ich ihn bisher erlebt hatte. Er war gramgebeugt, hatte geschwollene Augen, so als wenn er geweint hätte. Ich sprach ihn an. Auf meine Frage, was ihn so bedrücke, antwortete er mir mit leiser Stimme, dass vor Kurzem seine Lebensgefährtin gestorben sei. Ich legte meine Hand auf seine Schulter und sprach mit ihm. Ich erzählte ihm, wie ich mit dem Tod umgehe, wie es mir hilft, daran zu denken, dass unser irdisches Leben zeitlich begrenzt ist. Ich sah ihm fest in die Augen und sagte: »Unser Geist, unsere Seele sind unsterblich. Sie

145

überstehen unsere körperliche Hülle. Sie bleiben für alle Zeiten erhalten. Genauso wie die Liebe, die wir dem Menschen entgegengebracht haben. Diese Liebe stirbt nicht. Diese Liebe bleibt uns für alle Zeiten. Liebe ist stärker als der Tod.« Ich erzählte ihm auch, wie mir der Gedanke, dass ich geliebt werde und auch nach meinem Tod viele Menschen liebevoll an mich denken, mir die Kraft gibt, mein Leben zu leben. Und an diese Liebe zu denken macht die Welt dann wieder schön. Ich spürte, wie er sich unter meiner Hand wieder aufrichtete. Wie seine Kraft und sein Lebensmut wieder in seinen Körper zurückkehrten, als er sich bei mir für dieses Gespräch bedankte und dann mit einem sanften Lächeln das Café verließ. Wenn wir uns jetzt in der U-Bahn begegnen, sehe ich immer wieder dieses Lächeln in seinem Gesicht und lächle glücklich zurück.

Wer liebt, hat Energie und gute Laune!

Erinnern Sie sich an Ihre erste große Liebe: Was haben Sie damals nicht alles bewegt, um in die Nähe dieses geliebten Menschen zu kommen, ihn mit einem Geschenk Freude zu bereiten. Sie haben aber nicht nur Ihr ganzes Denken auf diesen Menschen gerichtet. Immer und überall hatten Sie diesen Menschen vor Augen! Liebe lenkt unsere Aufmerksamkeit.

Wo Liebe im Spiel ist, stellt sich die Kreativität von selbst ein. Liebe beflügelt, schenkt Energie und Kraft, gibt den Schwung zum Außergewöhnlichen. Bitte haben Sie deshalb den Mut, Ihren Gefühlen zu folgen!

Liebe ist die Grundvoraussetzung für Erfolg. Liebe macht kreativ. Liebe ist positives Denken pur. Liebe begeistert. Liebe öffnet die Herzen. Denken Sie einmal darüber nach, wo überall in Ihrem Leben Liebe im Spiel ist.

Wo Liebe ist, ist keine Angst. Was man liebt, fürchtet man nicht. Liebe das Leben, liebe die Menschen, liebe deine Aufgaben. Wer liebt, hat Energie und stets gute Laune.

Betrachten Sie die ganze Welt und jedes kleine Detail mit Liebe, sei es eine schöne Rose, ein lachendes Kind, eine schnurrende Katze, ein schönes Bild oder ein wunderschöner Sonnenaufgang. Versuchen Sie es und Ihr Herz wird sich mit Liebe anfüllen, Sie werden Ihre Umwelt weit aufmerksamer wahrnehmen und vor allem lieben lernen.

Wie gehe ich mit meinem Glauben um?

In welchen Situationen fühle ich mich unsicher?

Wann habe ich das letzte Mal Gott um Hilfe gebeten?

Glaube ich auch an Gott, wenn es mir gut geht?

Wann habe ich das letzte Mal wirklich an mich geglaubt?

Wie fühle ich mich, wenn ich glaube?

Wann danke ich Gott für seinen Glauben an mich?

Glaube ist eine innere Haltung. Es ist die Grundhaltung des Vertrauens gegenüber Werten, Wesen oder Zielen. Das Wort Glaube hat in unserem Sprachgebrauch jedoch verschiedene Bedeutungen.

Glauben gibt Sicherheit!

Glaube ist zunächst einmal der Gebrauch des Wortes, um Unsicheres zu beschreiben. Wie oft sagen Sie: »Ich glaube, es wird morgen schöneres Wetter« oder «Ich glaube, mein Fußballverein gewinnt«, »Ich glaube, der Urlaub wird schön«? Hier benutzen wir dieses Wort, wenn wir nicht sicher sind, etwas nicht wissen oder nicht überprüfen können. Überlegen Sie doch einmal, wie oft Sie die Formulierung »Ich glaube, dass ...« benutzen. In diesen »Ich glaube, dass-Momenten« kommt es darauf an, sich Sicherheit zu verschaffen, so viele Informationen wie möglich zu besorgen, um dann abzuwägen, ob es Glauben oder Wissen ist.

147

Immer wenn ich mir nicht sicher bin, ob meine Erwartungen eintreffen werden oder ob ich das Richtige tue, besorge ich mir weitere Informationen. Ich recherchiere beispielsweise im Internet, lese Bücher, schaue in Zeitschriften und Zeitungen aktuelle Informationen nach. Und wenn ich dann immer noch nicht weiterweiß, frage ich Menschen in meinem Umfeld zu diesem Thema. So schaffe ich mir ein fundiertes Bild und bin nicht mehr versucht zu sagen: »Ich glaube, dass ...«, sondern ich bin mir sicher! Und damit auch stärker und am Ende erfolgreicher.

Glauben gibt Hoffnung!

Vor allem ist Glaube natürlich mit Religion, Religiosität und Spiritualität verbunden. Millionen Menschen glauben an die Bibel, an Gott, an Allah, Manitu, die Vorsehung oder die Weisheit Buddhas. Dieser Glaube ist Ausdruck der Hoffnung und des Vertrauens. Er gibt Stärke und Kraft, weil man weiß, dass göttliche Vorsehung die schützende Hand über einen hält. Er hilft bei Entscheidungen, weil man Lebensweisen und Verhaltensnormen pflegt, die im jeweiligen Glauben verankert sind. Es gibt keine Religion, welche die Existenz Gottes logisch, schlüssig und unwiderlegbar beweisen kann. Dasselbe gilt allerdings auch für den Atheismus, der keinen Beweis für die Nichtexistenz Gottes liefern kann. Der große Unterschied dieser beiden gegensätzlichen Glaubensauffassungen liegt in ihrer Wirkung. Der Glaube an Gott hat nicht nur viele Heiligtümer – Kirchen, Kathedralen, Klöster, Moscheen und Tempel – geschaffen, sondern war der Keim für wohltätige Stiftungen, Hilfeleistungen, Aktionen zur Bekämpfung von Not und Elend und weitere unzählige gute Werke, im Großen wie im Kleinen. Was hat der Glaube an die Nichtexistenz Gottes geschaffen? Nichts! Ich glaube, dass es uns Mut machen sollte, auf unseren Glauben immer zu vertrauen! Oder wie der Jesuitenpater Bordt es formuliert: Ein guter Glaube muss kerngesund sein. Er muss die Menschen aufrichten, Kraft, Energie, Selbstvertrauen und Motivation geben.

Glaube ist nicht überprüfbar und nicht beweisbar. Wie oft wurde in der Theologie, der Philosophie, aber auch in den Naturwissenschaften versucht, Glaubensgrundsätze zu beweisen oder zu widerlegen. Immer ohne Erfolg. Denn genau darum geht es beim Glauben eben nicht.

Glauben finden wir in der Bibel!

Glaube entsteht allerdings nicht aus dem Nichts. Um an Gott oder eine göttliche Fügung zu glauben, helfen mir die heiligen Schriften, in denen so viel Kraft enthalten ist, die für mein ganzes Leben ausreicht. Die Bibel ist ein Buch, in dem nicht nur wundervolle Geschichten über Menschlichkeit enthalten sind, um derentwillen allein sich das Lesen lohnt. Es ist ein Buch, das mit jeder Geschichte Werte vermittelt und Energie ausstrahlt. Es ist ein Buch, in dem man jederzeit an jeder Stelle ein Stück lesen kann und immer wieder etwas Neues entdeckt – und bei genauem Hinsehen: sich selbst!

Glauben finden wir im Dialog mit der Kirche!

Um zu glauben, hilft auch der Dialog mit der Kirche und ihren Vertretern. Die Gotteshäuser sind jederzeit offen für jeden Menschen, der das Gespräch sucht. Die Vertreter der Kirche nehmen sich immer die Zeit, über den Glauben zu sprechen. Nutzen Sie dieses einmalige Angebot. Der Sonntagsbesuch in der Kirche ist kostenlos und bringt enorm viel.

Ich weiß das aus eigener Erfahrung. Wenn ich in meiner Heimatstadt München sonntags die wunderschöne Jesuitenkirche St. Michael besuche, erlebe ich durch die Predigt des Jesuitenpaters Professor Albert Keller SJ jedes Mal ein Motivationsfeuerwerk für Herz, Geist und Seele. Diese Energie, die er uns mit seiner Predigt schenkt, gibt nicht nur mir zusätzliche Power für die folgende Woche!

Glauben finden wir im Vaterunser!

Ich beginne jeden Tag, den Gott mir schenkt, mit dem wichtigsten Gebet der Christenheit: dem Vaterunser.

Für mich ist das Vaterunser ein ganz besonderes Gebet, weil es unmittelbar auf Jesus zurückgeht. Christen in aller Welt sprechen dieses Gebet in allen Sprachen. Weil es mir so viel bedeutet, möchte ich Ihnen gern meine Gedanken zu diesem Gebet offenbaren und damit weitergeben, was es mir persönlich sagt.

Vater unser ...

Unser aller Vater heißt Gott. Dass wir zu Gott »Vater« sagen dürfen, ist nicht selbstverständlich. In früheren Zeiten und in vielen Religionen auch heute noch ist Gott etwas Unnahbares, Unerreichbares. Wir dürfen dankbar sein, dass wir Gott einen Vater nennen dürfen, zu dem wir mit unseren Sorgen, Bitten, Klagen, Wünschen und unserem Dank im Gebet kommen können.

... im Himmel.

Dieser Vater wohnt im Himmel, einem Ort überirdischer Herrlichkeit, wo wir nach unserem Tod für die Ewigkeit eintreten dürfen, wenn Gott in unserem Leben sehen kann, dass wir seine Liebe auch an andere weitergeben.

Geheiligt werde dein Name.

Gottes Name wurde und wird immer wieder missbraucht. Sei es, wenn wir leichtfertig »Gott sei Dank« sagen und es gar nicht so meinen, sei es, wenn wir uns »christlich« nennen und uns nicht so verhalten. Darum sollen wir Gottes

Namen immer in Ehren halten und nennen. Denn Gott hat die Welt erschaffen. Nichts ist wie Gott.

Dein Reich komme.

Unsere Welt wird nicht für immer bestehen. Nach dem Stand der heutigen Wissenschaft wird spätestens in einigen Milliarden Jahren mit dem Verlöschen unserer Sonne alles Leben auf der Erde zu Ende sein – wenn dies nicht schon vorher geschieht. Dieser Trostlosigkeit steht das Reich Gottes entgegen – die ewige Seligkeit. Doch auch in dieser Welt können wir Gottes Reich schon errichten. Wenn alle Menschen Brüder werden, wenn alle Menschen einander annehmen, dann ist das Reich Gottes unter uns.

Dein Wille geschehe, wie im Himmel, so auf Erden.

Dieser Abschnitt ist manchmal nicht leicht zu verstehen: Gottes Wille geschehe! Oft haben wir doch ganz konkrete eigene Ziele für unser Leben und glauben zu wissen, was für uns gut ist. Doch ich weiß: Gott steht über dieser Welt und hat einen Plan mit uns. Nur dann, wenn wir auf Gott hören, wenn wir nach seinen Geboten leben, wenn wir unsere Mitmenschen lieben – so wie er auch uns liebt –, dann geschieht es nach seinem Willen und dann ist es auch gut für uns.

Unser tägliches Brot gib uns heute!

Wir haben genug zu essen. Aber viele Menschen leiden Hunger. Ein großer Teil der Weltbevölkerung ist unterernährt. Zukunftsforscher sagen voraus, dass in einigen Jahrzehnten Kriege nicht mehr um Öl, sondern um Wasser geführt werden. Daher sind Ressourcenschonung, Umweltschutz, nachhaltiges Wirtschaften und ein fairer Handel mit der Dritten Welt überlebensnotwendig und im Sinne Gottes.

Deshalb beten wir darum, dass Gott unsere Herzen öffnet, damit wir großzügig mit anderen teilen.

Und vergib uns unsere Schuld ...

Wie oft denken wir, wir sind unschuldig an etwas Schlechtem, das uns widerfahren ist, denn wir sehen meist nur die Spitze des Eisberges unserer Schuld. Doch allein durch ein Wort, eine lieblose Bemerkung oder sogar durch einen gut gemeinten Rat können wir einen Scherbenhaufen anrichten! Oft streiten wir oder sind böse zueinander. Dann wird unsere Welt dunkel und kalt. Und das haben wir uns selbst zuzuschreiben. Wir beten deshalb zu Gott: Vergib uns unsere Schuld und mach unsere Welt wieder hell und warm!

... wie auch wir vergeben unseren Schuldigern.

Das, was Gott uns anbietet, nämlich Vergebung, sollen wir an unsere Mitmenschen weitergeben. Wenn jemand böse zu uns war, wenn ein Freund Streit gesucht oder schlecht über uns geredet hat, dann können wir zu ihm gehen und ihm verzeihen. Dann ist alles wieder gut. So, denke ich, möchte Gott das: Dass wir anderen verzeihen – so wie er uns in seiner unsagbaren Großzügigkeit und Güte verzeiht.

Und führe uns nicht in Versuchung ...

Ich bin sicher, Gott versucht uns nur dann, wenn er weiß, dass wir die Probe bestehen und daran reifen – alle anderen Versuchungen kommen vom Bösen, das uns zu Fall bringen will. Dann ist es so, als ob eine fremde Stimme uns einflüstert: Jeder muss zuerst an sich selbst denken. Wenn wir diesen Weg gehen, entfernen wir uns immer weiter von

Gott. Darum bitten wir ihn darum, uns auf unserem Weg die Sicherheit zu geben, in seinem Sinne zu handeln.

... sondern erlöse uns von dem Bösen.

Viele meinen heute, der Teufel sei eine Erfindung des menschlichen Geistes, die Kirche habe ihn sich nur ausgedacht, um die Menschen zu kontrollieren. Doch es nützt nichts, den Teufel in das Reich der Fantasie zu verbannen. Das Böse kommt in vielen Verkleidungen vor. Und in unserer modernen Welt ist es immer schwerer, das Böse zu erkennen. Darum bitten wir Gott: Hilf uns, dass wir so leben, wie Jesus es uns vorgelebt hat. Hilf uns, auf dem richtigen Weg zu bleiben.

Denn Dein ist das Reich und die Kraft und die Herrlichkeit in Ewigkeit. Amen!

Glauben finden wir im Dialog mit Gott!

Unseren Glauben stärken wir vor allem im Gespräch mit Gott, im Gebet. Mir gibt das Vaterunser besonders viel Kraft! Wenn ich mich auf dieses Gespräch mit Gott einlasse, spüre ich die unendlich positive Energie, die auf mich übergeht. Überlegen Sie einmal, wie oft Sie in Ihrem Leben ein Gebet an Gott gesandt haben. Vielleicht waren es Momente der Angst, des Leidens oder des tief empfundenen Schmerzes. Es tut uns gut, uns in solchen Situationen nicht allein zu wissen und unsere Gefühle zu teilen. Gleiches gilt aber auch für Freude, Erfolg und Dankbarkeit.

Wir brauchen nämlich nicht nur Kraft, wenn es uns schlecht geht. Was spricht also dagegen, an diese göttliche Energie auch in guten Zeiten zu glauben? Und vor allem: Was spricht dagegen, für diese Kraft dankbar zu sein? Sagen Sie wieder einmal Danke, es tut so gut!

Dieses wundervolle Gebet hilft mir jeden Tag, alle meine Handlungen in Einklang mit Gott und seinem Willen zu bringen. Es gibt mir die Gewissheit, auf dem richtigen Weg und mit mir und meinen Mitmenschen im Reinen zu sein.

Wie gehe ich mit meiner Seele um?

Wie stark ist meine Seele?
  Höre ich immer auf meine Seele?
  Welche Reichtümer in meinem Leben gibt es?
  Welche Reichtümer sind wichtig für mich?
  Wann fühle ich mich zufrieden?
  Von welcher Wirklichkeit träume ich?
  Ein weiterer Aspekt, der unsere Persönlichkeit ausmacht, ist das, was wir Seele nennen. Der Ausdruck »Seele« hat vielfältige Bedeutungen, je nach den unterschiedlichen mythischen, religiösen, philosophischen oder psychologischen Traditionen und Lehren, in denen er vorkommt. Für viele ist der Begriff »Seele« weitgehend gleichbedeutend mit dem Begriff »Psyche«. Darüber hinaus gibt es aber religiöse und philosophische Auffassungen, in denen sich »Seele« auf ein immaterielles Prinzip bezieht, welche das Leben einer Person und seine durch die Zeit hindurch beständige Identität bewirkt. Manche Traditionen gehen sogar davon aus, dass die Seele bereits vor der Zeugung existiert. Leider leben immer noch viele Menschen ein seelenloses Leben, deshalb aufgepasst: Ohne Seele erlebt man keinen Tiefgang!

Unsere Seele ist die Balancierstange auf dem Hochseil des Lebens!

Erfolg ist nicht nur das, was von außen auf Sie zukommt. Erfolg hat seinen Ursprung in Ihrem Denken, in Ihrer Persönlichkeit, in der Stimmigkeit von Geist, Körper und Seele. Ein erfolgreiches Leben entsteht, wenn Körper, Geist und Seele in die Balance gebracht werden! Dies sagt schon die jahrtausendealte Weisheit des Ayurveda. Nur wenn Pitta, Vata und Kapha die richtige Balance haben, ist der Mensch gesund. Zum Erfolg gehört neben Gesundheit, Lebensfreude, Liebe, erfüllenden Beziehungen, kreativen Energien, Freiheit und Unabhängigkeit auch emotionale und seelische Energie und Stabilität. Materielle Unabhängigkeit, Wohlstand, Reichtum sind nur Ausdruck dafür, welcher Grad an Übereinstimmung zwischen Ihren Zielen, Ihrer Persönlichkeit und Ihrer Seele besteht.

Unsere Seele können nur wir selbst überprüfen!

Meine Erfahrung sagt, die Seele checken lassen kann man nicht beim Arzt. Die Seele überprüfen kann man nur selbst. Sie können Ihre Seele nur checken, indem Sie auch auf die Reaktion der anderen achten. In meinen Seminaren in der Lejeune Academy erlebe ich dies immer wieder. Zu Beginn sind die Teilnehmer, meist aus Ungewissheit, was Sie erwartet, offensichtlich verschlossen, das lässt sich auch deutlich an der verschlossenen Körpersprache wie verschränkten Armen erkennen. Nach einer Weile und nach meinen doch oftmals sehr emotionalen und tief greifenden Erklärungen und auch direkten Fragen öffnen sie sich langsam und lassen die Seele und den Bauch sprechen. Meist sind es Frauen, die leichter zugänglich sind für die wichtigen Informationen, die unser Bauchgefühl uns liefert.

Wenn wir in uns hineinschauen, entdecken wir unseren inneren Reichtum!

Auf der Suche nach sich selbst werden Sie auch Ihren inneren Reichtum entdecken. Wie viele Menschen haben Angst davor, über sich nachzudenken, weil sie glauben, dass sie arm und leer sind? Das liegt oftmals daran, dass sie nur nach einer Form von Reichtum streben, dem finanziellen Reichtum, und sich sowie andere zu stark an diesem messen. In uns finden sich aber noch viel wertvollere Reichtümer. Reichtümer, die mehr zählen als finanzieller Reichtum und die vor allem erst dessen Grundlage bilden.

Innerer Reichtum zeigt sich in einer positiven Einstellung zum Leben, einem hohen Selbstwertgefühl und innerem Frieden.

Es gibt verschiedene Arten des inneren Reichtums.

* Physischer Reichtum, der aus Gesundheit und dem Gefühl, fit und beweglich zu sein, besteht.
* Familiärer und sozialer Reichtum, der in glücklichen Beziehungen und bereichernden Netzwerken zum Ausdruck kommt.
* Karrierereichtum, der darin besteht, im Beruf das Bestmögliche zu erreichen.
* Reichtum an Erfahrungen und schönen Erinnerungen.
* Reichtum an Einfluss und dem Gefühl, dass man etwas in seinem Leben bewegt und sein Umfeld positiv gestaltet.

Denken Sie einmal darüber nach, welchem Reichtum Sie bisher hinterhergelaufen sind und welche weiteren Reichtümer noch in Ihnen im Verborgenen schlummern. Glauben Sie mir, keine Summe der Welt kann Sie zufriedenstellen, wenn Sie mit sich selbst nicht zufrieden sind! Zufriedenheit ist ein beruhigendes und angenehmes Gefühl. Sie gibt einem innere Harmonie, Kraft und Sicherheit.

Wir sollten aus dem Kreisverkehr unseres Lebens ausbrechen!

Zufriedenheit kann jedoch auf Dauer auch träge machen. Zu oft haben wir uns mit unserem Leben bereits abgefunden. Und unsere Lebensvorstellungen, die wir einmal hatten, der »zufriedenen« Lebenssituation angepasst. Doch tief unter dieser oberflächlichen Genügsamkeit spüren wir trotz allem diese Unzufriedenheit mit unserem Leben. Wir suchen uns Ersatzbefriedigungen oder leiden still vor uns hin. Oft äußert sich dieser Zustand über kurz oder lang in Frustration, in Krankheiten, Depressionen, Angst oder auch in Aggressionen. Was schleppen wir Menschen nicht alles an tief sitzender Unzufriedenheit mit uns herum! Wir sind unzufrieden mit einem Beruf, der uns nicht ausfüllt, mit einem Einkommen, das uns zu niedrig erscheint, und mit den Menschen, mit denen wir zusammenleben. In erster Linie sind wir unzufrieden mit uns selbst, weil wir den Eindruck haben, dass unser Leben weit hinter dem zurückbleibt, wie es in idealer Weise sein könnte.

Wenn auch Sie diese Unzufriedenheit in Ihrem Alltag spüren sollten, gibt es nur einen Rat: Wachen Sie auf! Starten Sie durch, geben Sie Gas! Wenn Sie eine deutliche Verbesserung Ihrer Lebenssituation erreichen wollen, müssen Sie diesen Sprung ins kalte Wasser wagen!

Unzufriedenheit bedeutet immer einen Verlust an Lebensfreude, kostet viel Energie und raubt Kraft. Grübeln und zielloses Warten auf Veränderung verschlimmert nur die Unzufriedenheit. Ja, nehmen Sie Ihren ganzen Mut zusammen und tun Sie endlich etwas, um diese Unzufriedenheit zu bekämpfen. Unzufriedenheit ohne den Willen zur Veränderung wird entweder zur Sackgasse oder zum unaufhörlichen Kreisverkehr des Lebens.

Entscheiden Sie sich für eine traumhafte Wirklichkeit!

Haben Sie einen Traum, von dem Sie tief in Ihrem Inneren wissen, dass Sie ihn erreichen können?

Vielleicht ahnen Sie bereits, dass Sie keineswegs weniger begabt sind als Menschen in Ihrer Nähe, die einen Erfolg nach dem anderen für sich verbuchen können. Ja, da haben Sie recht. Es liegt oft nur ein winziger Schritt zwischen dem Erfolg des einen und dem Misserfolg des anderen.

Wenn Sie mit Ihrem derzeitigen Leben unzufrieden sind, gibt es nur eins: Tun Sie den ersten konkreten Schritt in Richtung Ihres erträumten Lebensziels.

Dieser erste Schritt kann vieles sein – der Entwurf eines genauen Planes, ein Brief an einen Menschen, den Sie für sich und Ihren Plan gewinnen möchten.

Oder wie damals in meinem Fall – der Kauf notwendiger technischer Hilfsmittel für mein späteres Weltunternehmen. Entscheiden Sie sich für eine traumhafte Wirklichkeit – jetzt!

II Energie –
dem Leben Kraft geben!

Wenn wir Veränderungen in unserem Leben bewirken wollen, geht das nicht ohne die nötige Energie dafür. Muskeln erschlaffen, wenn man sie nicht nutzt. Der Geist erschlafft, wenn man ihn nicht beschäftigt und trainiert. Die Seele erschlafft, wenn man sie nicht kennt, reinigt und liebt. Und die Motivation erschlafft, wenn diese durch zu viel Negatives zermürbt wird. Dieses zu viel an Negativem kann entstehen, wenn man zu viele Neider, Bremser und Pessimisten in seiner Umgebung hat, zu viel grübelt und unberechtigte Ängste aufbaut und man sich zum Jammern und Lästern verleiten lässt. Es kann auch entstehen, wenn man einsam ist und alle Misserfolge allein verkraften muss, man sich von Kritik und Rückschlägen hinunterziehen und entmutigen lässt, anstatt daraus zu lernen und diese Erfahrungen in Helfer zu verwandeln. Man sollte auch unbedingt auf eine Geist-Körper-Seele-Balance mit ausgewogenen Lebensbereichen – Arbeit, Familie, Freizeit – achten.

Wir beschäftigen uns darum in diesem Teil mit den Fragen:
Wie gehe ich mit meinem Körper um?
Wie gehe ich mit meinen Essgewohnheiten um?
Wie gehe ich mit meiner Zeit um?
Wie gehe ich mit meiner Freizeit um?
Wie gehe ich mit meiner Geist-Körper-Seele-Balance um?

Wie gehe ich mit meinem Körper um?

Woraus schöpfe ich Energie?
Woraus schöpfe ich Begeisterung?
Woraus schöpfe ich Motivation?

Wie fit bin ich?
Worin zeigt sich meine Kraft?
Wie und wo trainiere ich meine Kraft?
Was ist Ausdauer?
Habe ich genug Ausdauer, dort anzukommen, wo ich hin will?
Wie trainiere ich meine Ausdauer?
Vorübergehende Durchhänger hat jeder Mensch einmal, das ist ganz natürlich und menschlich. Dann sollte man jedoch wissen, wo und wie man wieder neue Lebensenergie tanken kann. Die wichtigsten Lebensenergien sind Selbstvertrauen, geliebt zu werden, die Fähigkeit zu lieben, ein gutes Gewissen durch Ehrlichkeit und Authentizität, Fröhlichkeit und Lebensfreude, Glaube und Anerkennung.

Jede Veränderung braucht Energie!

Erfolgreich ist derjenige, der aus seinem Umfeld und seinen Beziehungen Energie schöpfen kann, ohne sie anderen abzuziehen. Ja, er tankt nicht nur selbst auf, sondern reißt die anderen gleich mit. Deshalb ist es ganz wichtig, positive Begegnungen zu haben, um seine fehlende Energie aufzuladen. Jeder Mensch braucht Begegnungen, die auf ihn wirken wie eine Erleuchtung, die ihn immer wieder anzünden.

Ich habe mir heute ein Umfeld geschaffen, in dem Freude, Ehrlichkeit, Gutes und auch Erfolg sich gegenseitig tragen. Welch ein wunderbares Gefühl zu wissen, dass mein Umfeld ein Energiekraftwerk für alle Beteiligten ist!

Je mehr Energie wir haben, desto mutiger sind wir!

Je mehr Energie Sie haben, desto tatkräftiger sind Sie. Je tatkräftiger Sie sind, desto zielstrebiger und erfolgreicher werden Sie. Je zielstrebiger und erfolgreicher Sie sind, desto beständiger werden Sie. Überlegen Sie einmal in einer ruhigen, entspannten Minute, welches Ihre Energiequellen sind.

Nur mit einem fitten Körper lassen sich hochgesteckte Ziele verwirklichen, ansonsten bleiben sie Traumziele. Alle erfolgreichen Leute haben eines gemeinsam: Sie sind fit. Wenn man nicht fit ist, kann man nicht richtig erfolgreich sein. Eine hervorragende körperliche Verfassung ist das A und O des Erfolgs. Nur wenn man fit ist, hat man Energie und Tatkraft. Das erfordert zwar Selbstdisziplin, aber der Preis für das Aufbringen dieser Selbstdisziplin ist viel niedriger als das Bedauern, den Erhalt der Fitness versäumt zu haben und dadurch träge oder gar krank geworden zu sein. Mit der Energie ist es wie mit allem anderen. Man kann nur so viel geben, wie man hat. Und für erstklassigen Erfolg braucht man erstklassige Fitness! Denken Sie an die Ziele in Ihrem Leben und überlegen Sie, ob Ihre Energie dafür ausreicht.

Für einen starken Auftritt brauchen wir Kraft!

Kraft ist kein Luxusgut. Krafttraining ist Prävention, Rehabilitation und Leistungsverbesserung! Kraft wird gebraucht, um zu liegen, zu sitzen, zu stehen, zu gehen – sogar für jeden Atemzug. Je funktionstüchtiger und trainierter nun die Muskulatur ist, umso leichter wird man sich fühlen. Man trägt zwar nicht unbedingt weniger mit sich herum, aber man trägt es leichter. Nur wer sich stark fühlt, kann stark auftreten. Das gute Gefühl, das Ihnen Ihr Körper gibt, die Kraft, die Sie in sich spüren, steigern Ihr Selbstbewusstsein, und dieses wirkt sich auch direkt auf Ihr Verhalten, Ihr Auftreten und Ihren Umgang mit anderen Menschen aus.

Um Ihren Körper in diese Form zu bringen, ist Krafttraining eine hervorragende und einfache Möglichkeit. Krafttraining erhöht den Anteil an Muskulatur und fördert damit den Grundstoffwechsel und die Fettverbrennung. Es erhält sowohl die Muskulatur als auch die Knochen, macht leistungsfähiger und erhält im Alter die Beweglichkeit und damit auch die Selbstständigkeit. Krafttraining wirkt sich positiv auf Verspannungen und Rückenbeschwerden aus und ist eine optimale Prophylaxe gegen Knochenschwund. Darüber hinaus trägt Krafttraining zu besserem Aussehen bei und fördert die Selbstsicherheit.

Für ein sinnvolles Krafttraining empfiehlt es sich, zweimal die Woche an guten Geräten alle Muskelgruppen im richtigen Bewegungsradius und mit der richtigen Intensität zu trainieren. In geprüften und ausgezeichneten Trainingscentern wird man von professionellen und ausgebildeten Trainern eingeführt und bekommt ganz individuelle Trainingsprogramme, die in der Regel über zwölf verschiedene Trainingsgeräte gehen. So ist Krafttraining eine ungefährliche Methode und nimmt nicht mehr als zweimal die Woche eine halbe Stunde in Anspruch.

Überlegen Sie einmal, wie viel Zeit in jeder Woche Sie mit unnötigen Dingen wie Tratschen, Fernsehen oder im Internet surfen vertun, die Sie viel besser Ihrem Körper zur Verfügung stellen könnten.

Um dort anzukommen, wo wir hinwollen, brauchen wir Ausdauer!

Die Ausdauer ist vor allem die Fähigkeit unserer Muskeln, über längere Zeit Leistung zu vollbringen. Was nützt uns ein schneller Sprint, wenn kurz vor dem Ziel die Muskeln übersäuert sind oder uns gar die Luft ausgeht. Dann laufen die anderen an uns vorbei. Das Leben ist ein Marathon und zu lang für nur einen Sprint. Wenn man langfristig erfolgreich und glücklich sein will, braucht es eben Ausdauer. Die schönsten Ziele nützen nichts, wenn man nicht auch die Ausdauer hat, sie zu erreichen. Überlegen Sie einmal, welche Ziele Sie langfristig erreichen wollen und ob Sie auch in der körperlichen Verfassung sind, an diesen Zielen anzukommen. Denken Sie auch darüber nach, dass Sie nicht allein auf dem Weg sind. Sie wollen vielleicht der beste Verkäufer sein? Sie wollen vielleicht auf der Karriereleiter emporsteigen? Sie wollen das Herz eines Menschen gewinnen? Immer sind auch andere da, die das Gleiche wollen. Und das Ziel erreichen selten diejenigen, die am Beginn schnell spurten, sondern diejenigen, die beim ersten Auftauchen von Hindernissen immer noch genügend Reserven haben.

Bei einem Ausdauertraining kommt es vor allem auf gleichmäßige Aktivität im aeroben, immer gleichen individuellen Pulsbereich an, damit die Herzmuskulatur trainiert wird und die fettverbrennenden Energiesysteme des Körpers aktiviert werden. Damit scheiden sogenannte Stop-and-go-Sportarten wie Squash, Tennis oder Fußball aus.

Ausdauertraining macht Spaß!

Beim Skilanglauf, dem wohl effektivsten Ausdauertraining, werden die verschiedenen Muskelgruppen zu nahezu 90 Prozent gefordert. Leider ist Skilanglauf nicht immer und schon gar nicht überall durchführbar. Eine Alternative kann das Nordic Walking sein. Mittlerweile ist es auch etwas bekannter und reißt andere Menschen nicht mehr zu dummen Witzen über die vergessenen Skier hin.

Beim Radfahren leistet die Muskulatur ca. 35 Prozent ihres möglichen Potenzials. Diese Trainingsform ist allerdings ausrüstungsintensiv und nicht überall und immer durchführbar, zudem verdoppelt sich der Zeitaufwand, will man denselben Effekt wie beim Laufen erreichen.

Die Intensität der möglichen Muskelleistung beim Schwimmen liegt bei ca. 15 Prozent, das heißt, dass sich der Zeitaufwand gegenüber dem Laufen in etwa vervierfacht, um dasselbe Resultat zu erreichen. Schwimmen ist an entsprechende Infrastrukturen gebunden und daher für die wenigsten regelmäßig durchführbar.

Laufen können wir immer und überall!

Das wirklich beste Krafttraining für das Herz ist das Laufen im aeroben Bereich, das heißt Laufen im Sauerstoffüberschuss, da hier genügend Sauerstoff zur Verbrennung und Energiebereitstellung vorhanden ist. Also: Laufen in der richtigen Pulsfrequenz. Diese Pulsfrequenz ist vor allem altersabhängig und kann mit einem einfachen Test von Sportärzten ermittelt werden. Beim Laufen sind ungefähr 70 Prozent der Muskulatur in Bewegung und darüber hinaus bietet es eine Reihe weiterer wichtiger Vorteile.

Laufen ist überall und jederzeit durchführbar. Ein paar Laufschuhe passen in jede Reisetasche. Es ist preisgünstig und wetterunabhängig und es löst auch in Körper und Geist eine Reihe von Veränderungen aus, die keine Diät, keine Pille, keine Spritze, kein Genussmittel auch nur annähernd schaffen. Nämlich ...

Laufen kräftigt das Herz. Es muss bei regelmäßigem Laufen weniger oft pumpen und kann sich dadurch 35.000 Schläge (!!!) oder mehr pro Tag ersparen. Es arbeitet dadurch ökonomischer und damit auch länger.

Bereits nach einer halben Stunde aeroben Laufens steigt die Anzahl von Killerzellen, also der Zellen, die körperfremde Zellen wie Viren, Bakterien, aber auch körpereigene entartete Zellen (Krebszellen) erkennen und vernichten, um 31 Prozent. Damit stärkt Laufen unser Abwehrsystem.

Laufen aktiviert aufgrund der bis zu 100 Prozent höheren Sauerstoffdurchflutung das rechte und somit kreative Gehirn. Die erhöhte Sauerstoffzufuhr steigert die Denkleistung und macht kreativ, den Geist kristallklar, die Gedanken messerscharf.

Laufen senkt den Blutdruck und macht damit ruhiger und ausgeglichener. Darüber hinaus sinkt der Spiegel an Stresshormonen, während Beta-Endorphine freigesetzt werden. Das sorgt für eine gute Grundstimmung und Glücksgefühle.

Auch das Hormon Testosteron wird vermehrt ausgeschüttet. Das fördert die Libido und lässt uns sexuelle Empfindungen stärker wahrnehmen. Laufen macht eben auch Lust.

Überlegen Sie, welche Möglichkeiten und auch welche Vorlieben zu einem kontinuierlichen Ausdauertraining Sie für Ihre Fitness haben.

Unser Körper verrät, was in uns steckt!

In dem Vorort von München, in dem ich meine Kindheit verbrachte, gab es natürlich auch unzählige Jungenbanden, die Schwächeren vor oder nach der Schule auflauerten und sie bedrohten, verprügelten oder das wenige Kleingeld abnahmen. Da ich nicht gerade körperlich groß war, bestand meine einzige Chance darin, schneller zu sein. Dieses Laufen, das ich mir damals antrainiert habe, trainiere ich noch heute.

Und noch heute lässt mich diese Fähigkeit immer eine Nasenspitze voran sein. Denn dort, wo andere aufgeben, weiß ich, dass ich die Ausdauer habe, weiterzumachen. Oft ist es eben nur ein kleiner Schritt, der den Erfolg bringt. Sei es im Verkauf, sei es im privaten Bereich. Auch dieses Buch verlangte viel Ausdauer von mir. Wie viele andere hätten bereits bei den ersten Problemen aufgegeben. Doch wenn ich einmal etwas beginne, bringe ich es auch zu Ende.

Manchen Dingen im Leben kann man jedoch nicht davonlaufen. Den meisten nicht. Hier muss man sich stellen und eben auch kämpfen. Das musste ich in meiner Jugend oft genug erfahren. Und mir war klar, um aus den Auseinandersetzungen als Sieger herauszugehen, brauche ich Kraft. Und die habe ich mir antrainiert. Jedes Mal, wenn ich einem Menschen die Hand reiche, spüre ich, wie es um seine Kraft bestellt ist. Liegt seine Hand schlaff in meiner oder hat er einen festen Händedruck? Schreitet jemand kraftvoll federnd neben mir her oder kann er mir mit seinem schleppenden Gang kaum folgen? Strahlt sein Körper bereits Energie und Zuversicht aus oder wirkt er mit seinem Wohlstandsbauch und hängenden Schultern eher schwerfällig und träge? Also, zeigen Sie auch mit Ihrem Körper, was in Ihnen steckt.

So halten Sie Ihren Körper fit:

Die wichtigsten Lebensenergien sind Selbstvertrauen, die Fähigkeit zu lieben und geliebt zu werden, ein gutes Gewissen durch Ehrlichkeit und Authentizität, Fröhlichkeit und Lebensfreude, Glaube und Anerkennung.

Für ein sinnvolles Krafttraining empfiehlt es sich, zweimal die Woche an guten Geräten alle Muskelgruppen im richtigen Bewegungsradius und der richtigen Intensität zu trainieren.

In geprüften und ausgezeichneten Trainingscentern wird man von professionellen und ausgebildeten Trainern eingeführt und bekommt ganz individuelle Trainingsprogramme, die in der Regel über zwölf verschiedene Trainingsgeräte gehen. So ist Krafttraining eine ungefährliche Methode und nimmt nicht mehr als zweimal die Woche eine halbe Stunde in Anspruch.

Das wirklich beste Krafttraining für das Herz ist das Laufen im aeroben Bereich, das heißt Laufen im Sauerstoffüberschuss, da hier genügend Sauerstoff zur Verbrennung und Energiebereitstellung vorhanden ist.

Also: Laufen in der richtigen Pulsfrequenz. Diese Pulsfrequenz ist vor allem altersabhängig und kann mit einem einfachen Test von Sportärzten ermittelt werden.

Wie gehe ich mit meinen Essgewohnheiten um?

Nehme Ich mir immer die Zeit zum Essen?
Kenne ich meinen Energiebedarf?
Achte ich immer auf eine ausgewogene Ernährung?
Führe ich meinem Körper genügend Vitalstoffe zu?
Worauf werde ich in Zukunft bei meiner Ernährung verzichten?
Trinke ich regelmäßig genug?
Was bewirken die Hormone in meinem Körper?
Wie unterstütze ich den Hormonhaushalt meines Körpers?
Im Volksmund heißt es zwar: »Ein voller Bauch studiert nicht gern«, aber ein leerer Bauch liefert uns keine Energie. Bedenken Sie einmal Ihre letzten Wochen und überlegen Sie, ob Sie überwiegend richtig gegessen haben. Nahrung ist die Energie, die jede Pflanze,

jedes Tier und jeder Mensch zum Wachsen braucht. Im übertragenen Sinn braucht auch jedes Ziel, jedes Vorhaben oder jedes Unternehmen »Nahrung«. Ohne Energie gibt es keine Bewegung, keine Veränderung, keinen Erfolg. Dabei ist der Energiebedarf von Mensch zu Mensch und von Tag zu Tag verschieden. Wie viel Energie ein Mensch benötigt, hängt von vielen äußeren und inneren Einflüssen ab. Jede Leistung, die ein Mensch vollbringt, verbraucht auch Energie.

Der Mensch ist, was er isst!

Unser Körper besteht aus 66 Prozent Wasser, 18 Prozent Eiweiß, 11 Prozent Fett, 4 Prozent Mineralstoffen und 1 Prozent Kohlenhydraten. Die Nahrung wird mithilfe von Verdauungsenzymen für uns aufbereitet. Dabei entstehen aus Kohlenhydraten, Fetten und Eiweißen durch chemische Spaltung Verbindungen wie Fettsäuren und Aminosäuren, die zu einem Teil in Energie umgewandelt und zum anderen Teil bei der Herstellung neuer Körpersubstanz eingesetzt werden. Es besteht also eine enge Verbindung zwischen dem, was man isst und wie man sich fühlt. Essen kann Energie spenden oder nehmen, das hängt ganz von der Qualität und der Quantität des Essens ab. Der Mensch ist das, was er isst!

Ich habe viele Menschen kennengelernt, die zwischen zwei Terminen mal eben auf dem Weg einen Snack zu sich nehmen, um dem Hungergefühl entgegenzuwirken. In harten Zeiten ging es mir genauso. Doch was war der Preis dafür? Konzentrationsschwäche, Schlappheit, Gewichtszunahme und ein Mangel an guten Ideen.

Alle Nahrungsbestandteile haben eine Funktion!

Denken Sie einmal darüber nach, ob Sie sich wirklich fit fühlen oder ob Sie zu viele schwache Phasen haben, und überlegen Sie in diesem Zusammenhang, wie es auf Ihrem Teller ausschaut. Alle Bestandteile der Nahrung erfüllen eine wichtige Funktion in unserem Körper:

Kohlenhydrate sollten den höchsten Anteil in unserer Nahrung ausmachen. Sie sollten vor allem abends gegessen werden, weil sie leichter verdaulich sind als eiweiß- oder fetthaltige Nahrungsmittel und sogar eine schlaffördernde Wirkung haben. Machen Sie Ballaststoffe zum festen Bestandteil Ihres Speiseplans. Hier finden sich auch wertvolle Kohlenhydrate.

Nehmen Sie ausreichend Eiweiß zu sich! Es liefert das Material für den Aufbau und die Erneuerung von Zellen und Gewebe sowie für die Antikörper. Eiweiß ist außerdem ein wichtiger Energielieferant für den menschlichen Körper.

Fette erfüllen in unserem Körper verschiedene Funktionen wie Energiegewinnung, Schutz und Wärmeisolation und sind Bestandteil von Zellwänden. Also sollten wir in unseren Speiseplan guten Gewissens hochwertige Öle und Fette wie Olivenöl oder Omega-3-Fettsäuren, die beispielsweise in Fischen und Nüssen vorkommen, integrieren.

Daneben benötigt unser Körper auch Vitalstoffe wie Vitamine, Mineralien und Spurenelemente, die eine entscheidende Rolle in zahlreichen Stoffwechselprozessen übernehmen, aber vom Körper selbst nicht hergestellt werden können.

Vitamine schützen vor Krankheiten, regeln verschiedene Vorgänge im Körper wie Knochenbau, gute Nerven und Entspannung und gehören deshalb zu einer gesunden und ausgewogenen Ernährung unbedingt dazu.

Mineralien und Spurenelemente sind für unzählige Körperfunktionen wie Sauerstofftransport, Energieverwertung oder Gehirnleistung unverzichtbar.

Obst und Gemüse aus biologischem Landbau enthalten mehr Vitalstoffe als konventionell hergestellte Produkte. Sämtliche Mineralstoffe sind wasserlöslich. Wässern oder kochen Sie daher Lebensmittel nicht zu lange. Die wertvollsten Bestandteile von Obst und Gemüse befinden sich direkt unter oder in der Schale, schneiden Sie also nicht zu viel weg.

Als ich noch viel geschäftlich in der Welt unterwegs war, merkte ich, wie ich mit der Zeit immer träger wurde. Immer langsamer und immer weniger abschlusssicher. Ich ging zum Arzt. Er machte einen Bluttest mit mir, und danach setzte er einen besorgten Blick auf. Er stellte fest, dass eine Reihe wichtiger Mineralstoffe weit unter dem Durchschnitt lagen. Daraufhin erstellte er mir einen Essensplan, an den ich mich halten sollte, und bereits kurze Zeit später fühlte ich, wie meine alte Energie zurückkam. Diesen Bluttest kann jeder Arzt durchführen. Und selbst, wenn Sie auch noch keine Mangelerscheinungen körperlich spüren, lassen Sie diesen Bluttest durchführen. Je eher Sie Mängel erkennen, desto schneller werden Sie sich wieder im »grünen« Bereich befinden!

Minderwertige und falsche Ernährung raubt uns Energie und Lebensqualität!

Minderwertige oder schädliche Nahrungsmittel schaden dem Körper nachhaltig.

Zu viel Süßes führt immer wieder zum schnellen Ansteigen des Blutzuckerspiegels mit Insulinausstößen. Diese hemmen die Ausschüttung des Wachstumshormons, das unsere Regeneration und den Aufbau von Muskulatur fördert sowie den Abbau von Fett bewirkt. Freigesetzt wird es vor allem zwischen Mitternacht und vier Uhr morgens, aber nur im Schlaf. Haben wir kurz vor dem Schlafengehen noch Süßigkeiten gegessen, behindern wir die Wachstumshormone.

Die schlimmsten Energieräuber sind die freien Radikale, die durch Smog, Alkohol, Nikotin, Pestizide oder andere Nahrungsschadstoffe unseren Körper befallen. Freie Radikale entstehen bei Stress. Durch den ganz normalen Alltag, Arbeitsüberlastung, Mehrfachbelastung, Fast Food, Medikamente und Umweltbelastungen wie Smog oder Sonnenbrand. Zigarettenrauchen führt zu einer regelrechten »Explosion« freier Radikale. Also: Meine Bitte, zeigen Sie Ihre Disziplin, machen Sie Schluss mit dem Rauchen!

Überlegen Sie einmal, welche schädlichen Nährstoffe Sie regelmäßig oder unregelmäßig zu sich nehmen, und verzichten Sie nach Möglichkeit darauf. Nun bin ich einer der Menschen, die auch nicht gern auf Gaumenfreuden verzichten. In gemütlicher Runde ein Glas Wein, ein Stückchen Torte zum Kaffee oder auch mal ein saftiger, leckerer Braten. Mal ehrlich, das genießt doch jeder gern. Aber das muss doch nicht regelmäßig sein. Wenn ein Genuss zur Regelmäßigkeit wird, wird er meist zur Sucht. Also genießen Sie, aber bitte in Maßen!

Wenn wir Durst haben, ist es bereits zu spät!

Ein großer Teil der Bevölkerung trinkt grundsätzlich zu wenig. In 24 Stunden durchströmen etwa 2000 Liter Flüssigkeit die Nieren und 1400 Liter das menschliche Gehirn. Pro Tag werden etwa 2,5 bis 3 Liter des Körperwassers ausgeschieden. Dies geschieht über die Nieren, über die Lunge in Form von Wasserdampf beim Sprechen und Atmen und über die Haut in Form von Schweiß. Wasser erfüllt in unserem Körper viele Funktionen:

- Als Lösungsmittel, um den Nahrungsbrei im Verdauungskanal zu verflüssigen und feste Bestandteile unserer Nahrung zu lösen.
- Als Transportmittel im Blut, um gelöste Nährstoffe zu ihren Wirkungsorten zu bringen oder Stoffwechselprodukte aus dem Körper zu entfernen.
- Als Bausteine für die Elastizität der Knorpel, Menisken und Bandscheiben.
- Und als Mittel zur Regulierung des Wärmehaushaltes.

Das Problem der Flüssigkeitsversorgung liegt darin, dass der Magen nur ca. einen Liter Flüssigkeit pro Stunde aufnehmen und an den Dünndarm respektive an die Blutbahn weitergeben kann. Also trinken Sie regelmäßig – am besten Mineralwasser ohne Kohlensäure!

Hormone beeinflussen unsere Energie und unser Verhalten!

Unsere Leistungsfähigkeit und auch unser Verhalten werden sehr stark durch Hormone gesteuert. Hormone verändern die Intensität oder Häufigkeit unserer Verhaltensweisen und beeinflussen verschiedene Gewebe und Organe. Hormone sind körpereigene Informationsübermittler, die in Drüsenzellen gebildet und ins Blut abgegeben werden.

Es gibt Hormone, die auf den *Körper* wirken. Dazu gehören:

Das ACTH, das adrenocorticotrope Hormon wird früh am Morgen von der Hirndrüse abgegeben, sodass man hellwach wird und schnell auf Trab kommt.

Das Schilddrüsenhormon T3 (Trijodthyronin) legt fest, ob wir wenig oder viel Kalorien am Tag für die Energiebereitstellung verbrauchen.

Das den Blutzucker erhöhende Hormon Glucagon und das den Blutzucker senkende Insulin werden in der Bauchspeicheldrüse produziert und haben die Aufgabe, den Blutzuckerspiegel zwischen den Mahlzeiten konstant zu halten.

Noradrenalin und Adrenalin setzen in Stresssituationen Fettsäuren für die Energiegewinnung frei. Noradrenalin hebt darüber hinaus die Stimmung. Adrenalin wirkt durch Erhöhung von Blutdruck und Puls, Hemmung der Magen-Darmtrakt-Tätigkeit sowie Erweiterung der Bronchien.

Cortisol, ein weiteres Stresshormon, ist für die rasche Bereitstellung von Energie zuständig und wirkt darüber hinaus entzündungshemmend.

Das Wachstumshormon (STH) wird im Schlaf produziert und steigert die Eiweisssynthese, fördert den Fettabbau und den Muskelaufbau.

Das DHEA, das Dehydroepiandrosteron, ist eine Vorstufe für viele verschiedene andere Hormone und reduziert Körperfett, stärkt Herz und Kreislauf und steigert das Wohlbefinden.

Und es gibt Hormone, die auf das *Gefühl* wirken:

Serotonin, das Glückshormon, ist ein Neurotransmitter und vermittelt ein Gefühl von Wohlbefinden, fördert den Schlaf und wirkt gegen depressive Verstimmungen und Angstgefühle, es vermindert auch das Verlangen nach Süßigkeiten, Alkohol oder sogar Drogen.

Adrenalin hat eine aufputschende Wirkung, erhöht den Blutdruck und lässt das Herz schneller schlagen. Noradrenalin steuert gegen, damit die aufputschende Wirkung nicht überhand nimmt, senkt den Blutdruck und macht ruhiger.

Endorphine, ebenfalls Neurotransmitter, steuern nicht nur das Wohl- und Lustempfinden, sondern sind auch Schmerzkiller, können aber zur Selbstüberschätzung führen.

Acetylcholin, ein weiterer Neurotransmitter, fördert die Konzentration und hat Einfluss auf unsere Kreativität und Konzentration.

Dopamin steigert die körperliche Motivation und macht euphorisch. Es wirkt unmittelbar auf das sogenannte limbische System und steigert das Wohlbefinden.

Unsere Nahrung und unser Verhalten beeinflussen unseren Hormonhaushalt!

Eine gesunde und ausgewogene Ernährung unterstützt unseren Hormonhaushalt. Vollkornprodukte, Teigwaren, Obst, Reis, Kartoffeln, Milch und Milchprodukte, Fisch (besonders Meeresfische), Hülsenfrüchte (Linsen, Bohnen, Sojabohnen), Nüsse, Bananen, Ananas, Feigen und Lammfleisch sind die Nahrungsmittel, die hier besonders zu berücksichtigen sind. Überlegen Sie, ob Sie immer genügend frisches Obst und Gemüse bei Ihren Mahlzeiten zu sich nehmen.

Auch eine gesunde Lebensweise fördert den Hormonhaushalt. Dazu gehört ausreichend Schlaf. Möglichst vor Mitternacht, denn in dieser Zeit werden die meisten Wachstumshormone produziert. Der Hormonhaushalt in einem trainierten Körper ist wesentlich kraftvoller als in einem ausgezehrten und schwachen Körper.

Wie oft treffe ich Menschen, die mir erzählen, wie viel Geld sie gerade wieder für Hormon- oder Frischzellenkuren, Injektionen oder sonstige Behandlungen ausgegeben haben. Und wie oft schaue ich dabei in fahle Gesichter und trübe Augen. Mit Lebensfreude, einer ausgewogenen Ernährung, einem gesunden Lebenswandel und der richtigen Geist-Körper-Seele-Balance könnten sie viel mehr erreichen.

So sorgen Sie für eine ausgewogene Ernährung:

Machen Sie Ballaststoffe zum festen Bestandteil Ihres Speiseplans. Denn hier finden sich auch wertvolle Kohlenhydrate.

Nehmen Sie ausreichend Eiweiß zu sich! Es liefert das Material für den Aufbau und die Erneuerung von Zellen und Gewebe sowie für die Antikörper.

Integrieren Sie in Ihren Speiseplan hochwertige Öle und Fette wie Olivenöl oder Omega-3-Fettsäuren, die beispielsweise in Fisch und Nüssen vorkommen.

Freie Radikale entstehen durch Arbeitsüberlastung, Mehrfachbelastung, Fast Food, Medikamente und Umweltbelastungen wie Smog oder Sonnenbrand. Zigarettenrauchen führt zu einer regelrechten »Explosion« freier Radikale. Also meine Bitte: Machen Sie Schluss mit dem Rauchen!

Das Problem der Flüssigkeitsversorgung liegt darin, dass der Magen nur ca. einen Liter Flüssigkeit pro Stunde aufnehmen kann. Also trinken Sie regelmäßig – am besten Mineralwasser ohne Kohlensäure!

Wie gehe ich mit meiner Zeit um?

Wo in meinem Leben befinden sich die Zeitfresser?
Was ist in meinem Tagesablauf wirklich wichtig?
Welche Regeln bestimmen meinen Tagesablauf?
Worauf konzentriere ich mich?
Wie sage ich auch einmal Nein?

Ihr Tagesablauf sagt viel darüber aus, ob Sie das Leben führen, das Sie sich schon immer gewünscht haben. Erfolgreiche Menschen, denen bewusst ist, dass Zeit in unserem Leben ein sehr kostbares Gut ist, gehen sehr behutsam mit ihr um. Leben Sie konsequent und zielgerichtet. Vergeudete Zeit ist verlorene Zeit. Sehen Sie sich Ihre Zeiträuber deshalb einmal genauer an. Manche Menschen haben als Ausrede Nummer eins immer parat: »Ich habe leider keine Zeit.« Ist Ihnen auch bewusst, dass dies nichts anderes heißt als: Ich lebe nicht! Denn Zeit ist Leben. Deshalb lassen Sie sich bitte nicht durch die Zeit treiben.

Wenn wir unser gestecktes Ziel erreicht haben, werden wir unsere Freizeit umso intensiver genießen!

Sich nur treiben lassen führt noch nicht einmal zu einem befriedigenden Urlaub. Zeit bewusst einzuteilen ist unbedingt notwendig. Entwerfen Sie für diesen heutigen Tag ein genaues Arbeits- und Erholungsprogramm. Gewöhnen Sie sich daran, für jeden Tag ein Ziel festzulegen, das Sie unbedingt erreichen wollen. Lassen Sie sich heute durch nichts und niemanden von Ihrem Tagesziel ablenken, bis Sie Ihr gestecktes Ziel vollendet haben. Sie werden dann die Stunden der Freizeit und der Muße umso intensiver und freier genießen!

Disziplin im Zeitmanagement soll Ihnen genau die Zeit verschaffen, die Sie brauchen, um frei von Hetze, Stress und Termindruck Ihre persönliche Kommunikation pflegen zu können. Menschen, die über Zeitmangel klagen, empfehle ich immer gern, zwischen wichtig und unwichtig zu unterscheiden!

Einer der wichtigsten Lernschritte für Erfolg ist die richtige Nutzung der Zeit. Wenn Sie ausreichend schlafen, stehen Ihnen täglich immer noch 16 Stunden Wachsein zur Verfügung. Nutzen Sie davon 12 Stunden für Ihren täglichen Erfolg!

Zeitfresser fressen nicht nur unsere Zeit, sie fressen unser Leben!

Die Lebenszeit ist Ihr kostbarstes Gut. Viele Menschen hetzen durch den Tag. Machen Sie sich bei allem, was Sie tun, deutlich bewusst, dass jeder Tag, jede Stunde, jede Minute einmalig und unwiederholbar ist. Keine Sekunde Ihres Lebens, die vergangen ist, wird jemals wiederkehren. Diese zeitliche Begrenztheit unseres Daseins ist die große Herausforderung an unser positives Denken und vor allem an unser positives Handeln.

Beurteilen Sie einen Tag lang alles, was Sie tun, danach, ob es Sie Ihrem Lebensziel näherbringt. Sie werden dann plötzlich feststellen, dass sich die Spanne der sinnvoll genutzten Zeit gewaltig steigern lässt. Hüten Sie sich deshalb vor Menschen, die Ihnen durch umständliche Erzählungen Ihre wertvolle Zeit rauben. Und bedenken Sie: Es gibt so viel Unwichtiges, das sich allerdings spannend erzählen lässt. »Blablabla« lässt grüßen. Hüten Sie sich vor Mammut-Besprechungen, die so angesetzt sind, dass sie in jedem Fall bis zum Mittagessen oder bis zum Arbeitsende dauern. Vermeiden Sie, wenn irgend möglich, diese Zeitfresser!

Der richtige Umgang mit der Zeit schenkt Ihnen ein großes Stück innere Harmonie, denn Zeit ist Leben! Das klingt viel einfacher, als es ist. Denn der richtige Umgang mit der Zeit hat seinen Ursprung in Ihrem Denken, in Ihrer Persönlichkeit, in Ihrem Selbstbewusstsein, in der Stimmigkeit von Geist, Körper und Seele.

Zeit sparen heißt auch mal Nein sagen können!

Sobald Sie angefangen haben, sparsam mit Ihrer Zeit umzugehen, werden Sie sehr schnell feststellen, dass die richtige Verwendung der Zeit sehr viel Mut erfordert – Mut zum Neinsagen! Übrigens: Nein sagen spart gigantisch Zeit! Ebenso Mut zu klaren Aussprachen. Mut zu definitiven Entscheidungen. Es ist das tolle Gefühl, bei Sonnenuntergang alles getan zu haben, was an diesem Tag möglich war, und noch die Zeit zu haben, um es zu genießen.

»Nutze die Zeit!«, heißt nicht, mit hängender Zunge von einem Termin zum anderen zu hetzen. »Nutze die Zeit!«, heißt in seiner höchsten Vollendung, selbstvergessen wie ein Kind an der Verwirklichung eines Traumes zu arbeiten – ohne das Ticken der Uhr im Nacken zu spüren, ohne überhaupt nur einen einzigen Gedanken an etwas anderes zu verschwenden, ehe die selbst gestellte Aufgabe zu Ende geführt ist. Ein afrikanischer Priester sagte mir einmal einen schönen Satz, während ich ihn für das Fernsehen interviewte: »Ihr Europäer habt die Uhr und wir Afrikaner haben die Zeit!« Wissen Sie zufällig auch, dass die Afrikaner viel fröhlicher sind und viel stärker die Kraft ihrer Lebenszeit genießen?

Wir Menschen sollten unsere Lebenszeit dann am meisten nutzen, wenn wir das Gefühl haben, dass das, was wir gerade in diesem Augenblick tun, das Schönste, Liebste, Wichtigste und Beste ist, was wir uns für diesen Moment vorstellen können!

Wenn Sie Zeit sparen wollen, denken Sie an die drei Siebe des Sokrates.

Vielleicht gefällt Ihnen die folgende Zeitspargeschichte:

Eines Tages kam ein Mann aufgeregt zum weisen Sokrates gelaufen und sagte: »Sokrates, ich muss dir erzählen, wie ein Freund ...« »Halt ein!«, unterbrach ihn der Weise, »hast du das, was du mir gerade sagen willst, durch die drei Siebe gesiebt?« »Drei Siebe?«, fragte der andere. »Ja«, sagte Sokrates, »das erste Sieb ist die Wahrheit. Hast du das, was du mir gerade erzählen willst, geprüft, ob es wahr ist?« »Nein, ich hörte es nur.« »Hast du es wenigstens mit dem zweiten Sieb geprüft, ob das, was du mir erzählen willst, auch gut ist?« »Nein, das habe ich nicht.« »Ist es notwendig, mir das zu erzählen, was dich so erregt?«, fuhr Sokrates fort. »Notwendig nun gerade nicht«, sagte der Mann. »Also«, lächelte der Weise, »wenn das, was du mir erzählen willst, weder wahr noch gut noch notwendig ist, so lass es sein und belaste dich und mich nicht damit!« An diesem Beispiel von Sokrates können wir erkennen, wie wichtig es ist, die Zeit des Lebens mit Wahrheiten und nicht mit Geschichten aus zweiter Hand zu füllen.

Erich Lejeune mit 14 Jahren
gedankenverloren im Englischen Garten,
München

Erich Lejeune vor seiner Grundschule
in München Ramersdorf

Erich Lejeune (links) 1952 mit Schulkameraden

I

Rosa Lejeune,
Mutter von Erich Lejeune

Hans Lejeune (rechts), Vater von Erich Lejeune
bei seiner Arbeit als Autowäscher

Die »Grande Dame« Agnes Lejeune,
Großmutter von Erich Lejeune

Grabmal der Familie Lejeune
auf dem Münchner Ostfriedhof

Irène Lejeune,
die große Stütze seines Lebens

Erich Lejeune mit seiner Tochter Sandra bei einem
gemeinsamen Urlaub in London

Alexandra Hille – Die Seele
der Lejeune Academy

Entree der Lejeune Academy

Erich Lejeune bei einem seiner
Motivations-Workshops

Die Lejeune Academy für Philosophie
und Motivation in München

Erich Lejeune – Meister der Motivation

Die Anfänge der
Consumer Electronic in den USA

Erich Lejeune, der erfolgreiche
Unternehmer Anfang der Achtzigerjahren
in Oakland, Kalifornien

Irische Residenz in München

Erich Lejeune,
Honorarkonsul von Irland,
mit seiner Frau Irène beim Empfang
zum St. Patrick's Day 2007

V

Philosophie trifft Motivation!
Prof. Dr. Michael Bordt SJ mit
Erich Lejeune im Zwiegespräch

Der Bestsellerautor bei einer
Pressekonferenz zu einem Buch
seiner Edition Mensch

TV-Moderator Erich Lejeune bei seiner Fernsehsendung »Motivation
Deutschland!« auf münchen.tv

Auf den Spuren der Philosophie durch Japan

Erich Lejeune mit einem bekannten hohen
indischen Geistlichen in Rishikesh, Indien

Erich Lejeune auf dem
Philosophenweg in Kyoto

Auf den Spuren M. K. Ghandis –
Reise durch Indien

Irène Lejeune mit »Witi« aus Tansania,
dem ersten Kind, das 2003 durch die Stiftung
gerettet werden konnte

Erich Lejeune im Auftrag der Stiftung
»Herz für Herz – Stiftung für Leben!«
unterwegs in Südafrika

Ehepaar Lejeune bei einer Spendenaktion zugunsten ihrer Stiftung »Herz für Herz – Stiftung für Leben!«

Meine Tipps für Ihr Zeitmanagement:

Lernen Sie Ihren Biorhythmus kennen, er ist individuell unterschiedlich. Beobachten Sie sich: Wie verläuft Ihre Leistungskurve? Passen Sie nach Möglichkeit Ihren Tagesablauf Ihrer Leistungskurve an, das heißt, nutzen Sie Hochphasen für anstrengende, fordernde oder kreative Arbeiten und erledigen Sie Routinearbeiten bei mittleren oder niedrigen Leistungsphasen. Phasen geringer Energieproduktion sollten sie ebenfalls effektiv, und zwar am besten als notwendige Auszeiten nutzen, anstatt sich durch die Arbeit zu quälen.

Erfolg entsteht nicht durch Vieltun, sondern dadurch, das Richtige zu tun, das heißt, arbeiten Sie effizient, zielorientiert und mit Verstand statt emsig und mühevoll. Es gibt nichts Nutzloseres, als das effizient zu tun, was gar nicht getan werden muss. Deshalb ist es wichtig, sich regelmäßig Auszeiten zu nehmen, in denen man das eigene Handeln überprüft, sonst läuft man Gefahr, getrieben zu werden und einem bloßen Aktionismus zu verfallen.

Sorgen Sie für Unterstützung und Entlastung, das heißt, seien Sie souverän genug, auch einmal Arbeiten und Aufgaben zu delegieren. Sagen Sie rechtzeitig Nein und grenzen Sie sich ab.

Ohne Druck und Hektik lässt sich unsere Leistungsfähigkeit besser erhalten oder sogar noch steigern. Achten Sie bei Ihrem Zeitmanagement darauf, dass Sie Hektik und Stress so weit wie möglich vermeiden. Erledigen Sie Arbeiten nicht auf den letzten Drücker, kalkulieren Sie Termine und Anfahrtszeiten nicht zu knapp und setzen Sie deutlich Prioritäten bei der Erledigung Ihrer Aufgaben.

Wenn Sie das Gefühl haben, dass Sie immer beschäftigt sind, aber trotzdem nicht wirklich weiterkommen, geben Sie wahrscheinlich dem »Kleinkram« zu viel Raum. Kleinkram lässt sich zwar nicht abschaffen, aber bändigen:

- Überlegen Sie, welche Aufgaben Sie delegieren oder aus Ihrer Alltagsroutine streichen können.
- Bündeln Sie Arbeiten und stimmen Sie die Erledigung von Aufgaben aufeinander ab, nutzen Sie Synergieeffekte.
- Erledigen Sie notwendigen Kleinkram schnell, damit er nicht weiter Ihre Gedanken in Anspruch nimmt, aber möglichst ohne großen Energieaufwand.
- Überprüfen Sie Ihre Verpflichtungen und Termine: Welche haben sich überholt oder sind überflüssig beziehungsweise obsolet geworden? Auch aus Verpflichtungen und Bekanntschaften wächst man heraus.

Wie gehe ich mit meiner Freizeit um?

Wie viel Zeit nehme ich mir für meine Erholung?
Wie fühle ich mich, wenn ich erholt bin?
Welche Art der Entspannung gibt mir Energie?
Nehme ich mir die Zeit für ausreichend Schlaf?
Wie sorge ich für optimale Schlafqualität?

In einem entspannten Körper ist ein entspannter Geist, so kann man einen bekannten Leitsatz umformulieren. Der menschliche Körper braucht nach jeder Anstrengung eine Phase der Entspannung und Regeneration. Unser Körper benötigt diese regenerativen Phasen, um neue Kräfte zu sammeln und nicht auszubrennen. Mit der richtigen Ausgewogenheit von Anstrengung und Entspannung beugen wir ungesundem Stress, Frustration und Schwäche vor und wirken dem gefürchteten Burn-out-Syndrom entgegen.

In Erholungspausen reinigt sich unsere Seele!

Richtige Entspannung ist oft sehr schwer. Besonders für Menschen, die einen aufregenden Alltag oder einen anstrengenden Beruf haben. Wir merken in solchen Entspannungsphasen dann oft eine innere Leere, Unruhe oder Nervosität. Wie leicht sucht man sich in solchen Momenten irgendeine belanglose Ablenkung, um ja nicht mit sich selbst allein zu sein. Doch ich bin fest davon überzeugt, dass es sehr wichtig ist, diese eigentlich negativen Gefühle nicht zu übergehen, sondern sie auszuhalten – auch wenn das schwierig und unangenehm ist. Weil sich in ihnen die Seele regeneriert und reinigt.

Mit Erholungspausen tanken wir wieder auf!

Erholungspausen sind keine Zeitverschwendung, sondern sie zahlen sich mehrfach positiv für uns aus. Sie geben unserem Körper die Gelegenheit, verbrauchte Energie wieder aufzutanken. Sie nehmen die Spannung aus dem Körper und wir werden wieder geschmeidig. Sie lassen uns das Geschehene resümieren und bringen uns gute Gefühle. Sie wissen selbst, wie gut Ihnen Ruhepausen tun! Es gibt viele unterschiedliche Möglichen der Entspannung, die jeder individuell für sich selbst herausfinden muss.

Mit erholsamem Schlaf halten wir uns fit!

Es gibt wohl kaum ein besseres Heilmittel gegen Müdigkeit, Abgespanntheit und Schlappheit als Schlafen. Während wir schlafen, arbeitet unser Körper hart, um schädliche Stoffe abzubauen, Zellen zu erneuern und die Energiespeicher neu aufzufüllen. Auch das Gehirn ruht keineswegs, wenn wir schlafen. Schlafmangel kann also wirklich krank machen, und zwar physisch und psychisch. Experimente zeigten, dass Menschen bei totalem Schlafentzug nach nur etwa 60 Stunden Halluzinationen und Wahnvorstellungen bekamen. In anderen Forschungen wurde das

Schlafverhalten von Menschen untersucht. Hierbei kam heraus, dass nicht nur der Anteil der Tiefschlafphasen von 20 auf unter 5 Prozent sank, sondern es sank gleichzeitig die Produktion des Wachstumshormons um 75 Prozent. Das Wachstumshormon Somatotropin ist der Motor des Lebens und mitverantwortlich für die psychische und physische Gesundheit. Für viele Körperfunktionen müssen ausreichende Mengen an Wachstumshormon ständig verfügbar sein: Regeneration, Wundheilung, Gehirnfunktion, Knochenfestigkeit, Fettabbau, Muskelaufbau und viele mehr. Ab dem 20. Lebensjahr nimmt die Wachstumshormonproduktion beständig ab. Es wird während der Tiefschlafphasen von der Hirnanhangsdrüse produziert. Der geistige und körperliche Zerfall im Alter steht in enger Verbindung zu der langsam versiegenden Bereitstellung an Somatotropin. Dieses Wachstumshormon ist auch zuständig für die Glätte unserer Haut. Hier bekommt der Begriff Schönheitsschlaf seinen Sinn. Für die meisten Menschen sind acht Stunden Schlaf optimal. Überlegen Sie, wie Sie sich nach dem Aufwachen fühlen.

Schlafqualität ist Lebensqualität!

Auch ich hatte Zeiten, in denen ich auf meinen Reisen vor allem eine preiswerte und zentrale Unterkunft suchte. Bis mir endlich ein bekannter Schlafforscher von seinen Ergebnissen erzählte. Da wurde mir klar, warum ich mich oft tagsüber müde und schlapp fühlte und meine Erfolgsrate nicht immer meinen Ansprüchen genügte. Wenn ich heute ein Hotel buche, schaue ich nicht so sehr darauf, wie umfangreich die Minibar bestückt ist, sondern ob eine gute Matratze im Bett vorhanden ist.

Erholungsphasen sind wichtige Termine für uns selbst!

Ich habe in meinem Leben oft alles gegeben. Bin dem Erfolg hinterhergerannt. Ohne Pause. Immer 100 Prozent. Und da bekam ich in Form einer chronischen Gastritis die Quittung dafür. Für alles gibt es immer eine Quittung. Zum Glück habe ich im letzten Moment das Ruder he-

rumgerissen. Ich habe mir die Auszeiten genommen, die ich brauchte. Und ich spürte, dass meine Energie wieder zunahm, ich fühlte, wie ich wieder stärker wurde. Entspannung hat heute in meinem Terminkalender einen festen Platz. Das überlasse ich nicht dem Zufall. Wenn ich entspannt und voller Lebensfreude Dinge angehe, weiß ich, dass ich erfolgreich sein werde. Und auch Sie brauchen diese Zeit zum Entspannen und Regenerieren.

Ihr Können wird sich nämlich erst dann wirksam entfalten, wenn Sie die richtige Balance zwischen Anspannung und Entspannung finden. Man braucht regenerative Pausen zum Entspannen und um neue Kräfte zu sammeln, sonst brennt man aus. Balance ist wichtig: Phasen voll Energie und konzentriertem Arbeiten müssen mit Erholungsphasen abwechseln. Stress wird nur dann schädlich, wenn wichtige Erholungsphasen fehlen, dann wird man nervös, frustriert und ausgelaugt. Erholungsphasen sind keine Zeitverschwendung, sondern zahlen sich immer aus, weil sie für uns Menschen Quellen für neue Energie und Kreativität sind.

So sorgen Sie für eine gute Erholung:

Ein gutes, anregendes Buch lesen bringt uns auf neue Ideen und Gedanken, lässt uns in andere Welten versinken und den Geist – und damit auch den Körper – sanft entspannen.

Eine gute Möglichkeit zur Entspannung besteht auch darin, in sein Tagebuch zu schreiben. Dabei kann man hervorragend Ziele, Gefühle und Standpunkte reflektieren. Gleichzeitig holt man seine Erfolgsmomente in das Bewusstsein zurück und verankert diese.

Meditieren hilft uns, ruhiger zu werden, in uns selbst einzutauchen, uns zu spüren. Wesentlich ist dabei der Zustand einer entspannten Aufmerksamkeit. Achten Sie deshalb auf eine Umgebung ohne Störungen.

Auch ein Spaziergang in der Natur ist eine hervorragende Entspannungstechnik. Alle Sinne werden angesprochen, ein Gefühl der Verbundenheit mit der Natur macht sich in uns breit und beschwingt unseren Geist und unsere Seele.

Ein gesunder und erholsamer Schlaf ist allerdings nicht nur von der Dauer abhängig. Um erholsam zu schlafen, sollten Sie die folgenden Tipps beachten:

Das Schlafzimmer sollte abgedunkelt werden können und größtmögliche Stille garantieren.

Vor dem Schlafengehen sollten Sie keine großen Mahlzeiten mehr zu sich nehmen. Zwei Stunden sollten nach der letzten Mahlzeit vergangen sein, damit die Verdauungstätigkeiten nicht den Schlaf beeinträchtigen.

Die Raumtemperatur des Schlafzimmers ist bei 16 °C optimal.

Die Matratze sollte einen hohen Liegekomfort haben.

Das Schlafzimmer sollte stets gut gelüftet sein, um die Sauerstoffversorgung zu gewährleisten.

Gehen Sie immer ungefähr um dieselbe Zeit schlafen.

Wie gehe ich mit meiner Geist-Körper-Seele-Balance um?

Sind alle meine Lebensfelder im Einklang?

Welche Bereiche meiner Persönlichkeit habe ich bisher vernachlässigt?

Welche Bereiche meiner Persönlichkeit will ich stärken?
Jeder ist in Balance, wenn der Pulsschlag ruhig und gleichmäßig ist. Das weiß ich nur allzu gut aus der Phase in meinem Leben, in der es mir wirklich schlecht ging und ich große Sorgen und jede Menge Ärger hatte. Da hatte ich einen ganz hohen Puls. Das hätte mich beinahe meinen Job in der Schweiz gekostet, denn damals durfte man in der Schweiz nur arbeiten, nachdem man einen Gesundheitscheck absolviert hatte. Der Arzt in der Schweiz, der mich vor der Erteilung der Arbeitsbewilligung untersuchte, fühlte meinen Puls, der annähernd die 150 erreichte, und sagte anschließend nur: »Herr Lejeune, bevor ich zu meiner Diagnose komme, bitte ich Sie, mir kurz Ihr bisheriges Leben zu erzählen.« Als ich damit andeutungsweise fertig war, sagte er nur: »So, jetzt weiß ich, woher Ihr rasend hoher Puls kommen könnte. Ich rate Ihnen jetzt: Gehen Sie einmal in Ruhe um die Häuser, und dann messe ich nochmals. Wenn ich nämlich den Puls aufschreibe, den Sie gerade haben, bekommen Sie nie eine Arbeitsgenehmigung. Sie haben nämlich keinen hohen Blutdruck, Sie haben zurzeit nur zu viel Stress.« Als ich nach einer halben Stunde wiederkam, war mein Puls annähernd normal.

Jeder Erfolg ist ein Gewicht auf der Waagschale unserer Balance!

Mein Erfolg hat mir diese Balance gebracht. Ich merkte, ich schlafe tiefer, ich fühle mich ausgeglichener und ruhiger. Und ich spüre ganz deutlich, dass dieser Erfolg weitergeht. Ich verwende mehr Gedanken auf das Geben als auf das Nehmen. Früher war das Nehmen in meinem Leben sehr viel stärker ausgeprägt. Das war damals sicher auch notwendig. Ich glaube, dass man sich mit jedem Erfolgserlebnis immer mehr zurücknehmen kann. Der Erfolg, den ich erzielte, beflügelte nicht nur mich, sondern auch alle anderen Beteiligten. Aus diesem Gefühl entsteht eine Grundlage für weitere gemeinsame Erfolge und ein Gefühl der geistigen Balance.

Je echter wir sind, desto erfüllter ist unser Leben!

Je echter Sie Ihre Geist-Körper-Seele-Balance leben, je echter Sie sind, umso erfüllter wird Ihr Leben sein, umso besser werden Sie das in Ihrem Leben umsetzen, was Ihre Persönlichkeit vorgibt. Diese Geist-Körper-Seele-Balance zu finden, zu erkennen und vor allem zu leben ist die starke Basis und das echte Selbstbewusstsein, auf das Sie Ihr Leben ganz neu ausrichten und aufbauen können. Diese Balance im Leben ist wie ein Glockenschlag. Damit die Glocke schön zum Klingen kommt, muss sie ganz gleichmäßig schwingen. Hören Sie auf Ihre innere Glocke. Schwingt sie? Oder gibt es da noch ein paar Missklänge?

Die Geist-Körper-Seele-Balance ist der Glockenschlag unseres Lebens!

Damit eine Glocke richtig schwingt, müssen alle Bestandteile in einem ausgewogenen Verhältnis zueinander sein. Der Glockenkörper, der Klöppel, das Seil und der Turm. Wenn alles zueinanderpasst, gibt es einen wunderschönen Klang. Genauso verhält es sich mit unserem Leben. Unsere verschiedenen Lebensbereiche sind alle gleich wichtig für uns. Wenn wir nur einen Bereich vernachlässigen, gerät unser Leben aus der Schwingung und früher oder später wird der Missklang alles übertönen. Die verschiedenen Lebensbereiche sind:

- Unsere Arbeit, die uns finanzielle und existenzielle Sicherheit gibt.
- Unsere Gesundheit, die uns Stabilität, Kraft und mentale Stärke gibt.
- Unser gesellschaftliches Engagement, das uns Ansehen, zum Beispiel in Politik oder in Vereinen, gibt.
- Unser soziales Umfeld, das uns Kontakte und Freundschaften ermöglicht.
- Unsere Partnerschaft/Familie, die uns Geborgenheit und Liebe gibt.

Diese fünf Lebensbereiche sollten wir in unserer Tages-, Wochen- oder Lebensplanung berücksichtigen. Nun benötigen nicht alle Lebensbereiche gleich viel Zeit. Je nachdem, wie wir unser Leben ausgerichtet haben, benötigt der eine oder andere Aspekt einen größeren Anteil unserer Zeit. Wie viel Zeit Sie für die jeweiligen Lebensbereiche einplanen, hängt von Ihren ganz persönlichen Anforderungen und Ansprüchen ab. Wichtig ist jedoch, dass jeder Lebensbereich in Ihren Planungen einen festen Platz hat.

So klingt Ihre innere Glocke in einem schönen Ton!

Planen Sie Ihre Zeit: Tages-, Wochen-, Monats- oder Jahrespläne – und richten Sie für jeden Lebensbereich ein Fenster ein.

Verankern Sie die Termine aller Ihrer Lebensbereiche fest in Ihrem Kalender.

Setzen Sie in Ihrem Leben Prioritäten und unterscheiden Sie Wichtiges von Unwichtigem.

Reflektieren Sie Ihre Wünsche und entscheiden Sie sich, welche Wünsche wirklich im Bereich Ihres Lebensplans liegen.

Sorgen Sie in Ihrem Leben für ein ausgewogenes Verhältnis von Anspannen und Entspannen.

Die einzige autorisierte Biografie des reichsten Mannes der Welt!

Warren Buffetts umfangreiches Beteiligungsportfolio liest sich heute wie das »Who's who« der internationalen Wirtschaft. Er hält unter anderem bedeutende Aktienpakete an Coca-Cola, Sanofi-Aventis, GlaxoSmithKline sowie Procter & Gamble und Anheuser-Busch. Bei seinen milliardenschweren Einkaufstouren bewies Buffett in der Regel ein außerordentlich geschicktes Gespür für Timing, um antizyklisch zuzugreifen, wenn nur die wenigsten einsteigen wollten. Nun erzählt der geniale Investor in der einzigen autorisierten Biografie die Geschichte seines bewegten Lebens. Alice Schroeder gelang es auf eindrucksvolle Weise, die faszinierendste Erfolgsgeschichte unserer Zeit auf Papier zu verewigen.

1287 Seiten | Hardcover | 34,90 € (D) | 35,90 € (A) | sFr. 59,00 | ISBN 978-3-89879-412-1
www.finanzbuchverlag.de

III Motivation –
das Leben leben!

Motivation ist die Kunst, das Beste aus seinem Leben zu machen, und beinhaltet alles, was für ein erfolgreiches Leben notwendig ist.

Motivation bedeutet aktive Lebensgestaltung auf der Basis einer neu gewonnenen Entscheidungsfreude und eines von kleinen und großen Erfolgsmomenten gesteigerten Selbstbewusstseins.

Motivation zu leben bedeutet vor allem, erfolgreich zu sein, seine Ziele und Träume zu verwirklichen. Mit Kopf, Herz und Seele zu leben, seine Ängste zu überwinden und Probleme als Herausforderungen zu betrachten.

Motivation ist die Entwicklung eines stetig wachsenden Erfolgsbewusstseins.

In diesem Kapitel also geht es darum, wie wir uns motivieren und unsere Gedanken und Gefühle, unsere Voraussetzungen und Fähigkeiten gezielt einsetzen, um ein wirklich gelungenes Leben zu führen.

Darum beschäftigen wir uns hier gemeinsam mit den Fragen:

Wie gehe ich mit meinen Gewohnheiten um?

Wie gehe ich mit Veränderungen um?

Wie gehe ich mit Blockaden um?

Wie gehe ich mit Fehlern um?

Wie gehe ich mit Niederlagen um?

Wie gehe ich mit Ärger um?

Wie gehe ich mit meinen Sorgen um?

Wie gehe ich mit meinen Ängsten um?

Wie gehe ich mit der Angst vor dem Tod um?

Wie gehe ich mit Neid um?

Wie gehe ich mit meinen Gewohnheiten um?

Welche schlechten Gewohnheiten habe ich?
Welche guten Gewohnheiten zeichnen mich aus?
Was in meinem Leben mache ich nur noch aus Routine?
Was kann ich einmal anders machen?
Wie neugierig bin ich?
Wie flexibel bin ich?
Mal ehrlich – wie oft in Ihrem bisherigen Leben haben Sie schon beschlossen: »Ab sofort wird alles anders!« Aber nach kurzer Zeit sind Sie doch wieder den alten Zwängen, den alten Gewohnheiten und der alten gefährlichen Ziellosigkeit verfallen. Oder Sie haben einfach die Ziele gewechselt, wenn Schwierigkeiten auftraten. Mit alten Gewohnheiten ist es eben wie mit alten Schuhen – sie passen so gut und sind bequem, auch wenn man sich schon schämt, damit aus dem Haus zu gehen. Deshalb mein Wunsch an Sie: Tragen Sie öfter mal wieder »neue Schuhe«!

Abwechslung ist ein wichtiges Erfolgsprinzip!

Unser Leben besteht aus einem Wechselspiel von notwendigen Gewohnheiten und einer mindestens genauso notwendigen Abwechslung. Durchbrechen Sie einmal für eine Woche wenigstens einen Teil Ihrer Routine und Gewohnheiten. Sie lesen seit Jahren die gleiche Zeitung? Die Leitartikel sind Ihnen so vertraut, dass Sie oft schon vorher ahnen, welche Tendenz sie haben? Lesen Sie einmal eine Woche lang jeden Tag eine andere Zeitung. – Sie fahren täglich exakt auf demselben Weg zur Arbeit? Suchen Sie sich doch einmal eine Woche lang einen anderen Weg. Werden Sie sich bitte Ihrer lähmenden Gewohnheiten bewusst. Abwechslung ist ein wichtiges Erfolgsprinzip. Und noch ein kleiner Tipp: Bürsten Sie Ihre Zähne doch einmal mit der vielleicht ungewohnten linken Hand, Sie werden staunen, was da passiert!

Es ist ein wunderbares Lebensgefühl, wenn man mit überholten Gewohnheiten bricht!

Ein erfolgreicher Mensch lässt Wichtiges nie zur Routine werden. Man braucht zwar einen festen Tagesablauf und erledigt gewisse, meist nebensächliche Aufgaben nach dem gleichen Muster, das verstehe ich aber nicht unter Routine. Routine ist der sicherste Weg, erreichte Erfolge zunichte zu machen. Routine macht blind, macht stumpf, macht langsam. Routine lässt Gefahren übersehen. Wussten Sie, dass die meisten Autounfälle im Umkreis von drei Kilometern um den Wohnort passieren, weil wir auf Autopilot umschalten und abschweifen?

Dagegen ist es ein wunderbares Lebensgefühl, das entsteht, wenn man mit überkommenen Gewohnheiten bricht und aufräumt. Wann sind Sie das letzte Mal vor Sonnenaufgang aufgestanden und haben sich mit dem ganzen kreativen Potenzial, das sich im Schlaf ansammelt, an die Arbeit gemacht? – Wenn Sie nicht ohnehin zu den Menschen zählen, die am liebsten in den frühen Morgenstunden mit ihrer Arbeit beginnen, probieren Sie es aus. Es funktioniert prima! Allein die freie Entscheidung: »Ich beginne jetzt zu arbeiten!«, setzt viel mehr Energien frei, als wenn Sie sich unter dem Druck des: »Nun kann ich nicht mehr anders!«, mühsam an die Arbeit quälen. Probieren Sie einfach immer wieder aus, wie schön es ist, ohne Druck die Dinge zu tun, die Ihr Leben bereichern! »Nicht müssen, aber können«, ist ein wunderbares Lebensmotto.

Gute Gewohnheiten verschwinden, wenn wir sie nicht täglich pflegen!

Schlechte Gewohnheiten kommen ganz von selbst, gute müssen wir täglich pflegen und schätzen. Und es gibt in unserem Leben viele gute Gewohnheiten, die wir uns antrainiert haben, zum Beispiel jeden Morgen für unsere Fitness zu laufen, Geburtstage nicht zu vergessen oder unseren Arbeitsplatz ordentlich zu halten. Überlegen Sie, welche guten Gewohnheiten Sie haben. Doch auch gute Gewohnheiten werden manchmal vergessen. Sorgen Sie dafür, dass das so wenig wie möglich geschieht. Überlegen Sie, wie Sie diese guten Gewohnheiten am Leben erhalten und weiter fördern können.

Routine ist der Rückwärtsgang unseres Lebens!

Veränderung bedeutet, dass man etwas verlassen muss, was man bisher aus Routine oder auch aus Bequemlichkeit getan hat. Wie lange waren Sie schon nicht mehr im Kino? Wann waren Sie das letzte Mal in einem Konzert? Haben Sie schon einmal eine zweitägige Fußwanderung unternommen? Waren Sie schon einmal in einer sternklaren Nacht in einer Sternwarte? Haben Sie schon einmal versucht, den Blick aus Ihrem Wohnzimmerfenster zu zeichnen? Wann waren Sie das letzte Mal in einer Oper? Oder in einem Museum? Oder im Tierpark? Oder im Zirkus?

Die Liste dieser Fragen können Sie ganz nach Ihrem eigenen Geschmack endlos fortsetzen. Was ich damit bei Ihnen anregen will, ist so einfach wie lebensnotwendig: Ich möchte gern neue Farbe in Ihr Leben bringen – dass Sie Dinge tun, die abseits Ihrer bisherigen Routine liegen, die Ihr Leben wieder interessant, spannend und aufregend gestalten – und Ihnen damit zu ganz neuen Ideen und neuem Glanz verhelfen! Bedenken Sie, Routine ist die größte Bremse oder gar der Rückwärtsgang Ihres Lebens!

Unser Leben ist ein wunderbares Geschenk – aber wie jedes Geschenk müssen wir es ganz bewusst annehmen, um seinen Wert zu erkennen. Viele Menschen scheinen dieses Geschenk sehr gering zu achten. Sie stellen es lustlos in die Ecke und lassen zu, dass es allmählich immer mehr vom Staub der Routine zugedeckt wird. Oder sie holen es nur am Wochenende hervor.

Das dürfen Sie dem Wertvollsten, was Sie besitzen, Ihrem Leben, nicht antun. Leben Sie bewusst! Ja, stellen Sie sich vor den Spiegel und fragen Sie sich ernsthaft: »Was willst du vom Leben?« Das Leben wird Ihnen antworten! Spüren Sie ganz intensiv, dass Sie leben? – Wenn nicht, fangen Sie an, den Staub der Routine abzuschütteln!

Routine ist immer Stillstand!

Einfache oder gar Routineaufgaben lassen einen Menschen nicht wachsen und steigern nicht sein Selbstwertgefühl oder Erfolgsbewusstsein. Neue Herausforderungen sind wichtig, weil man innovativ und kreativ wird, um sie zu meistern und neue Lösungsstrategien zu entwickeln.

Routine ist der Bremsklotz gegen Erfolg und der Hemmschuh gegen Neues! Um der Routine zu entkommen, brauchen wir die Energie, Frische und vor allem Neugier. Viele Menschen gehen im Leben immer wieder an ihrem Glück, ihren Chancen achtlos vorüber. Sie sind in ihrer Routine und in ihren Gedanken besetzt von ganz fest umrissenen Erwartungen. Und ihr Blick ist einzig und allein auf diese Erwartung fokussiert. Durch diesen Tunnelblick nehmen sie alle anderen Möglichkeiten, die ihnen das Leben bietet, nicht mehr wahr.

Der Ausweg aus dem Tunnelblick ist unsere Neugier!

Diese Offenheit für all die schönen Dinge an unserem Lebensweg ist in Wahrheit nichts anderes als Neugier. Neugier wird oft negativ bewertet und gilt als schlechte Angewohnheit. Doch welche Phänomene wären unentdeckt geblieben, wären Wissenschaftler und Forscher nicht neugierig gewesen.

Aus der Kreativität entstehen die Lösungen, die unser Leben verändern!

Der berühmte Physiker und Entdecker der Relativitätstheorie Albert Einstein sagte einmal, dass er keine besondere Begabung hätte außer der, leidenschaftlich neugierig zu sein. Neugier heißt doch nichts anderes, als begierig auf Neues zu sein, begierig auf neue Menschen, auf neue Informationen und auf neue Erkenntnisse. Und so ist es im ganzen Leben: Nur wenn wir neugierig sind, werden wir Neues entdecken,

Neues in unserem Umfeld und Neues in uns selbst. Dazu gehört auch eine gute Portion Neugier und Staunen über ganz alltägliche Dinge, deren Existenz wir als viel zu selbstverständlich ansehen. Bereiten Sie sich deshalb das Vergnügen, einen Tag im Monat nichts als selbstverständlich anzusehen, sondern zu überlegen, welche Idee dahintersteht, wer sie als Erster hatte und was ihn oder sie dazu gebracht hat, sie in Wirklichkeit zu verwandeln. Damit können Sie Ihre eigene Kreativität steigern. Stellen Sie sich täglich die Frage: Wie bringe ich kreative Gedanken in meinen Alltag, in den Umgang mit meinen Mitmenschen oder mit immer wiederkehrenden Problemen?

Es reicht nicht, nur über den Zaun zu blicken, es kommt darauf an, hinüberzuklettern!

Zur Neugier gehört auch die Frage danach, wie flexibel man ist. Natürlich ist es bequem, in einer Welt zu leben, in der sich nichts verändert. Immer die gleichen Wege zu gehen. Immer alles in der gleichen Art und Weise von seiner Kuschelecke aus zu erleben. Das geht so lange gut, bis eine Veränderung von außen auftritt. Und da beginnt für viele Menschen der langsame Abstieg. Sie verlieren sich mehr und mehr selbst und finden sich im Leben nicht mehr zurecht. Es ist deshalb wichtig, auch einmal unkonventionelle Lösungen zu probieren. Viel zu oft tun Menschen immer wieder das Gleiche. Und erzielen so auch immer wieder das gleiche Ergebnis. Bedenken Sie Folgendes: Wenn Ihr Käsekuchen immer gleich schlecht schmeckt, dann sollten Sie schleunigst Ihr Backrezept ändern! Dabei führen viele Wege nach Rom. Wenn Sie immer nur denselben Weg benutzen, wird dieser langsam, aber sicher zu einem ausgetretenen Pfad, den Sie bald nicht mehr verlassen können. Also suchen Sie immer wieder neue Wege!

Der Mensch steht deshalb an der Spitze der Schöpfung, weil es zu allen Zeiten der Menschheitsgeschichte herausragende Persönlichkeiten gegeben hat, die ihre Kreativität auf die Verbesserung der Lebensumstände aller Menschen gerichtet haben. Sie haben dadurch ihr eigenes Leben bereichert und das aller anderen Menschen ebenfalls. Finden Sie sich niemals mit dem Mangel ab, sondern richten Sie Ihre ganze schöpferische Fantasie auf die Verbesserung Ihrer Lebensumstände. Lassen Sie sich von der unermesslichen Energie des menschlichen Geistes überzeugen und überzeugen Sie sich selbst von der unermesslichen Vielfalt Ihrer Möglichkeiten.

Erst wenn wir neue Wege ausprobieren, werden wir unsere Möglichkeiten entdecken!

Überlegen Sie einmal, wann Sie das letzte Mal einen neuen Weg ausprobiert haben – und vor allem: wie viele Wege sie bereit sind zu gehen. Es gibt so viele Wege auf der Welt, wie es Menschen gibt!

Ich habe zum Beispiel in meiner Jugend Zeitungen ausgetragen. Diesen Job kenne ich. Das bedeutet: Ich kann mich viel besser in meinen Zeitungsausträger hineinversetzen. Dementsprechend beurteile ich seine Arbeit und honoriere sie auch, gebe ihm am Jahresende ein entsprechendes Trinkgeld. Jemand, der diese Erfahrung nicht hat, denkt an diesen Zeitungsausträger vielleicht nur, wenn die Zeitung ausnahmsweise einmal nicht am Morgen pünktlich im Kasten liegt. Aber er macht sich keine Gedanken, wie und durch wen sie dorthin kommt. Nur der Mensch honoriert diese Anstrengung, der die Pünktlichkeit, die Regelmäßigkeit auch selbst zu schätzen gelernt hat. Gehen Sie doch bitte einmal einen kurzen neuen Weg und begrüßen Sie zum Beispiel freundlich Ihren Zeitungsausträger am Morgen!

Für neue Wege ist es nie zu spät!

Immer wieder kommen Menschen zu mir und sagen: »Herr Lejeune, ich bewundere Ihre Energie und vor allem, wie Sie sich in Ihrem Alter noch so fantastisch engagieren.« Ich bin dann immer ein wenig stolz auf meine unveränderte Lebensenergie. Dann fühle ich im wahrsten Sinne des Wortes die Bedeutung meines Namens »Lejeune« (der Junge). Lassen Sie mich Ihnen sagen, Leben über 60 kann so schön sein!

In allen Zeiten waren es gerade Menschen dieser Altersgruppe, die besonders erfolgreich waren. Aus der Antike kennen wir Sokrates oder Seneca, die mit weit über 60 noch so stark waren, dass sie von ihren Gegnern ermordet werden mussten; im Mittelalter war es Galileo Galilei, der der Inquisition mit über 60 Jahren noch so vehement Paroli bot, dass er unter Hausarrest gestellt wurde. Und heute heißen die Vertreter dieser Generation Franz Beckenbauer oder Hillary Clinton. Und ich bin stolz darauf, zu dieser Generation zu gehören.

Und genau darum geht es doch. Stets darüber nachzudenken, wie wir unser Leben bis ins hohe Alter gelungen führen können. In jedem Lebensabschnitt hat jeder von uns einen enormen Berg an Erfahrungen angehäuft und Erkenntnisse gewonnen. Wir denken dann darüber nach, was wir auf unserem bisherigen Lebensweg alles so erlebt haben, was wir gelernt haben, wo wir stark waren und wo erfolgreich. Und nie ist der Zeitpunkt besser gewählt als gerade jetzt!

Entscheiden Sie für sich selbst:

Um der Routine zu entkommen, stellen Sie sich vor den Spiegel und fragen Sie sich ernsthaft: »Was willst du vom Leben?« Das Leben wird Ihnen antworten!

Stellen Sie sich täglich die Frage: »Wie kann ich meine Kreativität steigern? Wie bringe ich kreative Gedanken in meinen Alltag, in den Umgang mit meinen Mitmenschen und mit immer wiederkehrenden Problemen?«

Schauen Sie mit Freude auf das Geschenk Ihres Lebens und auf die Wunder des menschlichen Erfindungsgeistes!

Richten Sie stets Ihre ganze schöpferische Fantasie auf die Verbesserung Ihrer Lebensumstände.

Es gibt keine Altersgrenze für die Erfüllung eines Lebenstraums. Es kommt nur darauf an, sich ein große Portion Neugier, Staunen und Begeisterung zu erhalten!

Wie gehe ich mit Veränderungen um?

Welches Ziel habe ich?
Welche Veränderungen möchte ich vornehmen?
Habe ich den Mut für Veränderungen?
Habe ich den Mut für Entscheidungen?
Schaue ich optimistisch nach vorn?
Wem und wie kommuniziere ich meine Veränderung?
Habe ich Kraft und Ausdauer für Veränderungen?
Sind meine geplanten Veränderungen mit meinen Werten im Einklang?

Die Geschichte der gesamten Menschheit ist die Geschichte der Veränderung. Das wussten bereits die antiken Philosophen. »Panta rhei, alles fließt.« Dieser Satz von Heraklit bringt das Wesen des Lebens auf den Punkt. Denn hier wird klar, dass Veränderung, Entwicklung immer in eine Richtung geschieht. Jede Veränderung, und ist sie noch so klein, braucht immer ein Ziel!

Unsere Veränderung beginnt dann, wenn wir einen Traum vor Augen haben!

Ich erinnere mich noch daran, wie ich als Kind mit meinen Eltern einen Ausflug an den Tegernsee machte. Als ich mit leuchtenden Augen am Ufer stand, meinen Blick über Gipfel der Berge wandern ließ und dem hellen Läuten der Kuhglocken zuhörte, das von den saftigen Weiden kam – da reifte in mir der große Traum: »An diesem wunderschönen See wirst du einmal ein Haus besitzen, wenn du groß bist!« Das waren keine kindlichen Träumereien in dem gleichzeitigen Wissen: »Das bekommst du ja doch nie!« Nein, eines wusste ich ganz sicher: »Das alles wirst du eines Tages verwirklichen!« Ich hatte zwar noch keine konkrete Vorstellung, wie ich diesen Wunsch einmal wahr machen konnte. Dennoch war ich mir in meinem kindlichen Glauben völlig sicher – irgendwo in dieser weiten Welt wartet eine Möglichkeit

195

auf mich, die ich nur zu ergreifen brauche, um diesen Wunsch in die Tat umzusetzen.

Im Laufe der Zeit habe ich eine Menge über die Realität von Träumen und Visionen gelernt. Ich weiß heute vor allem, dass es nicht nur einigen auserwählten Menschen gegönnt ist, ihre Träume zu verwirklichen. Auch Sie können es, egal wie schwierig Ihre Startbedingungen derzeit vielleicht noch sind. Welche Einstellung haben Sie zu Ihren Träumen? Haben Sie überhaupt einen echten Lebenstraum? Oder haben Sie nur vage Wunschträume, die ohne Beziehung zu Ihrem Alltag, zu Ihren Möglichkeiten und zu Ihrer Person neben Ihrem oft unbefriedigenden Alltag herlaufen? Wenn Letzteres zutrifft, dann rufe ich Ihnen heute zu: Entwerfen Sie für sich einen ganz großen Lebenstraum! Gehen Sie in die Stille. Horchen Sie in sich hinein und vertrauen Sie auf Ihre Fantasie und Ihre Intuition. Fragen Sie Ihr Herz, Ihr Unterbewusstsein, Ihr Bauchgefühl: Was ist der Traum meines Lebens? Und glauben Sie an die Möglichkeit seiner Verwirklichung!

Lebensziele werden immer im Herzen geboren!

Jeder Mensch ist in der Lage, die Richtung seiner Veränderung selbst zu bestimmen. Wir setzen uns Ziele. Ziele, die wir als wertvoll erkannt haben und die wir erreichen wollen. Das ist die Richtung, die wir mit unserer Veränderung einschlagen werden. Dieser Auftrag bedeutet gleichzeitig, dass wir uns von einigen lieb gewonnenen Vorstellungen und Denkmustern bewusst lösen müssen. Das macht zunächst einmal Angst. Und das ist gut so, denn die Angst bewahrt uns davor, überstürzt zu handeln. Wir überdenken unsere nächsten Schritte, holen Informationen ein, wägen sorgfältig ab. Risikobereitschaft und Mut haben nichts mit Leichtsinn zu tun. Auch wenn wir den Schritt ins Ungewisse wagen, handeln wir nicht kopflos. Unsere Zukunft kann aus vielen verschiedenen Möglichkeiten bestehen, Möglichkeiten, die wir erhoffen und die wir mit folgerichtigem Denken beschreiben können. Bedenken Sie deshalb ab heute immer und immer wieder: Veränderung braucht Kraft, Zeit und vor allem Mut!

Als ich mein eigenes Unternehmen gründete, hatte ich denkbar schlechte Karten und Startbedingungen. Doch die Vision, die ich klar vor Augen hatte, gab mir den Mut, meine Idee mit aller Kraft umzusetzen. Es war die Vision eines weltweit operierenden Unternehmens. Damals dachte noch niemand an das, was wir heute unter »Global Player« verstehen. Doch ich kannte den Elektronikmarkt gut. Ich wusste, dass die deutsche Industrie fast völlig auf die eigene Herstellung von Chips verzichtete und ihre elektronischen Bauelemente bei Distributoren zu überhöhten Preisen einkaufte. Das war meine Chance. Ich ergriff sie und daraus entstand der größte Chipbroker der Welt!

Optimismus schafft Begeisterung!

Ein bekanntes Zitat lautet: »Der Mensch lebt nicht im stillen Kämmerlein.« Wir leben ständig in den verschiedensten Lebensräumen. Beruf, Familie, Freizeit, Gesellschaft, Beziehungen und dergleichen mehr, das heißt, die Umwelt, in der wir leben, ist äußerst komplex. Daher hat jede persönliche Veränderung auch immer eine Veränderung eines großen Teils, manchmal sogar unseres gesamten Umfeldes zur Folge. Oft treten dabei Dinge ein, die wir in unserer Vorstellung nicht beachtet haben. Das kann zunächst zu unerwarteten Ereignissen, Denkweisen, Rückschlägen oder gar Niederlagen führen. Um nicht schon an diesem ersten Punkt aufzugeben, braucht es einen starken Willen und den unerschütterlichen Glauben an sich selbst. Veränderung braucht immer ehrliche Lebensfreude und Optimismus. Optimismus schafft Begeisterung. Die Begeisterung und die Motivation sind der Treibstoff auch für Ihren Erfolgsmotor!

Optimismus ist Risikobereitschaft plus positives Denken. Optimismus bedeutet: »Mit meinem Können und mit ein wenig Glück müsste es mir gelingen!« Für eine optimistische Haltung bedarf es umso mehr an Übung, je länger Sie Ihr Denken von negativen Vorstellungen und von einem absoluten Sicherheitsbedürfnis haben leiten lassen. Wenn Sie befürchten, mit Ihrem Vorhaben zu scheitern, durchbrechen Sie diese Angstblockade mit der ganz einfachen Überlegung: »Was kann mir schlimmstenfalls passieren?« Sie werden sehr bald feststellen, dass dieser »schlimmste Fall« nie so schlimm ist, wie Sie befürchtet haben! Wissenschaftler haben herausgefunden, dass tatsächlich 95 Prozent der Ängste grundlos sind. Das Befürchtete tritt niemals ein!

Optimismus ist der Erfolgsmotor für unsere Veränderung!

Versuchen Sie einmal, morgens richtig optimistisch aus dem Bett zu springen, breiten Sie die Arme aus und sagen Sie voll Optimismus und Tatendrang: »Jetzt geht's los!« Das ist ein ganz anderes Körpergefühl, als wenn Sie unwillig gähnend aus dem Bett kriechen und brummig feststellen: »Mein Gott, schon wieder eine Nacht rum!« Stellen Sie sich vor den Spiegel und wünschen Sie sich freudig einen guten und erfolgreichen Tag. Lächeln Sie sich an und sagen Sie: »Ja, ich freue mich auf diesen Tag! Ich schaffe es, was immer an Aufgaben heute auf mich zukommt!«

Als ich mit 30 Jahren mit einem Wettbewerbsverbot für zwei Jahre durch meinen damaligen Chef belegt wurde, klagte ich vor einem Zivilgericht gegen dieses Berufsverbot. Ich verlor die erste Instanz. Ich konnte es nicht fassen und ging auf Empfehlung meines damaligen Anwalts in Berufung. Während die Berufung lief, war ich voller Hoffnung und konnte den Tag der Entscheidungsverkündung vor dem Berufungsgericht kaum erwarten. Mit großem Optimismus saß ich am Entscheidungstag im Gerichtssaal, als der Vorsitzende der Zivilkammer sein niederschmetterndes Urteil vortrug mit dem unvergesslichen Schlusssatz: »Die Klage wird abgewiesen!« Aber ob Sie mir das glauben oder nicht, nach zwei Stunden war mein Optimismus stärker denn je zurück. Trotz des Berufsverbotes fand ich die richtigen optimistischen Menschen, die diese Zeit mit mir gemeinsam überbrückten. Mit dieser begeisternden, optimistischen Einstellung habe ich später meine erste Million verdient, meine erste Firma aufgebaut und diese auf dem internationalen Chip-Markt in vielen Teilen der Welt positioniert. Mit dem gleichen Optimismus gründete ich zu Beginn des neuen Jahrtausends die Lejeune Academy. Und jedes Mal war der Optimismus der Wegbegleiter für alle Innovationen, die ich mit großer Freude stets aufs Neue angestrebt habe.

Unsere Veränderung braucht immer Ausdauer und Beharrlichkeit!

Wir wissen alle, dass Veränderungen nicht von heute auf morgen stattfinden. Erst wenn alte, eingefahrene Muster und prägende Verhaltensweisen verlassen und durch neue ersetzt werden, können wir mit unserer Veränderung beginnen. Oft dauern Veränderungen auch viele Jahre. Zeit, in der die Veränderungen nur in kleinen Schritten stattfinden. Zeit, in der wir diese Wandlung kaum wahrnehmen. Wie gern würden wir diese Wende beschleunigen. Doch dies führt meist dazu, dass man Stufen überspringt, kleine, jedoch wichtige Details auslässt, was dann die Zielerreichung insgesamt verzögert.

Viele Menschen sind mit ihren Wünschen zu ungeduldig. Wenn diese sich nicht wie von Zauberhand umgehend erfüllen, geben sie sie auf – und suchen sich ganz schnell neue. Warum? Weil sie nicht wissen, dass man die schönsten Träume nur mit großer Beharrlichkeit, Geduld und unermüdlicher Leistung erreichen kann. Die Zuversicht und die Ausdauer, mit der Sie heute auf Ihre Ziele hinarbeiten, sind ein Gradmesser für Ihr Erfolgsbewusstsein. Bereiten Sie sich die Freude, mit Ihren Ansprüchen vor sich selbst zu bestehen. Denn wer weiß, was er will, und daran glaubt, dass es machbar ist, kann sich ausrechnen, was man tun muss, um es zu erreichen! Es ist dann nur noch eine Frage der Ausdauer, ob man sein Ziel erreicht.

Unsere Veränderung braucht immer Kraft und Energie!

Energie ist die Kraftquelle in uns. Energie ist das A und O – und deshalb sollten wir unsere Energie bei Veränderungsprozessen immer wieder steigern. Denn nur mit einem hohen Maß an Energie lassen sich hochgesteckte Ziele verwirklichen. Alle erfolgreichen Menschen haben eines gemeinsam: ein hohes Maß an Energie. Denn mit Energie startet man ganz anders in den Tag. Mit Energie fühlt man sich seltener und weniger erschöpft. Mit Energie arbeitet man härter und effizienter. Mit Energie hat man mehr vom eigenen Leben, genießt intensiver und freut sich seines Lebens. Mit Energie überwindet man leichter Schwierigkeiten und Rückschläge. Durch Energie wird man vor allem optimistischer und positiver.

Sie wissen sicher, dass wir Menschen die größte Freude und das tiefe Gefühl, mit jeder Faser unseres Körpers zu leben, dann empfinden, wenn wir uns bis an unsere Grenzen verausgabt haben. Das ist der positive Stress, der uns mit Energie und Spannkraft auflädt. Energie, die Sie in ehrliche Pläne investieren, ist Energie, die zu Ihnen erfolgreich zurückfließt.

Freude am Leben ist ein unsagbarer Energiespender!

Auch auf meinem Weg gab es schlimme Niederlagen, die ich ohne meine Energie nicht überwunden hätte. Es gab aber auch grandiose Erfolge. Doch egal ob ich in einem Hoch oder Tief war, ich war immer zutiefst davon überzeugt, meine Freude und mein Glück zu finden. Und stets habe ich unaufhörlich an mir selbst gearbeitet. Trotz aller Enttäuschungen, Niederlagen und Verluste kämpfte ich immer für mein Ziel, für meine Erfolge, stand immer wieder auf und ging weiter voran. Hier sei einmal deutlich erwähnt: Man kann im Leben hinfallen, aber man muss immer wieder versuchen aufzustehen! Und auch ich bin dank meiner Energie und meines Umfeldes immer wieder aufgestanden.

Wie viele Menschen gibt es, die nach sogenannten Niederlagen hinfallen und liegen bleiben. Sie suchen die Schuld immer bei anderen, anstatt zuerst einmal aufzustehen und offen und ehrlich die Niederlage zu analysieren und dann daran zu arbeiten. Suchen Sie in allem, was Sie tun, die Freude, die Ihnen mehr Energie schenkt, als Sie verbrauchen!

Veränderung entsteht fast immer aus der richtigen Kommunikation!

Wie oft sind es im Leben gerade die sogenannten zufälligen Begegnungen, die neue Ideen hervorbringen, neue Impulse geben, neue Geschäftsbeziehungen ermöglichen oder tiefe Freundschaften bilden. Diese Begegnungen sind oft der Auslöser für Veränderungen. Darum ist es so wichtig, immer mit offenen Augen durchs Leben zu gehen und auf andere Menschen zuzugehen. Wenn wir unsere Umwelt bewusst wahrnehmen und sooft es geht mit anderen Menschen sprechen, erkennen wir die Chancen, die unser Leben vielleicht in ganz neue Bahnen lenken. Falls Ihnen etwas Gutes widerfährt, versuchen Sie doch einmal nachzuverfolgen, wie es zustande kam. In aller Regel werden Sie feststellen, dass irgendjemand Ihnen bewusst oder sogar unbewusst einen Tipp gegeben hat oder Sie auf einen Gedanken gebracht hat, der für Ihr Leben wichtig wurde. Wir Menschen leben nun einmal in einem Geflecht von Beziehungen, aus denen sich »durch Zufall« positive, hoffnungsvolle und glückliche Anstöße ergeben können. Diese »Zufälle« können Sie ganz erheblich steigern, sobald Sie erkannt haben, dass sie von Ihrer Fähigkeit, mit anderen Menschen zu kommunizieren, abhängen.

Das Leben besteht immer aus Geben und Nehmen!

Auf andere Menschen zugehen, ihnen Informationen weitergeben, sie zum Mitmachen auffordern, mir Vorschläge überlegen, was man gemeinsam unternehmen könnte, spannende selbst erlebte Geschichten erzählen und mit all dem mein eigenes Leben reich und glücklich machen – diese Fähigkeit wurde mir offensichtlich schon in die Wiege gelegt und ist sicherlich die stärkste Triebfeder meines Denkens und Handelns. Später im Beruf und vor allem, als ich mein eigenes Unternehmen aufbaute, entwickelte sich daraus die ganz selbstverständliche Haltung, immer an der Spitze einer Entwicklung zu stehen und ihr nicht hinterherzulaufen. Außerdem habe ich sehr früh verstanden, dass das Leben immer aus Geben und Nehmen besteht. Schon als Kind. Früher gab es noch die Schulspeisung. Da wurde zur Pause in großen blauen Kesseln Kakao, Pudding oder auch Suppe angeliefert. Es gab noch ärmere Schüler als mich in der Klasse, und wenn ich merkte, dass einer meiner Mitschüler noch Hunger hatte, habe ich immer von meinem Kakao, von meinem Pudding oder von meiner Suppe an andere abgegeben. Aus dieser wichtigen Kommunikation und Dankbarkeit entstanden Freundschaften, die bis weit über meine Lehrzeit hinaus Bestand hatten.

Werden Sie doch auch in diesem Sinne ein guter Netzwerker. Denn wer gut kommuniziert, schafft frische und dankbare Beziehungen. Und Sie wissen ja: »Gute Beziehungen schaden nur dem, der sie nicht hat!«

Unsere Veränderung braucht immer die richtige Kommunikation!

Unsere Veränderung betrifft nicht nur uns selbst. Wenn wir uns verändern, hat das auch immer Auswirkungen auf unsere Umwelt. Denn wir sind nicht allein auf dieser Welt. Wir haben Familie, Freunde, Partner, einen Beruf, eben ein großes und umfangreiches Beziehungsnetzwerk. Daraus folgt, dass eine Veränderung, die wir vornehmen, oft zu Irritationen und Unverständnis, vielleicht sogar zu Kränkungen in unserem Umfeld führt. Unsere Mitmenschen verstehen manchmal nicht, wie wir uns verhalten, während wir an unserem Leben arbeiten, wenn wir es ihnen nicht vorher offen mitteilen und sie über unsere neuen Ziele in Kenntnis setzen.

Sie haben eventuell auch schon folgende Erfahrung gemacht: Sie planen eine Veränderung in Ihrem Leben und schon tauchen Menschen auf, die alles besser wissen oder die versuchen, Sie von Ihrem Vorhaben abzubringen. Viele Menschen aus Ihrem Umfeld, Kollegen in Ihrer Firma, Bekannte aus dem Sportverein, Kumpel am Stammtisch, Freunde aus Ihrem privaten Kreis, sogar Ihre Familie kommen mit sogenannten gut gemeinten Warnungen und Ratschlägen und versuchen, Ihnen einzureden, dass Ihr Vorhaben sowieso nicht gelingen kann. Da heißt es dann oft: »Das klappt sowieso nicht.« Oder: »Das ist doch nichts für dich.« Dabei sind diese Meinungen meist keine rationalen Erwägungen, sondern es sind Gefühle, vage Vorstellungen von dem, was Sie vorhaben. Die Ursache für diese Skepsis liegt häufig in der Angst dieser Menschen, Sie zu verlieren. Sie haben Angst, dass sie bei der Veränderung, die Sie vornehmen, keinen Platz mehr in Ihrem Leben haben. Diese Angst können wir unseren Mitmenschen nur nehmen, wenn wir ihnen Sicherheit geben, wenn wir offen und ehrlich mit ihnen über unsere neuen Ziele sprechen.

Unsere Veränderung braucht immer Verantwortung!

Wenn wir darüber nachdenken, uns zu verändern, gibt es immer viele Menschen, die von unserer Veränderung in der einen oder anderen Art und Weise berührt werden. Menschen, für die wir eine Verantwortung übernommen haben. In solchen Situationen ist es schwierig, sich zu entscheiden. Oft stehen wir hier vor scheinbar unlösbaren Fragen wie zum Beispiel: »Pflege ich weiterhin meine bettlägerige Mutter und verzichte auf meine eigene Weiterentwicklung oder gebe ich die Mutter ins Pflegeheim und sorge für mich selbst?« Ein Dilemma. Wir schieben die Lösung dieser Situation vor uns her. Und dadurch wird das Problem immer größer, unsere Gefühle werden immer negativer, unser Leben gelingt immer weniger. Und nicht nur unseres, auch das des Menschen, für den wir eine Verantwortung übernommen haben. Es ist also wichtig, eine Entscheidung zu treffen. In solchen scheinbaren Zwickmühlen gibt es nur eine Richtschnur in unserem Leben, die uns den richtigen Weg zeigt. Unsere Werte! Es kommt darauf an, abzuwägen, welche Werte in unserem Leben wichtig sind. Welche Werte wir leben wollen. Und auf der Grundlage unseres Wertesystems werden wir immer die richtige Entscheidung treffen.

Unsere Veränderung braucht immer eine klare Entscheidung!

Viele Menschen, die darüber nachdenken, sich zu verändern, warten auf den geeigneten Moment. Auf einen »Prinzen«, der sie wachküsst. Sie warten offensichtlich auf eine vom Schicksal bestimmte Situation, in der sie dann vielleicht mit der Veränderung beginnen. Doch allzu oft tritt diese Situation nicht ein oder zumindest nicht so, wie sie es sich vorgestellt haben. Und so wird diese wichtige Veränderung das ganze Leben vor sich hergeschoben – und irgendwann ist das Leben vorbei. Diese Menschen leben, ohne dass auch nur der geringste Versuch zu einer Veränderung unternommen wird. Bedenken Sie deshalb: Veränderung hat die wichtige Telefonnummer 24 7 365! Sie wissen, was ich meine? Wenn nicht, darf ich Ihnen herzlich zurufen, Sie können an 24 Stunden 7-mal die Woche und an 365 Tagen beginnen, sich zu verändern! Die Richtung unseres Lebens wird von dem bestimmt, was wir Tag für Tag, Stunde um Stunde denken, fühlen und entscheiden.

Ich habe Erfahrungen gemacht, die mich fast meine Existenz gekostet hätten, wenn ich ihnen nicht mutig und entschieden durch Veränderung begegnet wäre. Zum Beispiel als ich mit 31 Jahren entschieden habe, Deutschland zu verlassen. Nachdem ich meinen Zivilprozess in zweiter Instanz verloren hatte, bekam ich die Rechnung in Höhe von ca. 300.000 Mark Gerichts- und Anwaltskosten. Ich hatte nichts mehr, kein Zuhause, keine Familie, kein Geld; nur noch mich allein. Ich zog in die Schweiz und begann, ohne ein Wort Englisch zu sprechen, meine neue Arbeit als internationaler Kaufmännischer Direktor eines Schweizer Weltunternehmens. Dieser Ortswechsel war der Schlüssel zu meinem späteren Glück. Und glauben Sie mir, ohne diese Entscheidung zur Veränderung wäre ich wohl hoffnungslos verloren gewesen. Deshalb mein Hinweis an Sie: Und ist die Not auch noch so groß, bekämpfen Sie diese Not mit einer mutigen Entscheidung!

Veränderungen beginnen oft, wenn wir am Boden sind!

Ich war auch oft in Situationen, in denen ich nicht mehr weiterwusste, zu viele Hindernisse in meinem Weg standen oder zu viel auf einmal an Sorgen, Problemen und Schicksal auf mich einschlug. Am schwärzesten Tag in meinem Leben hatte ich aufgrund von Hoffnungslosigkeit und Ausweglosigkeit keine Kraft mehr und wollte mein Leben beenden. Es waren die traurigsten Prüfsteine meines Lebens, die mir Gott stellte. Job weg, Geld weg, Prozess verloren, Frau weg, Freunde weg, Mutter schwer krank, Großmutter verstorben, Wohnung in Gefahr. Und dann wurde mir schlagartig klar – es war alles so traurig, aber wahr: Ich musste, ob ich wollte oder nicht, diesen Absturz in meinem Leben annehmen. Das Schicksal traf mich von seiner härtesten Seite. Ich konnte in diesem Moment nichts mehr ändern. Mein einzig rettender Gedanke fokussierte sich damals nur auf das eine, das ich wirklich konnte: Verkaufen! Begeisternd verkaufen!

Jede Niederlage enthält ein Samenkorn künftigen Erfolgs!

Und als ich diese noch vorhandene Energie in mir wie eine brennende Flamme spürte, war mir plötzlich klar, was ich zu tun hatte. Ich konzentrierte mich auf das, was ich als Erstes verändern musste. Ich kaufte einen Fernschreiber, setzte mein letztes Geld, das ich noch besaß, ein, gründete in einer Dreizimmerwohnung in München Schwabing meine kleine Chip-Firma und begann mein Leben neu. Und siehe da, mit der Zeit lösten sich alle anderen Probleme auf diesem Weg fast wie von selbst. Ich fühlte damals intuitiv, in welchem Lebensbereich ich anpacken musste. Und ich tat es. Und rückblickend weiß ich heute, dass ich am tiefsten Punkt meines Lebens die Samenkörner meines späteren Erfolgs gesät habe! Bedenken Sie: Jede Niederlage, und sei sie auch noch so bitter, hält ein Samenkorn des Erfolgs für Sie bereit!

Entscheiden Sie sich für sich selbst:

Bedenken Sie bitte: Jede Sekunde unseres Lebens birgt die Möglichkeit zum Entschluss für eine wunderbare Veränderung! Setzen Sie sich jeden Tag von Neuem das Ziel, der zu werden, der Sie sein wollen, und nicht der, der Sie nicht sind! Entwerfen Sie für sich einen ganz großen Lebenstraum! Gehen Sie in die Stille. Horchen Sie in sich hinein und vertrauen Sie auf Ihre Fantasie und Ihre Intuition. Fragen Sie Ihr Herz, Ihr Unterbewusstsein, Ihr Bauchgefühl: Was ist der Traum meines Lebens? Und glauben Sie an die Möglichkeit seiner Verwirklichung!

Ein Aufbruch zu einem echten Lebensziel bedeutet eben immer, dass Sie alles, was Sie in Ihrem bisherigen Leben klaglos hingenommen, widerwillig ertragen oder unentschlossen vor sich hergeschoben haben, mutig und entschlossen anpacken und verändern müssen! Treffen Sie mit unerschütterlichem Selbstbewusstsein Entscheidungen – und stellen Sie diese Entscheidungen immer wieder infrage.

Seien Sie optimistisch. Stellen Sie sich vor den Spiegel und wünschen Sie sich freudig einen guten und erfolgreichen Tag. Lächeln Sie sich an und sagen Sie: »Ja, ich freue mich auf diesen Tag! Ich schaffe, was immer an Aufgaben heute auf mich zukommt!«

Nehmen Sie sich Zeit für Ihre Veränderung. Jedes Detail, das Sie vernachlässigen, wird sich als Stolperstein herausstellen!

Steigern Sie Ihren K-Faktor – Ihren Kommunikationsfaktor – und Sie steigern automatisch Ihren Erfolgsfaktor. Werden Sie zu einem Netzwerker, zu einem Kommunikationsgenie und einem Multitasker. Nur wer gut kommuniziert, schafft Beziehungen. Sie kennen sicherlich das Zitat: »Gute Beziehungen schaden nur dem, der sie nicht hat!«

Wie gehe ich mit Blockaden um?

Was sind Blockaden?
Was blockiert mich?
Wie umgehe ich Blockaden?
Zu den häufigen Herausforderungen in unserem Leben gehört unser Umgang mit Blockaden. In der Psychologie versteht man unter Blockade die Unfähigkeit einer Person, ihr Potenzial zu einem bestimmten Zeitpunkt wie Wettkämpfen, Tests, Herausforderungen optimal abzurufen. Blockaden werden meistens durch Ängste, insbesondere Versagensängste, ausgelöst. Diese Blockaden können vor wichtigen Terminen oder Gesprächen auftauchen. Vor allem wenn von der Erledigung einer Aufgabe etwas für uns abhängt, stehen Blockaden in ihren Startlöchern. Dann kommt es darauf an, die Blockaden zu umgehen oder – besser – sie zu lösen.

Die beste Motivation, die uns auch große Blockaden überwinden lässt, kommt von innen. Und wir können diese Motivation selbst auslösen und steuern. Wir können die Gedanken und Gefühle, die wir gegenüber unseren Vorhaben und Aufgaben haben, beeinflussen.

Schicken Sie schlechte Gefühle nicht in die Seele. Sind diese Gefühle dort erst einmal angekommen, können sie Ihre Arbeit unkontrolliert sabotieren. Deshalb mein Rat für unvermeidbare leidige Aufgaben: Augen zu und durch – und zwar möglichst emotionslos und mit möglichst wenig Zeit- und Energieaufwand.

Blockaden können wir lösen oder umgehen!

Wie wäre es, wenn Sie bei einer Blockade die Aufgabe einfach fallen ließen oder delegieren würden? Überlegen Sie, ob Sie die Aufgabe nicht an jemanden weitergeben können, der sie besser und effizienter als Sie bewältigen kann. So belasten Sie sich nicht mehr damit und sind frei für andere Aufgaben.

Wenn diese Aufgabe jedoch zu Ihrem Job oder zu Ihrem Leben gehört, dann ist es nicht so einfach, sie zu delegieren. Überlegen Sie sich dann, wie Sie die Aufgabe verändern können. Sie könnten sie zum Beispiel in kleinere Aufgaben unterteilen und diese nach und nach erledigen.

Holen Sie sich auch Rat und Unterstützung bei anderen Menschen, die mit dieser Art von Aufgaben schon Erfahrungen haben.

Eine weitere Möglichkeit besteht darin, sich selbst einen äußeren Anreiz zu geben. Sie können zum Beispiel die leidige Beantwortung Ihrer Post vor das Mittagessen legen. Wenn Sie es dann geschafft haben, dürfen Sie zur Belohnung zum Essen gehen. Oder Sie versprechen sich selbst ein Geschenk, wenn Sie eine große Hürde genommen haben.

Motivieren Sie sich selbst, indem Sie Ihre Einstellung gegenüber der ungeliebten Aufgabe ändern und nach positiven Nebenwirkungen suchen. Beim Putzen verbraucht man beispielsweise überschüssige Kalorien, beim Korrigieren schärft man sein Fehlerbewusstsein und durch die Steuererklärung bekommt man vielleicht Geld zurück. Am besten ist natürlich, wenn das Erledigen der Aufgabe Sie Ihren Zielen näherbringt.

Wie gehe ich mit Fehlern um?

Was sind Fehler?
Was sind die Ursachen für Fehler?
Wie kann ich Fehler vermeiden?
Wie behebe ich Fehler?

Fehler gehören zur menschlichen Entwicklung und zu einem erfolgreichen Leben. Ja, ich wage die These: Erfolgreiche Menschen machen besonders viele Fehler. Denn wer, glauben Sie, macht mehr Fehler: ein Mensch, der Entscheidungen trifft, neue Wege geht, kreativ nach Lösungen sucht, tatkräftig ist und handelt, oder jemand, der passiv ist, nur ausführt, was man ihm vorgibt, und sich dabei an das Herkömmliche klammert? Mehr Fehler macht sicher Ersterer, aber den größeren Fehler macht Letzterer, denn ihn lähmt Routine und es herrscht Stillstand. Verbannen Sie den Gedanken aus Ihrem Kopf, dass Fehler nur negativ sind.

Fehler sind Chancen zum Lernen!

Die meisten Fehler sind nichts anderes als ein Hinweis, dass es eine bessere Lösung gibt, sozusagen eine Aufforderung und ein Ansporn, es besser zu machen. Nur die wenigsten Fehler sind nicht korrigierbar. Natürlich sollen wir im Vorfeld alles tun, um Fehler zu vermeiden, aber bitte bauen Sie keine unverhältnismäßige Angst vor Fehlern auf und bewerten Sie Fehler nicht über. Sie blockieren und lähmen sich sonst selbst.

Erfolgreiche Menschen haben aber nicht nur eine andere Einstellung zu Fehlern, sie gehen auch anders mit Fehlern um. Da sie Fehler als das sehen, was sie sind, fällt es ihnen auch leichter, ihre Fehler anzunehmen. Und vor allem sie zuzugeben und Verantwortung zu übernehmen. Nach einer klaren Fehleranalyse konzentrieren sie sich auf die Lösung des Problems.

Fehleranalyse und der richtige Umgang mit Fehlern sind das A und O, wenn wir aus unseren Fehlern lernen wollen.

Mögliche Ursachen von Fehlern

* Die Überbewertung des aktuellen Motivs
  Dem Motiv wird ein zu hoher Wert beigemessen. Das Motiv steht zu sehr im Vordergrund. Dieser Tunnelblick blendet andere Ziele,

Absichten oder Rahmenbedingungen aus und nimmt jede Möglichkeit, auf eventuelle Störungen adäquat zu reagieren. Betrachten Sie Ihr Motiv immer im Kontext mit anderen Motiven, die Sie haben!

- Kurzfristiger Entscheidungsdruck
  Dieser führt dazu, dass man nicht alle Fakten sorgfältig genug betrachtet, nicht genügend abwägt. Es kommt zu Schnellschüssen. Im Volksmund heißt es dann meist: Schnell, aber falsch! Nehmen Sie sich für Entscheidungen genügend Zeit!

- Ein zu großes Ziel
  Wenn das anvisierte Ziel zu hoch gesteckt ist und Zwischenziele nicht definiert sind, führt das dazu, dass wichtige Schritte ausgelassen werden. Man wird der Komplexität des Prozesses nicht gerecht. Teilen Sie größere Ziele immer in genau definierte kleine Etappen auf!

- Ungenügende Schwerpunktbildung
  Ziele, die keine klaren Kriterien haben, führen dazu, dass man wichtige von nicht wichtigen Maßnahmen nicht mehr unterscheiden kann. Gewichten Sie Ihre Ziele!

- Einkapselung
  Das Festbeißen in Einzelheiten führt dazu, dass man das große Ziel aus den Augen verliert und sich auf Nebenschauplätzen verausgabt. Schauen Sie immer auf das Endziel!

Doch auch wenn Sie sämtliche Fehlerquellen beachtet haben und umsichtig vorgegangen sind, können Fehler passieren. Dann kommt es darauf an, richtig mit diesen Fehlern umzugehen.

Finden Sie die Ursachen und korrigieren Sie diese. Beim nächsten Mal ist die Chance auf Fehlerfreiheit größer. Positiv sind Fehler nur, wenn wir aus ihnen lernen. Mein Vater sagte mir einmal: »Erich, mache niemals die gleichen Fehler, mach lieber neue!«

So lassen sich Fehler beheben!

Häufig konzentriert man sich auf die Behebung der negativen Konsequenzen, statt die Ursachen des Fehlers zu ergründen, was natürlich höchstens einer Verschlimmbesserung gleichkommt. Finden Sie die wirkliche Fehlerursache!

Genauso wenig hilfreich ist es allerdings, wenn man sich eine einzige Ursache heraussucht und diese zum alleinigen Sündenbock macht. Damit verkennen Sie die Komplexität von Vorhaben, Entwicklungen und Prozessen, was zu Fehleinschätzungen und falschen Reaktionen führt. Bedenken Sie alle infrage kommenden Ursachen!

Eine weitere beliebte Form des Umgangs mit Fehlern ist die Fremdattribution, das heißt, die Ursachensuche außerhalb des eigenen Einflussbereiches. »Ich hätte schon ... wenn das Wetter besser gewesen wäre ...« »Wenn mich die Person XY nicht abgelenkt hätte, wäre mir das nie passiert!« Oder auch: »Ich hatte das doch so nicht gemeint, sondern ganz anders ...!« Solche Beispiele gibt es wohl unendlich viele. Sie sind sicherlich nicht an jedem Fehler selbst schuld, aber hüten Sie sich davor, die Verantwortung leichtfertig auf andere zu schieben. Das nützt Ihnen nichts für Ihre Weiterentwicklung. Nehmen Sie sich deshalb immer selbst in die Verantwortung!

Nehmen Sie Ihre Fehler an und nehmen Sie sich Zeit, die Fehler gründlich zu analysieren. Mir helfen dabei immer folgende Fragen:

- Worin genau besteht die Abweichung zwischen Ist und Soll?
- Welche meiner Handlungen bzw. welche äußeren Einflüsse haben zu dem Fehler geführt?

- Was hat mich dazu bewegt, so und nicht anders zu handeln?
- Was ist mein Anteil an dem Fehler, was haben andere verursacht?
- Welche Möglichkeiten habe ich, das nächste Mal anders zu handeln?

Wie gehe ich mit Niederlagen um?

Was sind Niederlagen?

Worin bestehen meine Niederlagen?

Was sind die Ursachen meiner Niederlagen?

Wie stehe ich wieder auf?

Zu Ihrer Veränderung gehört auch, dass Sie sich ganz offen und ehrlich Ihren Niederlagen stellen. Gerade wenn Sie Erfolg haben wollen, dürfen Sie die Niederlagen aus Ihrem Denken nicht ausklammern. Stellen Sie ehrliche Fragen an Ihre Niederlagen und geben Sie sich ehrliche Antworten darauf. Unsere Niederlagen sind die wichtigsten Wegweiser für unser geistiges Wachstum. Ich sage ganz bewusst »unsere Niederlagen«, denn jeder Mensch erfährt die Niederlagen, die aus seinem Denken und Handeln entspringen. Unsere Niederlagen tragen gleichsam den Fingerabdruck unseres Denkens. Deshalb heißt positiv denken: »Wie kann ich die Ursachen für meine Niederlagen beseitigen?«

Niederlagen sind Wegweiser zum richtigen Lebensziel!

Ich rate Ihnen, Niederlagen nicht mehr so lange zu bejammern oder sich Ausreden und Entschuldigungen dafür zurechtzulegen, sondern sie als das zu nehmen, was sie sein können, wenn man nicht aufgibt: Wegweiser zum richtigen Lebensziel!

Wir alle kennen Niederlagen. Überall lauern Gefahren, Fallen oder Fußangeln, sowohl am Arbeitsplatz als auch in unseren zwischenmenschlichen Beziehungen und sogar in der Freizeit. Bei den meisten Menschen ist die Furcht vor einer Niederlage größer als der Wunsch, ein wirklich erfolgreiches Leben zu führen. Eine Studie besagt, dass 53 Prozent der Deutschen aus Angst vor dem Scheitern darauf verzichten, eine eigene Firma zu gründen.

Niederlagen sind Lehren für unsere Erfolgsstrategien!

Zu dieser Angst vor dem Scheitern kommen der Neid und die Häme dazu, mit denen in unserem Land eine Niederlage begleitet wird. Während in den USA einem Firmengründer nach einer Pleite von seinem Umfeld Respekt für seinen Versuch gezollt und sein nächstes Projekt mit Wohlwollen begleitet wird, ist ein Gründer hier im Falle eines Scheiterns oft unsäglicher Häme ausgesetzt und ein zweiter Versuch wird kaum unterstützt. Kein Wunder, dass man Niederlagen vermeiden möchte. Kein Wunder, dass man Niederlagen lieber verheimlicht, verniedlicht oder schönredet. Diese Furcht vor Niederlagen führt zu Ausreden und Vermeidungsstrategien, aber niemals zu Erfolgsstrategien.

Niederlagen sind unsere Begleiter auf dem Weg zum gelungenen Leben!

Niederlagen gehören zur Entwicklung genauso wie Erfolge. Doch Erfolge feiern wir oder nehmen sie zumindest als selbstverständlich an, während Niederlagen immer als etwas Negatives und Bedrohliches angesehen werden. Dabei sind Niederlagen die notwendigen Begleiter auf dem Weg zum Erfolg. Sie sind sogar noch mehr, sie sind die Wegweiser zu neuen Chancen, die oft gerade in den Niederlagen stecken. Darum ist es notwendig, nicht mehr über Niederlagen zu lamentieren. Denn wer jammert, hat keine Zeit, über Lösungen nachzudenken. Erfolgreiche Menschen halten Niederlagen für etwas, das sich in der

Gegenwart befindet, regional begrenzt ist und aufgrund eines anderen Inputs in Zukunft verändert werden kann.

Betrachten Sie Ihre Niederlagen als Ihre Freunde!

Nehmen Sie Niederlagen als das, was sie sein können, wenn man nicht aufgibt: Wegweiser zum richtigen Lebensziel!

Die Furcht vor Niederlagen führt zu Ausreden und Vermeidungsstrategien, aber niemals zu Erfolgsstrategien.

Erfolgreiche Menschen halten Niederlagen für etwas, das sich in der Gegenwart befindet, regional begrenzt ist und aufgrund eines anderen Inputs in Zukunft verändert werden kann.

Die Trial-and-Error-Methode hat in der Natur, in der Wissenschaft und in der Technik zu allen grandiosen Erfolgen geführt. Warum sollte das bei Ihnen nicht funktionieren?

Es ist nicht schlimm, wenn Sie ein Spiel oder einen Satz verlieren, solange Sie das Match gewinnen. Was ich damit sagen will: Geben Sie nicht auf, stehen Sie nach Niederlagen auf und kämpfen Sie weiter, lassen Sie sich Ihre Energie nicht nehmen. Erfolg ist, wenn man einmal öfter aufsteht, als man hingefallen ist.

Niederlagen sind wichtige Feedbacks!

Erfolgreiche Menschen nehmen eine Niederlage zunächst einmal als das an, was sie tatsächlich ist: ein Fehler-Feedback. Dieses Feedback kann man analysieren und dadurch erkennen, wo man etwas übersehen oder einen Fehler gemacht hat, und man kann es beim nächsten Mal besser machen. Es ist die Trial-and-Error-Methode, die in der Natur, in der Wissenschaft und in der Technik zu allen grandiosen Erfolgen geführt hat. Und genauso verhält es sich mit dem Weg von der Niederlage zum Erfolg.

Ein erfolgreicher Mensch muss auch zu seinen Niederlagen stehen und offen zugeben: »Ja, so ist es! Diesen Fehler habe ich gemacht!« Dies ist eine sehr wichtige Grundeinstellung für den erfolgreichen Menschen. Ein erfolgreicher Mensch braucht nämlich keine Ausreden, weil er genau weiß, dass Ausreden ein sicheres Mittel gegen den Erfolg sind. Das Leben besteht aus Plus und Minus, aus Soll und Haben. Aus dem Minus und aus dem Soll können Sie nur herauskommen, wenn Sie zu den Niederlagen durch Leistung, Aufrichtigkeit, Willen, Vorstellungskraft und Ziele einen starken Gegenpol schaffen.

Wie gehe ich mit Ärger um?

Worüber ärgere ich mich?
Wie bremst mich Ärger?
Wie vermeide ich Ärger?
Wie löse ich Ärger auf?
Wie oft ärgern wir uns über irgendetwas, über irgendjemanden oder gar über uns selbst. Wahrscheinlich geht es Ihnen wie den meisten anderen Menschen. Kein Tag vergeht, ohne dass man sich nicht über das eine oder andere ein wenig ärgert. Und die meisten Menschen empfinden das als normal.

Wir entscheiden, wer oder was uns ärgert!

Wenn wir uns ärgern, fällt es uns schwer, einen klaren Gedanken zu fassen. Wir denken daran, uns zu revanchieren. Unsere Nerven befinden sich in Aufruhr. Wenn wir unseren Ärger unterdrücken und ihn in uns hineinfressen, reagiert unser Körper mit Herzstechen, hohem Blutdruck, Magenbeschwerden oder Kopfschmerzen. Immer wieder wird uns geraten, den Ärger herauszulassen, ihm Luft zu machen, weil sonst mit der Zeit schlimme Krankheiten drohen. Allerdings hat ein amerikanischer Herzspezialist herausgefunden, dass die Lebenserwartung der Menschen, die ihren Ärger herauslassen, geringer ist, als die der Menschen, die ihren Ärger kontrollieren können.

Amerikanische Psychologen haben ebenfalls herausgefunden, dass Ärger bei Menschen nicht immer zu irrationalem Verhalten führt. Das bedeutet, dass Ärger Menschen dazu veranlassen kann, eine Situation gründlicher und rationaler zu bewerten. Das gilt allerdings nur, wenn die Menschen ihre Emotionen im Griff haben. Ansonsten führt Ärger oft zu falscher Risikoeinschätzung oder erhöhter Aggressionsbereitschaft.

Wir vermeiden Ärger, wenn wir selbstbewusst sind!

Ein besserer Weg, mit Ärger umzugehen, als ihn in sich hineinzufressen oder willkürlich herauszulassen, ist, zu üben, sich weniger oder nicht mehr so stark zu ärgern. Versuchen Sie, sich nur noch über das zu ärgern, was Sie verändern können. Fragen Sie sich doch mal, worüber Sie sich eigentlich ärgern. Eine häufige Ursache ist, dass unser Selbstwertgefühl verletzt wurde. Hier können wir sehr viel Ärger vermeiden, wenn wir ein stärkeres Selbstbewusstsein entwickeln. Denn nur geringes Selbstwertgefühl ist verletzbar. Also nehmen Sie sich selbst an, stehen Sie zu sich und zu Ihren Erfolgen. Sie werden sehen, vieles, worüber Sie sich bisher geärgert haben, können Sie durchaus vernachlässigen. Und Ihr Leben wird an Qualität gewinnen. Sie werden sehen, der Ärger wird weniger. Dennoch bleibt immer noch genügend Ärger übrig. Doch auch damit kann man umgehen.

Mit Ärger verändern wir nichts!

Wenn Sie sich über einen anderen Menschen ärgern, hinterfragen Sie das Verhalten dessen, der Sie ärgert, das heißt, Sie fragen ernsthaft, warum er oder sie das tut. Wenn Sie die Beweggründe kennen, fällt es Ihnen wesentlich leichter, das Verhalten Ihres Gegenübers nachzuvollziehen, vielleicht sogar zu verstehen. Meist verringert sich dadurch unser Ärger.

Denken Sie daran, dass Sie mit Ihrem Ärger die Situation niemals verändern können. Nur weil Sie sich ärgern, verschwindet keine Baustelle von der Autobahn, wird der Stau nicht kleiner, kommt kein Zug pünktlicher, hört der Hund des Nachbarn nicht auf zu bellen – und Sie bekommen auch durch Ärgern kein höheres Gehalt. Was jedoch immer sofort eintritt, sind schlechte Stimmung und schlechte Gefühle, wenn nicht gar Herzrasen, Schweißausbrüche, Nervosität oder Übelkeit. Und das Schlimmste: Der Einzige, der das mitbekommt, sind Sie selbst oder Menschen in Ihrer Umgebung, die noch nicht einmal etwas damit zu tun haben. Väter auf Ferienfahrt, die sich darüber ärgern, dass andere Autofahrer schneller sind oder sie geschnitten haben, vergällen nicht nur sich selbst den Tag, sondern der ganzen Familie den Urlaub.

Wenn Sie Ärger bereinigen, indem Sie sich frei und offen aussprechen, gewinnen Sie Kraft. Unausgesprochene Konflikte sind zwar nicht hörbar, aber dafür deutlich fühlbar. Sie stehen im Raum und zwischen den Menschen, die sie gemeinsam klären müssten. »Dazu sage ich nichts!«, ist meistens ein mehr als deutlicher Kommentar. Er hat den unangenehmen Beigeschmack, dass derjenige, den dieser Kommentar betrifft, vor den Kopf gestoßen wird und nicht dazu Stellung nehmen kann.

Und denken Sie immer daran, der Einzige, der entscheiden kann, wer oder was Sie ärgert, sind immer nur Sie selbst.

Wenn Sie sich also ärgern, versuchen Sie in Zukunft einmal Folgendes:

Bringen Sie sich mit sogenannten Gute-Laune-Fragen auf andere Gedanken. Fragen Sie sich, worüber Sie in diesem Moment glücklich sind, worauf Sie sich freuen, oder erinnern Sie sich an schöne Erlebnisse. Man kann sich nicht gleichzeitig ärgern und freuen.

Verlassen Sie die Situation, indem Sie einen Ortswechsel vornehmen. Fahren Sie auf den nächsten Parkplatz, gehen Sie in einen anderen Raum oder gehen Sie nach draußen an die frische Luft. Oder bewegen Sie sich. Nehmen Sie Ihr Fahrrad und strampeln Sie den Ärger ab oder laufen Sie. Das ist zusätzlich noch gut für Ihre Gesundheit.

Versuchen Sie doch einfach mal, etwas Lächerliches zu tun. Singen Sie, sprechen Sie mit verstellter Stimme, machen Sie Grimassen vor dem Spiegel. Wenn Sie sich nun bescheuert vorkommen, haben Sie das erreicht, was Sie wollten. Und wenn Sie dann lachen müssen, wissen Sie meist gar nicht mehr, warum Sie sich überhaupt geärgert haben. Atmen Sie tief ein und aus. Dieses Atmen führt dazu, dass sich Ihr Herzschlag beruhigt und die Aufregung aus Ihnen verschwindet.

Verschieben Sie Ihren Ärger auf den nächsten Tag. Meist hat sich der Ärger schon etwas verringert, wenn man eine Nacht darüber geschlafen hat. Wenn Sie zu aufgebracht sind, sodass der Ärger sich einfach nicht unterdrücken lässt, begrenzen Sie Ihre »Ärgerzeit«. Erlauben Sie sich, sich für eine viertel oder halbe Stunde richtig zu ärgern.

Dann sollten jedoch wieder andere Aufgaben oder die Lösung des Problems Ihre volle Aufmerksamkeit bekommen, sonst steigern Sie sich zu sehr in Ihren Ärger hinein.

Manchmal hilft auch, sich zu einem Lächeln zu zwingen. Sie werden sehen, das Zwingen wird höchstens einige Sekunden dauern, das Lächeln den ganzen Tag. Zum Lächeln, auch wenn Sie es erzwingen, muss Ihr Körper Hormone freisetzen. Und diese beeinflussen auch Ihre Stimmung.

Wie gehe ich mit meinen Sorgen um?

Was sind meine Sorgen?
Woher kommen meine Sorgen?
Wie beeinträchtigen mich meine Sorgen?
Wie verlasse ich meine Sorgen?
Wenn Sie sich verändern wollen, sollten Sie wissen, dass immer wieder größere Schwierigkeiten und damit auch größere Sorgen auf Sie zukommen können. Aber Sie brauchen davor keine Angst zu haben, denn Sorgen kann man immer mit Mut bekämpfen. Sorge ist immer wieder ein großer Lehrmeister, denn aus der Sorge heraus, dass man etwas nicht schaffen könnte, entstehen die Überlegungen, wie man das schaffen kann, was man sich vorgenommen hat.

Wenn wir unsere Sorgen zu Ende denken, verlieren sie ihre Bedrohlichkeit!

Uns einfach unseren Sorgen zu ergeben führt nicht nur zu schlechten Gedanken und Gefühlen, auch unser Körper leidet darunter:
Verdauungsprobleme, Schlafstörungen, Unwohlsein. Alles das raubt uns die Energie, an unserem Erfolg zu arbeiten. Sich von Sorgen freizukaufen oder vor ihnen davonzulaufen bringt uns auch keinen Vorteil. Im Gegenteil, die Sorgen nehmen zu. Vor den Sorgen die Augen zu verschließen, nicht daran zu denken, das lässt unser Gehirn nicht zu. Wir können es nicht lassen, an unsere Sorgen zu denken. Es ist so wie mit dem rosaroten Elefanten. Versuchen Sie einmal, nicht an einen rosaroten Elefanten zu denken. Was sehen Sie dann? Natürlich den rosaroten Elefanten! So ist es eben auch mit unseren Sorgen.

Wir verlassen unsere Sorgen, wenn wir unsere Kuschelecke verlassen!

Viele unserer Sorgen sind unbegründet. Sie entstammen einem undeutlichen Gefühl. Uns fehlen Informationen. Hinterfragen Sie Ihre Sorgen und entscheiden Sie, welche Sorgen berechtigt sind und welche nicht. Sie brauchen Ihre Kraft und Ihre Zeit, Ihre berechtigten Sorgen anzugehen. Treten Sie Sorgen im Anfangsstadium entgegen. Verlassen Sie Ihre Kuschelecke, schieben Sie die Lösung von Problemen nicht vor sich her, laufen Sie nicht davon und lenken Sie sich nicht ab. Stellen Sie sich vor, wie schön es ist, wenn Sie diese Sorge weniger haben, wenn Sie sie von Ihrer Liste streichen können. Für dieses Gefühl lohnt es sich, Unangenehmes mutig anzusprechen und die Situation durchzustehen. Und keiner sagt, dass Sie Probleme allein lösen müssen. Holen Sie sich Hilfe und Rat. Oft hilft es schon, mit einem guten Menschen über Sorgen zu sprechen.

Dale Carnegies Buchtitel ist zu einem festen Leitspruch meines Lebens geworden, denn er birgt so viel Wahrheit in sich: Sorge dich nicht, lebe! *Wir neigen dazu, ein Vielfaches an Zeit darauf zu verwenden, uns zu sorgen – anstatt zu leben! Gelöste Probleme schenken uns die Zeit, wieder richtig zu leben. Immer wenn ich mir wegen eines avisierten Auftrags, der dann doch nicht eintraf, Sorgen machte, wurde ich aktiv. Ich beschaffte mir zusätzliche Informationen, rief meine Gesprächspartner an, kommunizierte meine Bedenken oder dachte über Alternativen nach. Dadurch wurde ich ruhiger, denn ich hatte nicht mehr das Gefühl, passiv meinen Sorgen ausgeliefert zu sein. Sobald ich aktiv wurde, spürte ich, dass ich das Heft in die Hand nahm und den Ausgang beeinflussen konnte. Nichts ist lähmender und zermürbender als ein Ohnmachtsgefühl, begleitet von Sorge.*

Deshalb mein Rat: Bringen Sie sich bei Sorgen stärker ins Spiel, gestalten Sie den Lösungsprozess, spüren Sie, wie Sie Schritt für Schritt einer Lösung näherkommen. Sie werden sehen, die Sorge wird immer kleiner und kleiner und die Lebenskraft immer größer.

Analysieren und relativieren Sie Ihre Sorgen:

Versuchen Sie, Ihre Sorgen konsequent zu Ende zu denken. Was könnte schlimmstenfalls passieren?

Meist erkennen wir nach so einer Analyse, dass auch ein großer Schaden begrenzt ist und nicht alle Lebensbereiche betroffen sind. Wir haben immer noch Möglichkeiten, denn kaum eine Niederlage ist ausweglos.

Relativieren Sie Ihre Sorgen, stellen Sie sie in den Kontext Ihres Lebens und nehmen Sie ihnen so ihre latente Bedrohlichkeit.

Fragen Sie sich bei Ihren Sorgen bitte jedes Mal, ob Ihre Sorge wirklich begründet ist. Wussten Sie, dass viele der Sorgen, die wir uns machen, niemals eintreffen? Ja, viele Ihrer Sorgen sind überflüssig! Oder anders: Wenn Sie sich derzeit um 20 Dinge Sorgen machen, streichen Sie davon 19.

Niemand sagt, dass Sie Probleme allein lösen müssen. Holen Sie sich Hilfe und Rat. Oft hilft es schon, mit einem guten Menschen über Sorgen zu sprechen.

Wie gehe ich mit meinen Ängsten um?

Was sind meine Ängste?

Wie beeinträchtigen mich meine Ängste?

Woher kommen meine Ängste?

Was setze ich der Angst entgegen?

Wie unsere Sorgen sind auch die meisten unserer Ängste unbegründet. Sie sind in unserem Kopf entstanden, sind oftmals von uns erzeugte

Gespenster und werden in Wirklichkeit nicht eintreten. Und wie unsere Sorgen lähmen sie uns und rauben uns wichtige Energie.

Wir alle haben fast die gleichen Ängste!

Ängste sind die Haupthindernisse für den Erfolg. Sie hindern uns daran, neue Wege zu gehen, neue Gedanken zu denken, anders zu sein als die Masse. Ängste sind Hindernisse, die uns davon abhalten, das eigene Potenzial voll auszuschöpfen, uns voll zu entfalten und unsere Träume umzusetzen.

Jeder Mensch hat Ängste. Und wir haben fast alle die gleichen Ängste. Diese sind:

- Angst davor, zu scheitern oder zu versagen,
- Angst vor Erfolg, weil wir uns dadurch von anderen abheben und herausstechen,
- Angst vor Zurückweisung,
- Angst, nicht gut genug zu sein,
- Angst, nicht genug zu haben oder zu bekommen,
- Angst, anders zu sein,
- Angst, die Kontrolle zu verlieren,
- Angst, allein zu sein,
- Angst vor Krankheit,
- Angst vor Liebe, weil sie in Enttäuschung und Schmerz enden könnte,
- Angst, unbedeutend und ersetzbar zu sein,
- Angst vor dem Tod.

Ängste gehören zum Leben und sind wichtig, natürlich und manchmal sogar nützlich. Ziel ist deshalb auch nicht ein angstfreies Leben, sondern die Kunst, richtig mit unseren Ängsten umzugehen. Auch erfolgreiche Menschen verspüren Ängste, aber sie stellen sich ihnen. Mut ist nicht das Fehlen von Angst, sondern die Eigenschaft, Angst zu spüren und trotzdem zu wagen. Wer nicht wagt, der nicht gewinnt.

Wir können Angst nicht vermeiden, aber wir können mit Angst umgehen!

Es ist notwendig, dass wir zuerst einmal darüber nachdenken, welche Ängste wir haben, warum wir diese Ängste haben, inwieweit sie begründet oder von uns selbst aufgebauscht sind und in welchen Bereichen uns diese Ängste daran hindern, unser volles Potenzial auszuschöpfen.

Durch die Auseinandersetzung mit Ängsten lernen wir uns selbst besser kennen und Selbsterkenntnis ist entscheidend, um richtige Entscheidungen zu treffen. Richtige Entscheidungen wiederum führen zu besseren Resultaten.

Manchmal brauchen wir professionelle Hilfe, um unsere Ängste erfolgreich zu bewältigen, oftmals hilft aber auch eine bewusste Auseinandersetzung mit ihnen. Ich beispielsweise hatte anfänglich Angst, vor großem Publikum zu sprechen. Deshalb stellte ich mir die folgenden Fragen:

- *Warum habe ich diese Angst?*
  Ist sie begründet oder habe ich sie von meinen Eltern, Lehrern oder anderen Personen aus meinem nahen Umfeld übernommen?
- *Wie ist meine Reaktion auf diese Angst?*
  Inwiefern behindert sie mich in meinem Handeln?
- *Wie wird sich mein Leben positiv verändern, wenn ich meine Angst besiegt habe?*

Meine Analyse ergab, dass ich diese Angst teilweise von meinen Eltern übernommen hatte. Sie standen sehr ungern im Mittelpunkt und mieden große Gesellschaften. Ich stellte ferner fest, dass meine Angst bis zu einem gewissen Grad begründet war, weil ich bis dato keinerlei Übung in solchen Dingen hatte. Meine Reaktion war, dass ich mich vor Vorträgen ängstlich drückte. Andererseits war mir völlig bewusst, dass ich durch Vorträge meinen Erfolgsfaktor wesentlich steigern konnte. Ich wollte diese Angst also unbedingt besiegen. Also sagte ich mir: Erich, du bist von deinem Naturell in dieser Hinsicht doch ganz anders als deine Eltern. Du bist viel kommunikativer. Du liebst es, deine Kunden

223

zu begeistern und zu überzeugen. Warum sollte dir das nicht auch bei einem großen Publikum gelingen? Es ist noch kein Meister vom Himmel gefallen. Auch wenn du bisher keine Erfahrung mit Vorträgen hast, kannst du jetzt anfangen, sie zu sammeln. Du brauchst ein Spielfeld, um zu üben. Schaffe es dir, du kannst mit der Zeit nur besser werden.

Meine Angst half mir, mich richtig einzuschätzen und die nötigen Vorbereitungen zu treffen. Ich schaute, wie es andere erfolgreiche Leute machten, wie sie ihre Vorträge aufbauten, wie sie ihre Stimme einsetzten und modulierten, mit welchen Mitteln sie ihre Zuhörer unterhielten, wie sie Emotionen erzeugten. So gewappnet ging ich an meine ersten Vorträge. Ich merkte bald, dass meine Angst unbegründet war, dass ich sogar sehr große Freude daran hatte, auf der Bühne zu stehen, und ich wuchs mit jedem meiner Vorträge. Ich kann Ihnen versichern: Mit jeder Angst, die Sie überwinden, wächst Ihr Selbstbewusstsein. Sie werden immer stärker.

Wie gehe ich mit der Angst vor Verlust um?

Eine der großen Ängste, die zurzeit alle Menschen umtreibt, ist die Angst vor finanziellem Verlust. In einer Gesellschaft, in welcher der Besitz oder Nichtbesitz von Geld, zumindest oberflächlich betrachtet, der Maßstab für die Wertschätzung ist, gewinnt diese Angst eine besondere Bedeutung.

Geld gibt Freiheit, aber keine Sicherheit!

Diese Vorstellung war auch für mich Jahre meines Lebens eine wichtige Triebkraft. Ich schuftete wie ein Besessener, rackerte mich ab, Tag für Tag, oft bis spät in die Nacht, immer mit dem Ziel vor Augen, viel Geld zu verdienen. Denn ich wusste aus bitterster Erfahrung, was es bedeutet, ein Leben in Armut zu führen. Abends nicht einschlafen zu können, weil der Magen knurrt, im Fleischergeschäft zu stehen und mit ansehen zu müssen, wie meine Mutter sich erniedrigt, nur um etwas Fleisch zu be-

kommen und es anschreiben zu lassen. Nein, diese Welt wollte ich unter allen Umständen hinter mir lassen. Und eben darum wurde ich zu einem fleißigen und strebsamen Menschen. Ich steckte alle Kraft und Energie in meine Arbeit, beseelt von dem Gedanken, reich zu werden. Und es gelang mir. Ich wurde reich, unermesslich reich. Und ich war so stolz auf das, was ich erreicht hatte. Aber plötzlich war alles weg. Plötzlich stand ich wieder vor dem Nichts. Und das, obwohl ich immer sparsam war, mein Geld zusammengehalten hatte, immer nur so viel riskierte, wie ich mir zutraute. Und doch geschah es. Es geschah in dem Moment, in dem mein Chef plötzlich beschloss, mich hinauszuwerfen. Ich stand wieder da mit nichts. Wieder ganz unten. Oh ja, ich kenne dieses Gefühl.

Und wie viele Menschen erlebten genau dieses Gefühl in den letzten Jahren? In den Jahren, in denen es immer wieder geschehen konnte, die Arbeit zu verlieren und von heute auf morgen seine Kredite nicht mehr bezahlen zu können. In den Jahren, in denen es so schnell geschehen konnte, weil die Kunden nicht rechtzeitig zahlten, die eigene Firma plötzlich dichtmachen zu müssen. In den Jahren, in denen eine Krankheit dazu führte, in die Sozialhilfe abzusteigen. Oder erst vor Kurzem, wenn die Bank oder ein Anlageberater einem mitteilte, dass alle Ersparnisse, die man angeblich sicher angelegt hatte, verloren sind. Oh ja, ich kenne das Gefühl, von einem Moment zum andern zu erkennen, dass alles, wofür man gearbeitet hat, alles, wofür man gespart hat, alles, an das man geglaubt hat, sich in Luft auflöst. Dieses Gefühl der Angst, der Verzweiflung, der Trauer, der eigenen Machtlosigkeit.

Nur wer kämpft, wird vom Opfer zum Macher!

Doch ich kenne auch das Gefühl der Wut, der Kraft, des Willens, diese Situation nicht einfach so hinzunehmen. Als ich am Tiefpunkt meines Lebens stand, brauchte auch ich die Zeit der Trauer und der Traurigkeit. Doch in dem Moment, in dem ich alles fortwerfen wollte, meine Träume, meine Ziele, ja sogar mein Leben, sagte ich laut Nein zu mir selbst! Nein, ich wollte nicht Opfer sein, ich wollte nicht aufgeben, ich wollte nicht mein Leben beenden. Ich wollte leben!

Und ausgelöst durch die Stimme meiner Großmutter schaffte ich es, mich wieder aufzurichten. Mir zu sagen: »Erich, nicht du hast versagt. Willst du wirklich zulassen, dass andere dein Schicksal, dein Leben bestimmen?« Nein, das wollte ich nicht. Und ich richtete mich zu meiner vollen Größe auf und rief es der Welt entgegen: »Nein, ich gebe nicht auf! Ich nehme die Herausforderung an! Ich kämpfe um mein Leben!«

Und nun rufe ich Ihnen zu: »Egal was Sie verloren haben, Ihren Job, Ihre Karriere, Ihr Geld, Ihre Hoffnung, richten Sie sich immer wieder auf!« Eine Krise wie eine Finanz- oder Wirtschaftskrise kann Ihnen Ihr Geld nehmen, kann Ihren Job kosten, kann Ihnen die Wohnung nehmen. Doch eines kann Ihnen keine Krise der Welt nehmen: Ihre Persönlichkeit! Alles das, was Ihnen Reichtum, Sicherheit, Ersparnisse, eine schöne Wohnung oder auch den einen oder anderen kleinen Luxus in Ihrem Leben gegeben hat, ist doch noch da: Sie selbst! Ihre Fähigkeiten, Ihre Kenntnisse, Ihre Träume, Ihre Ziele, Ihre Kraft. Selbst wenn Sie vieles in Ihrem Leben verlieren, es ist nur der äußere Reichtum. Ihr innerer Reichtum bleibt Ihnen. Und dieser Reichtum ist es, auf den es im Leben wirklich ankommt. Der innere Reichtum ist es, der Ihnen zu jeder Zeit den äußeren Reichtum beschert. Bauen Sie auf sich selbst.

Deshalb mein Rat:

Erkennen Sie Ihre Ängste, identifizieren Sie sie, nehmen Sie sie mutig an und stellen Sie sich ihnen. Schreiben Sie Ihre Ängste erst einmal für sich auf. Ordnen Sie Ihr Seelenleben.

Gehen Sie aktiv auf die eigenen Ängste zu und meiden Sie nicht die Situationen oder Aufgaben, die Ihnen Angst machen, sondern sehen Sie diese als Herausforderungen an.

Achten Sie auf die Personen, die Ihnen Angst einflößen. Warum tun sie das? Ist das Angstmachen nur ein Macht- und Druckmittel? Wenn ja, was bezwecken sie damit? Lassen Sie sich nicht manipulieren.

Begegnen Sie Ihrer Angst vor anderen Menschen durch Gespräche. Dazu müssen Sie eine Atmosphäre schaffen, in der beide Seiten aufeinander zugehen können. Dazu brauchen Sie Mut. Um diesen Mut zu zeigen, brauchen Sie ehrliche und klare Argumente. Sie müssen den Mut zusammennehmen und dem anderen sagen, dass Sie unsagbar unter Angst gelitten haben.

Wie gehe ich mit der Angst vor dem Tod um?

Kann ich akzeptieren, dass ich einmal sterben werde?

Wie habe ich Sterben und Tod bisher erlebt?

Habe ich Angst vor meinem Tod?

Wie zeigt sich meine Angst vor dem Tod in meinem Alltag?

Wie stelle ich mir meinen eigenen Tod vor?

Was wäre das Schlimmste, das mir passieren könnte?

Unsere größte Angst zu bezwingen macht uns unbesiegbar. Ich spreche von der Angst vor dem Tod. Diese Angst ist tief in uns verwurzelt. Doch nur wenn wir uns mit dieser Angst auseinandersetzen, werden wir sie besiegen.

Unsere Ängste zu bezwingen macht uns stark!

In den vielen Gesprächen, die ich mit Professor Bordt SJ geführt habe, spielten auch das Sterben und der Tod immer wieder eine Rolle. Normalerweise redet man über den Tod nicht. Er ist zwar so sicher wie das Amen in der Kirche, aber ein großes Tabu in unserer Gesellschaft. Dabei ist gerade das Nachdenken über den Tod, und vor allem über den eigenen Tod, eine große Chance dafür, ein gelungenes Leben zu leben. Das mag merkwürdig erscheinen. Ich habe viele Menschen kennengelernt, mit denen man sich über alles unterhalten kann. Nur wenn das Thema dann auf das Sterben und den Tod kommt, werden sie nervös. Sie wollen sich damit nicht beschäftigen. Aber wenn ich einmal wirklich verstanden habe, dass ich nur ein Leben habe, das es das Leben jetzt ist, was zählt, dann lebe ich ganz anders. Haben Sie schon Geschichten von Menschen gehört oder kennen Sie gar solche Menschen, die nur knapp dem Tod entronnen sind? Solche Menschen sind bewundernswert. Denn sie tragen eine große Lebensfreude in sich. Sie genießen jeden Tag, als wäre es ihr letzter. Aber sie genießen das Leben nicht, weil sie Angst vor dem Tod haben. Sondern sie können es in vollen Zügen genießen, weil sie keine Angst mehr vor dem Tod haben.

Weiß ich, wo ich nach meinem Tode sein werde?

Kurz vor Allerheiligen, dem Tag, der 835 von Papst Gregor IV. eingeführt wurde und an dem wir der Verstorbenen gedenken, die Gräber von den Angehörigen auf den Friedhöfen schmücken, beschäftigte ich mich zur Vorbereitung eines Fernsehinterviews, das ich mit dem Jesuitenpater und Philosophen Prof. Michael Bordt SJ führen wollte, mit dem Thema Tod.

Bei meinen Recherchen für die TV-Aufzeichnung zum Thema: »Gibt es ein Leben nach dem Tod?« fand ich in der Literatur und im Internet nur wenig Beruhigendes. Also war mir klar: Ich musste das Interview mit den Fragen, die auch mich zum Thema Sterben und Tod bewegten, aus dem Bauchgefühl heraus führen. Und so zeichnete ich im Münchner Hotel Vier Jahreszeiten vor vielen Zuschauern eine Sendung auf, in der es um die Frage ging, wie wir Menschen mit dem Tod umgehen, was auf den Tod folgt und welche Hoffnungen wir haben können. Diese Sendung und die lebensbejahende Stimmung im Hotel haben nicht nur mich tief berührt, sondern viele Fernsehzuschauer. Nach der Sendung kamen meine Frau und ich beim anschließenden Abendessen mit dem Philosophen und einem befreundeten Literaturwissenschaftler wieder auf das Thema Tod – und diesmal in eigener Sache – zu sprechen.

Die Entscheidung füreinander im Leben
überdauert auch den Tod!

*Wir diskutierten darüber, wie viele Menschen es gibt, die zu Leb-
zeiten innerlich schon energielos sind oder für die das Leben an-
scheinend nichts anderes als ein langsames Sterben bedeutet. Wir
sprachen auch darüber, wie wichtig es ist, das Leben im Jetzt zu
leben, nichts auf irgendwann zu verschieben und möglichst immer
in Harmonie mit sich und seinem Umfeld zu sein. Natürlich redeten
wir auch über unsere Eltern und Großeltern, die schon vor geraumer
Zeit gestorben waren. Als Irène erwähnte, dass ihre Eltern in der
Schweiz im Wallis begraben seien, und ich sie darauf spontan fragte,
ob sie auch dort dereinst begraben sein wolle, weil ihre Eltern ja dort
liegen, stach ich unbewusst tief in ihr Herz. Irène fing bitterlich an
zu weinen. Tränen standen in ihren Augen, als sie sagte: »Erich, ich
gehöre doch zu dir. Erich wir gehören für immer zusammen.« Ja,
da hatte Irène etwas sehr Wichtiges gesagt. Sie hat sich nicht nur im
Leben für mich entschieden, sondern auch nach dem Leben wollte
sie als Schweizerin da einmal begraben sein, wo sie seit Jahrzehnten in Harmonie und Glück lebt. Sie sagte an diesem Abend einen
wunderbaren und unvergesslichen Satz zu mir: »Erich, auch im Tode
gehören wir zusammen.«*

*Es wurde mir klar, dass Menschen, die sich im Leben nahe sind,
auch im nächsten Schritt zusammengehören. Dabei dachte ich auch
an meine Mutter, meinen Vater und ganz besonders an meine Großmutter. Und dabei fiel mir ein: Als ich meine Mutter kurz vor Ihrem
Tod fragte, wo sie denn einmal begraben sein wolle, sagte sie mir mutig: »Bei deiner Oma.« Und so wurde mir auch die Bedeutung des
Wunsches meiner Frau bewusst. Plötzlich war Irène und mir klar, was
zu tun war. Wir waren uns im Herzen einig und beschlossen, uns ein
Grab in München auszusuchen, in dem später Irène, meine Eltern,
meine Großmutter und ich uns im Tode vereinen. Wir waren nach dieser wichtigen Entscheidung, wo wir unsere letzte Ruhe einmal finden
werden, überaus glücklich und beruhigt!*

Wo möchte ich sein, wenn ich tot bin?

Irène schrieb sofort am nächsten Tag die Friedhofsverwaltung an und trug unseren Wunsch nach einer Familiengrabstätte vor. Da meine Großmutter und meine Eltern am Münchner Ostfriedhof in der Urnenhalle ihre Ruhestätte fanden, fragte Irène nicht nur nach, ob es freie Gräber zu kaufen gäbe, sondern erkundigte sich auch gleichzeitig bei der Friedhofsverwaltung, ob eine Überführung meiner Eltern und meiner Großmutter von der Urnenhalle in die neue Familiengrabstätte möglich sei. Am Vortag des Allerheiligentages kam die schriftliche Antwort von der Friedhofsverwaltung, in der uns mehrere Gräber mit einem sehr freundlichen Schreiben offeriert wurden. An Allerheiligen zog ich mir den Mantel über und ging bei klirrender Kälte auf den Münchener Ostfriedhof, um meinen Eltern und meiner Großmutter die Ehre zu erweisen. Es war frühmorgens, als ich die Türklinke zum Urnengrab drückte. Doch leider war die Tür noch versperrt. Plötzlich fiel mir wieder der Brief der Friedhofsverwaltung ein und ich dachte: Jetzt überbrückst du die halbe Stunde durch einen Spaziergang im Friedhof. Und plötzlich sah ich es. Ein wunderschönes denkmalgeschütztes Grabmal, das schon lange verwaist zu sein schien und nur auf mich gewartet hatte. Unter einem ausladenden Ahornbaum stand ein kleines Monument mit zwei Engeln und der Inschrift: Friede. War es Zufall oder eine Fügung des Schicksals? Der Name meiner Frau, Irène, und auch die Kapelle zur Heiligen Irene, die ich ihr zum 50. Geburtstag geschenkt hatte, heißen übersetzt Friede. Die Grabnummer dieses Monomentes ist die 93, das Geburtsjahr meiner Großmutter. Ja, sagte ich zu mir, hier gehöre ich einmal hin. Hier will ich meine letzte Ruhe finden, wenn mein irdisches Leben in die nächste Stufe übergeht. Ich stand versonnen vor diesem Grab, als ich plötzlich sah, was ich einmal sehen werde, wenn ich hier begraben liege. In Gedanken stellte ich mir die Menschen vor, die mich hier besuchen werden, um still mit mir zu sprechen, mir ihre Verbundenheit und Ehre an meinem Grab erweisen. Als ich so in Gedanken war, kam eine Dame vom benachbarten Grab auf mich zu und fragte mich, ob das meine zukünftige Grabstelle sei. Ich sagte zu der Dame, dass ich sie gerade vor fünf Minuten gefunden habe. Die Dame lächelte mich an und sagte mit lieber Stimme: »Dann sind wir ja nach unserem Tode für immer Nachbarn.« Die halbe Stunde war vorüber und ich ging glücklich zurück zur Urnenhalle. In einem stillen Gebet in der Urnenhalle spürte ich die Kraft, was es bedeutet, zu wissen, wo man nach dem Leben sein wird. Ich empfand eine große Erleichterung in mir, denn ich wusste, wie meine Zeit nach dem Leben aussieht. An diesem 1. November verlor ich für immer die Angst vor dem Tod. Ich war überglücklich. Und erzählte Irène, die am nächsten Tag aus der Schweiz zurückkam, diese unglaubliche Geschichte, die ihren Ursprung in Irènes Tränen hatte. Gemeinsam gingen wir am nächsten Tag auf den Ostfriedhof und ich konnte es kaum erwarten, ihr unser Zuhause für die Ewigkeit zu zeigen!

Als wir gemeinsam vor dieser Grabstätte standen, lächelte Irène und sagte zu mir: »Erich nun haben wir beide unser Zuhause für immer gefunden.«

Überlegen Sie bitte auch einmal, wo und mit wem Sie den nächsten Abschnitt nach Ihrem irdischen Leben verbringen möchten. Denn erst wenn Sie wissen, was nach Ihrem Leben ist, können Sie befreit von der Angst vor dem Tode dieses Leben wirklich leben.

Der Tod ist nicht nur das Ende unseres Lebens!

Es gibt auch so etwas wie einen kleinen Tod in unserem Alltag. Immer dann, wenn etwas abstirbt, passiert so ein kleiner Tod. Wenn wir Abschied nehmen müssen, wenn wir uns für etwas entscheiden und viele andere Möglichkeiten ungenutzt liegen lassen müssen, wenn wir krank werden. Kennen Sie die bange Zeit zwischen dem Arztbesuch, der Blutabnahme und der Diagnose? Wenn einem alles Mögliche durch den Kopf geht? Hier können wir sterben lernen.

An solchen Erfahrungen können wir einüben, uns mit dem eigenen Tod auseinanderzusetzen und zu versöhnen. Und daran lernen wir, uns selbst zu erkennen. Die Erkenntnis, dass wir nicht ewig leben – obwohl wir uns eine Welt ohne uns manchmal kaum vorstellen können –, dass wir nur ein einziges Leben haben, dass jeder Tag zählt: Diese Erkenntnis ist für unsere Selbsterkenntnis wesentlich. Sie bedeutet nämlich, dass wir uns ernst nehmen, dass wir aufhören, nur zu spielen, als würden wir leben. Das Nachdenken über den eigenen Tod hilft uns aufzuwachen aus dem Alltagstrott, den falschen Kompromissen, aus den verödeten Beziehungen.

Eine Übung, die Professor Bordt SJ mir empfohlen hat, besteht darin, sich möglichst genau den eigenen Tod vorzustellen. Wie werden Sie sterben? Was möchten Sie bis dahin noch erreichen? Wem möchten Sie sagen, dass Sie ihn lieben? Welche Beziehung möchten Sie vielleicht noch bereinigen? Das Nachdenken über den Tod ist der große Katalysator in unserem Leben. Es lohnt sich auch, sich einmal zu fragen, was ich heute noch tun würde, wenn ich wüsste: Morgen ist mein letzter Tag. Tun Sie es einfach!

Für viele mag es überraschend sein, wenn sie auf Menschen treffen, die bekennen, dass sie sich auf ihren eigenen Tod freuen. Vor allem dann, wenn es Menschen sind, die nicht etwa todkrank sind und sehr leiden, sondern Menschen, die mitten im Leben stehen und mit ihrem Leben zufrieden sind.

Tatsächlich gibt es einen engen Zusammenhang zwischen Lebenszufriedenheit und der Fähigkeit zu sterben. Wer mit dem Leben jetzt und hier zufrieden ist, der weiß, dass sein Lebensglück nicht davon abhängt, was in Zukunft alles noch passieren muss. Die meisten Menschen leben doch so, dass sie ihr großes Glück und ihre Zufriedenheit von dem, was die Zukunft bringt, erwarten: von einem Projekt, von einer neuen menschlichen Beziehung, einer neuen Arbeitsstelle usw. Aber es ist ein großer Irrtum zu meinen, das gelungene Leben hänge von Faktoren ab, die in der Zukunft kommen werden.

Ob das Leben gelungen ist oder nicht, ist eine Frage, die sich jetzt, die sich jeden Augenblick stellt. Und entscheidend ist, etwas zu entdecken im eigenen Leben, was das Leben schon hier und jetzt glücklich macht – ganz unabhängig von Projekten und Zielen in der Zukunft. Es geht um das Leben in der Gegenwart – in der Aufmerksamkeit für den Moment, für das, was sich in der Gegenwart selbst zeigt. Wer die Gegenwart selbst erfüllt erlebt, für den relativieren sich Zukunftspläne, die gelingen müssen, Ziele, die man noch erreichen muss, damit man endlich glücklich wird.

Manche Menschen, vor allem Menschen in einer spirituellen Tradition, erleben in der Gegenwart etwas, das sie so zufrieden mit ihrem Leben macht, dass sie vom Leben Abschied nehmen können. Es ist so, wie wenn zwei Menschen einen tiefen und ganz beglückenden Abend miteinander verbringen: Natürlich ist es schön, wenn sich so etwas wiederholt, aber es muss sich nicht wiederholen, denn das, was man erlebt, hat eine Kraft in sich. Und genauso können Menschen dann getrost und kraftvoll auf ihren eigenen Tod zugehen: Wenn sie in ihrem Leben eine gegenwärtige Kraft erlebt haben, der sie vertrauen – mögen sie diese Kraft nun Gott, das Universum oder das Leben nennen.

Wie gehe ich mit Neid um?

Was ist Neid?
Woher kommt mein Neid?
Wie verwandle ich Neid in Anerkennung?
Manchmal, wenn ich anderen Menschen begegne, spüre ich deren Neid. Neid auf meinen Erfolg, Neid auf meinen Besitz, Neid auf meine Ausstrahlung. Und sofort weiß ich, warum diese Menschen nicht erfolgreich sind. Neid ist die schlimmste Erfolgsbremse. Neid frisst innerlich auf. Neid zieht konstant Lebensenergie ab.

Neid ist die schlimmste Erfolgsbremse!

Erfolgreichen Menschen wird immer wieder mit Neid begegnet. Kaum hat jemand etwas erreicht, wird es ihm geneidet. Woher kommt das wohl? Meist ist die Ursache dieses Denkens das Gefühl, selbst nicht genug zu haben oder zu bekommen. Die Erfolglosen neiden den Reichen den Reichtum, die Alleinstehenden den anderen die Partner, die Letzten im Wettkampf den Ersten ihren Sieg, die Einzelkinder den anderen ihre

Geschwister, die Faulenzer den Fleißigen ihre Zeugnisse oder die Bank-
drücker auf dem Fußballfeld den Spielern ihren Auftritt.

Neid frisst alle unsere Energie!

Durch diesen Neid allerdings beraubt man sich selbst seiner Möglichkeiten. Viel an innerer Energie wird verschwendet, indem man ständig
seine Gedanken um negative Dinge kreisen lässt, die man sowieso nicht
ändern kann.

Habe ich mehr Geld, wenn man es den Reichen wegnimmt? Bekomme ich die Freundin meines Nachbarn, wenn sie sich von ihm trennt?
Werde ich ehrlicher Erster, wenn der Läufer vor mir sich den Fuß ver-
knackst? Werden meine Noten besser, wenn der Klassenbeste versagt?
Stellt man mich auf das Fußballfeld, wenn der Stürmer neben das Tor
schießt? In den meisten Fällen wird die Antwort ein klares Nein sein.

Dass ich vielleicht allein, erfolglos oder arm bin, liegt doch nicht
daran, dass jemand anders glücklich und erfolgreich ist. Es liegt einzig
und allein an mir selbst. Erfolgreich zu werden liegt nur daran, wie ich
meine Fähigkeiten einsetze, wie ich meine Persönlichkeit entwickle, wie
ich Chancen nutze und wie stark mein Wille zum Erfolg ist. Bin ich erst
einmal erfolgreich, sollte es mir leichtfallen, den Erfolg anderer Menschen neidlos anzuerkennen, eventuell sogar davon zu lernen und ihn
für mich zu nutzen. Wer neidisch ist, wird niemals selbst erfolgreich!

Wenn wir nicht nur auf den Erfolg eines Menschen schauen, sondern auf seine Leistung, besiegen wir den Neid!

Wenn wir einen erfolgreichen Menschen treffen, sollten wir nicht nur auf
den Erfolg schauen, sondern vor allem darauf, was dieser Mensch für diesen Erfolg geleistet hat, worauf er verzichtet hat, was er für diesen Erfolg
gegeben hat. Wir sollten dann auf uns selbst schauen und herausfinden,

was wir von diesem erfolgreichen Menschen lernen und übernehmen können. Bis heute kenne ich in meinem Leben keinen Neid. Ich bewundere Menschen, die weiter sind als ich. Ich lerne von diesen Menschen und es tut mir gut, den Erfolg anderer zu kennen und zu schätzen.

Da ich mich für Medien interessiere, schaue ich sehr oft in die USA. Die USA stellen meines Erachtens die Weltspitze der Radio- und Fernsehmoderatoren. Einer der größten ist Rush Limbaugh. Er stammt aus einem kleinen Ort im mittleren Westen der USA und macht Radio, seit er 16 Jahre ist. Schule interessierte ihn nicht. Er brach das College ab und galt in seiner Familie, in der alle Anwälte wurden, als gescheitert. Nur im Radio war er erfolgreich. Seit 20 Jahren redet er Tag für Tag über Politik – auf Mittelwelle, wo USA-weit rund 600 Radiostationen zugeschaltet sind. Er beginnt werktags um 12 Uhr und redet drei Stunden lang. Limbaugh bildet Meinungen, er bewegt die Amerikaner. Er hat jede Woche über 20 Millionen Zuhörer und ist einer der bestverdienenden Radiopersönlichkeiten. Anfang des Jahres 2000 unterzeichnete Limbaugh einen 285-Millionen-Dollar-Vertrag bis 2009 mit seiner Radiostation und verdiente mehr als 30 Millionen Dollar jährlich! Und dann kam sein Schicksalsschlag am 29. Mai 2001, als er aufwachte und auf dem linken Ohr nichts mehr hörte. Damals war er 50 Jahre alt. Der Radiomoderator suchte die besten Ärzte auf und ließ sich Hörgeräte verschreiben. Doch es wurde immer schlimmer. Seinen Stammhörern blieb nicht verborgen, dass Limbaugh vieles nicht mehr mitbekam. Er war nicht mehr der Alte, den sie für seine Schlagfertigkeit und frechen Sprüche liebten. Monate später, im Oktober 2001, sprach er live zu seinen Millionen Zuhörern über seinen Hörverlust. Auf dem linken Ohr höre er gar nichts mehr, auf dem rechten nur mehr 20 Prozent, sagte er. Doch wie sollte er den Millionen-Vertrag für eine Gesprächssendung erfüllen, wenn er nichts mehr hörte? Doch er machte weiter, nahm sich eine Sekretärin, die alle Fragen seiner Hörer mitstenografierte. Und er hat durch die Kraft der Motivation kürzlich einen neuen Vertrag erhalten, der ihm sage und schreibe 50 Millionen Dollar jährlich garantiert.

Begegnen wir anderen Menschen mit Neid, werden auch wir nur Neid ernten. Begegnen wir Menschen jedoch mit aufrichtiger Anerkennung und Respekt, so werden auch wir anerkannt.

So besiegen Sie den Neid:

Schauen Sie, wenn Sie erfolgreiche Menschen sehen, nicht nur auf den Erfolg, sondern vor allem darauf, was dieser Mensch für diesen Erfolg geleistet hat, worauf er verzichtet hat, was er für diesen Erfolg gegeben hat.

Fragen Sie sich stattdessen, was Sie von erfolgreichen Menschen lernen und übernehmen können.

Fragen Sie sich, was Sie davon haben, wenn ein anderer Mensch das, was Sie begehren, nicht hätte.

Fragen Sie sich, was Sie dazu tun können, das, was Sie begehren, zu erreichen.

Begegnen Sie Menschen mit aufrichtiger Anerkennung und Respekt, so werden auch Sie anerkannt.

IV Begeisterung – dem Leben Erfüllung geben!

Sobald Sie damit anfangen, sich für Ihr Leben zu begeistern, werden alle dunklen Schatten aus Ihrem Inneren wie von selbst verschwinden. Mit der ungeheuren Kraft der Begeisterung werden Sie sicheren Erfolg haben: Begeisterung heißt, dem Leben Kraft geben! Ich kann Ihnen aus der authentischen Erfahrung meines eigenen Lebens voraussagen, was auf Sie zukommen wird: Die Menschen um Sie herum werden dieses Feuer der Begeisterung in Ihnen brennen sehen.
Denn:

1. *Begeisterung ist Glaube an die eigenen Fähigkeiten.*
2. *Begeisterung macht aktiv.*
3. *Begeisterung hilft durchzuhalten, die Ziele zu erreichen.*
4. *Begeisterung verändert das Leben.*
5. *Begeisterung überwindet das Negative.*
6. *Begeisterung zieht an.*
7. *Begeisterung vergrößert Begeisterung.*
8. *Begeisterung ist der Schlüssel, der Ihnen Türen öffnet.*
9. *Begeisterung reißt Menschen mit.*
10. *Begeisterung zeigt Ihre Persönlichkeit.*
11. *Wer andere Menschen begeistern kann, dem werden sie gern und freiwillig folgen.*
12. *Begeisterung ist wie ein Schneeball.*
13. *Begeisterung lässt keine Langeweile aufkommen.*
14. *Begeisterung verleiht Ihnen Glanz.*

Das bedeutet für Sie:

Begeisterung verschafft Ihnen Seelenruhe!
Begeisterung macht Sie erfolgreich!
Begeisterung erfüllt Sie mit einem Glücksgefühl!
Begeisterung vertieft Ihr Selbstbewusstsein und macht Ihnen Mut!
Begeisterung macht Sie zum Sieger!

Begeisterung bringt auch all die negativen Gefühle, die bisher Ihren Erfolg verhindert haben, zum Verschwinden.

In diesem Kapitel beschäftigen wir uns damit, wie es uns gelingt, unserem Leben und unserem Auftreten die Kraft zu geben, uns selbst und andere zu begeistern. Und wie wir aus unserer Begeisterung wiederum mehr Kraft für ein gelungenes Leben schöpfen.

Darum bearbeiten wir nun gemeinsam die Fragen:

Wie gestalte ich meine Selbstdarstellung?
Wie baue ich Vertrauen auf?
Wie gestalte ich meine Kommunikationsmöglichkeiten?
Wie gehe ich mit Sprache um?
Wie gehe ich mit meinen verschiedenen Lebensfeldern um?
Wie gehe ich mit meinem Umfeld um?
Wie gehe ich mit den Menschen in meinem Umfeld um?
Wie gehe ich mit meinen Beziehungen um?

Wie gestalte ich meine Selbstdarstellung?

Welchen persönlichen Stil pflege ich?
Welche Symbole verwende ich für meine Selbstdarstellung?
Auf welche Symbole werde ich in Zukunft verzichten?
Wie trete ich meiner Umwelt entgegen?
Wie gestalte ich meinen ersten Eindruck?

238

Wie aufmerksam nehme ich mein eigenes Verhalten wahr?
Spreche ich bei meinem Auftreten alle Sinne an?
Erkenne ich die Wahrnehmungsweise meiner Mitmenschen?
Wie öffne ich mit einem Lächeln alle Türen?
Gerade im Umgang mit anderen Menschen kommt es sehr stark darauf an, wie wir uns selbst darstellen. Was nützt uns ein hervorragender Geist, brillanter Esprit oder einfühlende Wärme, wenn dies niemand mitbekommt. Erst wenn wir es verstehen, unser Licht nicht unter den Scheffel zu stellen, werden wir von den anderen Menschen so wahrgenommen, wie wir es verdienen. Wie wir wahrgenommen werden, hängt also zu einem nicht unbedeutenden Teil davon ab, wie wir uns zeigen und selbst darstellen.

Erfolgreiche Menschen pflegen einen persönlichen Stil!

Für eine gute Selbstdarstellung sind nicht in erster Linie ein voller Kleiderschrank und teure Garderobe notwendig. Auch kein teures Auto oder Schmuck. Ganz gleich wie teuer ein Kleidungsstück war: Wenn wir uns darin nicht wohlfühlen, fühlen wir uns auch nicht attraktiv. Und unsere Umgebung spürt das. Die Folge dieser Unbehaglichkeit ist, dass wir unsere Kleidung ständig wechseln, immer wieder etwas Neues kaufen und doch unzufrieden und enttäuscht sind. Nehmen Sie sich die Zeit, einmal grundsätzlich und unvoreingenommen zu überlegen, was Ihnen wirklich gefällt, und kaufen Sie nur noch das ein, was dieser Überlegung entspringt. So sparen Sie nicht nur Zeit und Geld, sondern schaffen sich auch einen unverwechselbaren Stil, der zu Ihnen passt.

Um seinen eigenen Stil zu entwickeln, kann es hilfreich sein, ein leeres Fotoalbum zu nehmen und dort Bilder und Fotos von Dingen einzukleben, die einem gefallen. Schaffen Sie sich Ihren eigenen Geschmacks- oder Stilkatalog. Je häufiger Sie in diesem persönlichen Heft blättern, umso stilsicherer werden Sie einkaufen.

Selbstdarstellung geschieht nicht über Symbole!

Sicher können Sie sich auch ein Markenzeichen zulegen. Viele berühmte Personen wie Salvador Dalí, Elton John, Karl Lagerfeld oder Elvis Presley haben das getan. Doch wenn Sie ein Markenzeichen nur um des Markenzeichens willen haben, wirkt das auf andere eher aufgesetzt, gezwungen und gekünstelt. Ein Markenzeichen ist eine ganz persönliche Note, die zu Ihnen und Ihrer Persönlichkeit passen muss, und das setzt voraus, dass Sie genau wissen, wofür Sie stehen möchten. Diese Erkenntnis muss immer der erste Schritt sein, und wie Sie sie dann treffsicher zum Ausdruck bringen, der zweite.

Gelungene Selbstdarstellung bedeutet nicht, sich ins Rampenlicht zu drängen. Wirklich erfolgreiche Menschen stehen aufgrund ihrer Persönlichkeit und Leistungen im Mittelpunkt, sind dabei aber meist bescheiden. Sie müssen nicht ständig beweisen, wer sie sind. Sicher dürfen wir stolz auf das sein, was wir erreicht oder geleistet haben, jedoch damit zu protzen überlassen Sie lieber anderen. Überprüfen Sie bitte, mit wie vielen und welchen Symbolen Sie sich selbst erfolgreich darstellen, und überlegen Sie genau, worauf Sie in Zukunft vielleicht verzichten wollen.

Selbstdarstellung geschieht immer über sich selbst!

Wie Sie Ihrer Umwelt und Ihren Mitmenschen gegenübertreten, ist immer eine Frage, wie Sie sich selbst gegenübertreten. Wie sollen andere Menschen Sie positiv wahrnehmen, wenn Sie selbst das noch nicht einmal tun? Denken Sie immer daran: Von all den Milliarden Menschen, die diesen Erdball bevölkern, hat niemand denselben Fingerabdruck wie Sie. Das genetische Material, das in jeder Ihrer Körperzellen vorhanden ist, ist unwiederholbar und einmalig. Genauso einmalig und unwiederholbar sind Sie. Sie sind der Mittelpunkt Ihres eigenen Lebens! Niemand anders kann dieses Leben für Sie leben. Stellen Sie sich einmal vor den Spiegel und betrachten Sie sich. Betrachten Sie sich mit der Zuneigung und der Liebe, die Ihnen zusteht. Sicher, da kann es vielleicht das eine oder andere Kilo zu viel geben und die eine oder andere Falte mag störend wirken. Wichtig ist aber, dass Sie sich anlachen. Ja, lachen Sie sich aus vollem Herzen an und sagen Sie mit aller Inbrunst: »Das bin ich, und ich mag mich so, wie ich bin.« Denn nicht auf Schönheit kommt es in Ihrem echten Leben an, sondern auf Ihre Ausstrahlung.

Wir sind verantwortlich für unseren ersten Eindruck!

So wie wir anderen Menschen gegenübertreten, so nehmen uns diese wahr. Und der erste Eindruck, den wir bei einer Begegnung machen, entscheidet oft bereits darüber, welche Bedeutung und welche Rolle uns unser Gegenüber zuweist. Unser Gehirn arbeitet nämlich unbewusst immer mit Mustern. Aus allen Informationen, die unser Gehirn erhält, werden zunächst im Unterbewusstsein Muster gebildet. Diesen Mustern werden dann alle neuen Informationen unbewusst zugeordnet. Das ist ein Prozess, der noch aus der Frühzeit des Menschen stammt, denn damals war es für die Menschen überlebenswichtig, sofort zu entscheiden, ob eine Begegnung harmlos oder gefährlich und ob ein Mensch Freund oder Feind ist. Dieser Reflex geschieht noch heute. Noch heute entscheiden Menschen sofort unbewusst, ob eine Begegnung harmlos oder gefährlich, wichtig oder unwichtig ist. Das ist der erste Eindruck und er ist entscheidend. Die moderne Forschung hat in verschiedenen Untersuchungen herausgefunden, dass sich der erste Eindruck, den wir hinterlassen, zu 55 Prozent aus unserer Körpersprache, zu 38 Prozent aus unserer Stimme und nur zu 7 Prozent aus unseren inhaltlichen Aussagen zusammensetzt. Darum ist es so wichtig, dass wir den ersten Eindruck, den wir bei anderen Menschen hinterlassen, ganz bewusst gestalten.

Verschiedene Menschen nehmen uns unterschiedlich wahr!

Unsere unterschiedlichen Sinne sind nicht bei allen Menschen gleich stark ausgebildet. Während die einen mehr über die Augen und innere

Bilder wahrnehmen, erfahren andere ihre Umwelt über Töne und Wörter. Viele Menschen spüren auch positive oder negative Schwingungen, die sie über die körperliche Wahrnehmung erkennen. Der Geschmackssinn kommt bei ersten Begegnungen eher weniger zum Tragen, während der Geruchssinn äußerst sensibel reagiert. Durch diese verschiedenen Formen der Wahrnehmung erkennen und gestalten die Menschen ihre Welt und Wirklichkeit. Darum kommt es darauf an, dass wir bei einer Begegnung alle Sinne berücksichtigen.

In meiner Akademie, auf meinen zahlreichen Vorträgen oder in den vielen Coachings schalte ich bei einer ersten Begegnung immer alle meine Sinne ein. Ich schaue den Menschen in die Augen, achte darauf, wohin sie schauen, während ich mit ihnen spreche, ich höre genau auf ihre Worte und spüre an ihrem Händedruck, welche Energie in ihnen steckt. Die Informationen, die ich dadurch erhalte, sind meist ehrlicher und aufschlussreicher als hundert Worte.

Begeisterung ist der Schlüssel, der uns alle Türen öffnet!

Doch auch unabhängig von den verschiedenen Wahrnehmungskanälen kenne ich einen Schlüssel, der Ihnen alle Türen öffnet und den ich gern an Sie weitergebe: Kommunizieren Sie stets mit voller Begeisterung. Begeisterung schafft Sympathie und macht attraktiv. Begeisterung hilft Ihnen durchzuhalten, um Ihre Ziele zu erreichen, und zeigt Ihre wahre Persönlichkeit. Begeisterung zieht Menschen an und reißt sie mit. Denn nur wer andere Menschen begeistern kann, dem werden die Menschen gern und freiwillig folgen. Denn Begeisterung ist wie ein Schneeball, der schnell zur Motivationslawine wird. Begeisterung lässt niemals Langeweile aufkommen. Wer andere Menschen begeistern kann, kann gar nicht anders als erfolgreich sein. Deshalb ist die Begeisterung der »goldene Schlüssel« zu Ihrem gelungenen Leben! Und was begeistert andere Menschen mehr als ein ehrliches, freundliches Lächeln?

Ein Lächeln ist die kostenlose Eintrittskarte in die Welt der Motivation!

Mit einem Lächeln signalisieren Sie dem anderen: Ich mag dich, ich will nichts Böses, ich bin dir freundlich gesinnt. Einem Lächeln kann niemand widerstehen. Lächeln Sie die Menschen an. Sie werden staunen, wie viele Menschen freundlich zurücklächeln. Und wie oft sich allein daraus ein tolles Gespräch ergibt.

Wer ein Lächeln schenkt, bekommt immer ein Lächeln zurück!

Überlegen Sie nur einmal, welchem Kellner Sie mehr Trinkgeld geben. Dem, der Ihnen das Essen mit einem gelangweilten und lustlosen Gesicht auf den Tisch stellt, oder dem, der Ihnen mit einem offenen, freundlichen Lächeln einen guten Appetit wünscht? Lächeln ist ansteckend. Es ist ein Reflex, der Menschen miteinander verbindet. Das stammt noch aus der Zeit, in der sich Menschen nicht durch Sprache miteinander verständigen konnten. Damals war das Lachen ein Ausdrucksmittel, das Wohlbefinden signalisierte. Wer ein Lächeln schenkt, bekommt immer ein Lächeln zurück.

Lächeln schafft gute Gefühle!

Neben diesem Effekt hat Lächeln auch noch einen weiteren positiven Aspekt: Wussten Sie, dass ein Mensch für ein böses Gesicht 67 und für ein Lächeln nur 43 Muskeln benötigt? Ob das Verhältnis nun 67 zu 43 beträgt oder ob bei beiden jeweils nur zwei Muskeln beteiligt sind, darüber streiten sich Wissenschaftler noch immer. Unbestritten ist jedoch, dass auch unser Körper mit unserer Stimmung kommuniziert. Bereits in der Mitte des vorigen Jahrhunderts fanden Neurophysiologen heraus, dass unser Gehirn im limbischen System ein sogenanntes Lustzentrum besitzt. Dort übertragen Neurotransmitter in den Synapsen Gefühlsreaktionen. Es ist mittlerweile bewiesen, dass das Lachen die Hormonausschüttung anregt und so das Nervensystem positiv beeinflusst. Bereits ein einfaches, grundloses Lächeln führt zu einer angenehmen Reaktion im Gehirn, es simuliert die Freisetzung von Hormonen und Endorphinen im Gehirn, und dies bewirkt ein umfassendes Wohlgefühl. Allerdings verlernen wir im Laufe des Lebens das Lachen. Kinder lachen durchschnittlich 400-mal am Tag, Erwachsenen nur noch 15-mal. Also lachen Sie deshalb wieder öfter!

Je näher wir unseren Mitmenschen sind, desto wichtiger werden die Kleinigkeiten!

Ihr detailliertes Auftreten ist vergleichbar mit einem Mosaik. Aus der Ferne betrachtet ist es ein schönes Bild und sieht leicht und spielerisch aus. Doch je näher man kommt, desto deutlicher wird, dass sich das Bild aus vielen kleinen Teilen zusammensetzt. Fehlt nur ein einziges, ist das Bild nicht mehr komplett. Unsere Umwelt nimmt gerade diese »Kleinigkeiten« sehr genau wahr. Außerdem wissen wir nie, ob das, was für uns vielleicht eine Kleinigkeit ist, für andere eine große Bedeutung hat. Für mich ist beispielsweise nicht wichtig, ob jemand teuer gekleidet ist, aber auf ein gepflegtes Erscheinungsbild lege ich größten Wert. Geputzte Schuhe, ordentliche Fingernägel, gebügelte Kleidung und eine gepflegte Frisur sind für mich Ausdruck einer richtigen Lebenseinstellung. Sie zeigen mir, ob jemand das, was er hat, schätzt und pflegt. Und sie zeigen mir auch, ob jemand sein Gegenüber schätzt. Für mich ist es ein Zeichen des Respekts, dass ich mit sauberen Schuhen bei einem Kunden, Bekannten oder Freund erscheine. Gleiches gilt für ein tadelloses Vorbereiten von Terminen. Genauigkeit und Detailtreue sind hier Werte, die oftmals über Erfolg und Misserfolg entscheiden.

So stellen Sie sich selbst positiv dar:

Um Ihren eigenen Stil zu entwickeln, ist es hilfreich, in ein leeres Fotoalbum Bilder und Fotos von Dingen zu kleben, die Ihnen gefallen. Schaffen Sie sich Ihren eigenen Geschmacks- oder Stilkatalog!

Achten Sie besonders auf Kleinigkeiten. Diese haben allzu oft eine sehr große Wirkung.

Lächeln Sie. Denn was begeistert andere Menschen mehr als ein ehrliches, freundliches Lächeln?

Wie baue ich Vertrauen auf?

Wie vertrauenfördernd ist mein Auftreten?
Gehe ich offen auf die Menschen zu?
Spreche ich mich immer offen und ehrlich aus?
Wie schaffe ich durch Ähnlichkeiten Vertrauen?
Wie stelle ich mit Fragen Vertrauen her?
Wenn wir mit anderen Menschen erfolgreich kommunizieren und sie begeistern wollen, ist die unabdingbare Grundlage hierfür das Vertrauen, das wir gegenseitig aufbauen. Vertrauen gewinnen wir mit einer Reihe verschiedener Verhaltensweisen. Dazu gehört, wie ähnlich wir unseren Mitmenschen sind, wie offen wir ihnen gegenübertreten, wie glaubwürdig und authentisch wir sind.

Wir bauen Vertrauen auf, wenn wir positiv wahrgenommen werden!

Das Erste, was andere Menschen unbewusst von uns wahrnehmen, ist unser äußeres Erscheinungsbild und Auftreten, vor allem unsere Körperhaltung und Stimme. Werden wir positiv wahrgenommen, baut sich Vertrauen auf. Beobachten Sie sich selbst einmal und achten Sie dabei besonders auf Ihre Körperhaltung und Ihre Stimme.

- Wie bewegen Sie sich? Hektisch oder bedächtig?
- Wie sitzen Sie? Bequem oder steif?
- Wie selbstsicher treten Sie auf? Zaghaft oder arrogant?
- Ist die Kleidung dem Anlass angemessen? Zu leger oder overdressed?
- Wie klingt Ihre Stimme? Zu laut, zu piepsig oder zu leise?
- Wie sprechen Sie? Monoton oder begeisternd lebhaft?
- Sprechen Sie zu schnell oder zu langsam?
- Sprechen Sie deutlich?
- Wie groß oder schlicht ist Ihr Wortschatz?

Aus allen diesen unbewusst aufgenommenen Informationen machen sich unsere Mitmenschen ein Bild von uns und entscheiden, ob sie uns vertrauen können und wollen oder nicht.

Wenn wir offen sind, kommen die anderen Menschen auch offen auf uns zu!

Glaubwürdigkeit kann man nicht vorspielen. Glaubwürdigkeit kommt immer aus einer inneren Grundhaltung, die sich der Wahrheit und der Ehrlichkeit verpflichtet fühlt. Nach dem Philosophen Gottfried Wilhelm Leibniz gibt es im Leben zwei verschiedene Arten von Wahrheiten: zum einen die sogenannten Vernunftwahrheiten und zum anderen die sogenannten Tatsachenwahrheiten. Während die Tatsachenwahrheiten immer nur anhand der Wirklichkeit überprüft werden können, genügt für die Überprüfung von Vernunftwahrheiten allein logisches Denken.

Doch welche Wahrheit wir auch zu verbiegen versuchen, sie kommt immer ans Licht. Jedes Mal, wenn wir versuchen, anderen Menschen etwas vorzumachen oder ihnen etwas vorzuspielen, genügt ein kurzer Blick hinter die Fassade und unser schönes Lü-

genkonstrukt bricht zusammen. Solche Tarnungs- und Täuschungs-
manöver sollten wir vermeiden, denn es ist nahezu unmöglich, verlo-
renes Vertrauen zurückzugewinnen, sei es im privaten Umfeld, in der
Partnerschaft oder im Berufsleben. Sie kennen doch auch den alten
Volksspruch: »Wer einmal lügt, dem glaubt man nicht, und wenn er
auch die Wahrheit spricht.« Sind Sie einmal als Wahrheitsverdreher,
als Blender, als nicht vertrauenswürdig entlarvt, werden Sie niemals
auf Dauer erfolgreich sein. Offenheit, Ehrlichkeit und Lebendigkeit
hingegen rufen in einem anderen Menschen ähnliche Reaktionen
hervor. Wenn man selbst offen ist, kommen die Menschen auch offen auf einen zu.

Wer sich offen und ehrlich ausspricht, braucht keine Ausreden.

Wer an sich arbeitet, muss negative Bereiche in seinem Leben täglich
und ständig säubern. Ja, man sollte permanent geistige und seelische
Hygiene an sich selbst betreiben. Das ist nicht leicht, denn oftmals fällt
man erst einmal in ein tiefes schwarzes Loch, wenn man beginnt, die
eigenen kleinen oder auch großen Lebenslügen aufzuarbeiten. Doch das
ist notwendig, denn eines ist sicher: Mit Ausreden – sich oder anderen
gegenüber – reden wir uns ins Aus!

Wir bauen Vertrauen auf, wenn wir offene und ehrliche Dialoge führen!

Das Vertrauen, das Sie benötigen, um Ihr Ziel zu verwirklichen, können
Sie nur erreichen, wenn Sie bereit sind, offene und ehrliche Dialoge mit
sich selbst und anderen zu führen. Gespräche können für Sie nur positiv
enden, wenn Sie Ihre ehrliche Meinung äußern. Das setzt voraus, dass
Sie auch immer einen offenen Dialog mit sich selbst führen. Menschen,
die wirklich oben angekommen sind, sind dort, weil sie genau diesen
ehrlichen Grundsatz befolgt haben. (Verbessern Sie Ihren Kommunika-

247

tionsfaktor, indem Sie bewusst an sich und an der Vertrauensbasis mit Ihrer Umgebung arbeiten!)

Seien Sie bereit, für sich festzustellen, ob Sie sich richtig verhalten oder ob Sie die eine oder andere Angewohnheit ändern müssten. Lenken Sie nie von eigenem Fehlverhalten ab, indem Sie andere kritisieren.

Je ehrlicher man wird, desto mehr unglaubliche Kräfte bekommt man. Ich werde mir meine Offenheit nie nehmen lassen, weil Offenheit eines an sich hat: Es macht den anderen Menschen auch offen. Und ich habe gespürt: Je ehrlicher man ist, desto größere Kräfte wachsen einem zu. Denn die Kraft der Ehrlichkeit ist für uns Menschen ein Energiekraftwerk!

Wir bauen Vertrauen auf, wenn wir Ähnlichkeit schaffen!

In einem Gespräch geht es meist auf den ersten Blick um den Austausch von Informationen. Aber nur wenn wir wissen, wie sich unsere Gesprächspartner fühlen, wie sie denken und was sie möchten, werden wir in der Lage sein, ein wirklich gutes Gespräch zu führen. Damit unsere Gesprächspartner diese Einblicke in ihr Inneres gewähren, müssen sie Vertrauen zu uns bekommen. Erst dann werden sie sich uns gegenüber öffnen. Ein guter erster Schritt, Vertrauen aufzubauen, ist, nach Berührungspunkten und Gemeinsamkeiten zu suchen. Aus der Verhaltens- und Kommunikationsforschung wissen wir: Menschen, mit denen wir ein bestimmtes Maß an Vorlieben und Gemeinsamkeiten teilen, sind uns sympathisch. Damit die Gespräche aber nicht zu eintönig werden, ist es besonders vorteilhaft, wenn nicht alle Interessen deckungsgleich sind und sich unsere Vorlieben in Nuancen unterscheiden.

Wer ähnlich denkt, dem vertraut man eher!

Gleiches gilt für Ähnlichkeiten im Denken und Verhalten. Versuchen Sie doch einmal folgendes Experiment: Spiegeln Sie im Gespräch die Körperhaltung, Gestik und Mimik Ihres Gegenübers und passen Sie Ihre Sprache, Ihr Sprechtempo und Ihre Stimme Ihrem Gesprächspartner an. Das müssen Sie ein wenig üben, damit es nicht gewollt, gekünstelt oder aufgesetzt wirkt, und natürlich dürfen Sie es nicht übertreiben. Aber aus Studien wissen wir: Natürlich wirkendes Spiegeln schafft Sympathie.

- Ist unser Gesprächspartner zum Beispiel ein eher ruhiger Typ, so sollten wir ihn nicht mit hektischen Bewegungen aus der Ruhe bringen. Es ist besser, darauf mit ruhigen Gesten zu reagieren.
- Spricht unser Gesprächspartner mit wohlbedachten Worten in betonter Sprache, so sollten wir ihn nicht mit einem Wortschwall unsicher machen. Es ist besser, wenn auch wir uns bemühen, langsamer und betonter zu sprechen.
- Spricht der Gesprächspartner leise, so sollten wir ihn nicht mit einer lauten Stimme konfrontieren. Es ist besser, wir senken unsere Stimme, sodass er leichter Vertrauen zu uns fasst.

Die Ähnlichkeiten, die wir schaffen, sind Brücken, auf denen wir unseren Gesprächspartnern näherkommen.

Ein Ja bedeutet Vertrauen!

Wie groß das Vertrauen zwischen zwei Gesprächspartnern ist, erkennt man leicht daran, wie oft Sie in einem Gespräch Ja sagen. Je mehr Übereinstimmung es gibt, desto größer ist offensichtlich das Vertrauen, mit dem man sich begegnet. Ein Ja sorgt in der Regel für eine positive Gesprächsstimmung. Deshalb kann es in Gesprächen, die darauf abzielen, das Eis zu brechen oder ein Vorhaben durchzusetzen, von Vorteil sein, zuerst eine positive Atmosphäre durch Übereinstimmungen zu schaffen. Stellen Sie ein paar Eingangsfragen, bei denen Sie mit Zustimmung, also mit mit einem Ja, rechnen, denn das verbindet und macht es im Folgenden leichter, mögliche Differenzen zu überwinden.

Offene Fragen öffnen das Gespräch!

Sicher kennen Sie auch die bekannten W-Fragen: Wie ... Was ... Warum ... Wann ... Wieso ... Weshalb ... Womit ... Wodurch ... Mit diesen offenen W-Fragen signalisieren wir im Gespräch unser Interesse am Gesprächspartner und erhalten Antworten. Mit diesen offenen W-Fragen geben wir unseren Gesprächspartnern die Möglichkeit, ihre eigenen Erfahrungen, Meinungen und vor allem Gefühle in das Gespräch einzubringen. So fühlen sie sich ernst genommen und angesprochen. Und nur mit diesen offenen Fragen eröffnen wir unseren Gesprächspartnern die Möglichkeit, uns die Informationen zu geben, die für das Gespräch wirklich wichtig sind. Fragen Sie, wie Kinder es tun, nach dem Warum, denn auf ein Warum folgt in der Regel eine Antwort, die Sie Ihrem Ziel näherbringt.

Es ist nicht nur wichtig, WAS man fragt, sondern WIE man fragt!

Menschen spüren sehr genau, wie ernst die Fragen gemeint sind, die ihnen gestellt werden, und ob die Antworten den Fragenden wirklich interessieren. Darum sollten Sie nur Fragen stellen, die Ihrem ehrlichen Interesse für den Gesprächspartner entspringen, und dann wirklich aufmerksam zuhören, was der Gesprächspartner antwortet. Achten Sie einmal in Gesprächen darauf, wie Sie sich fühlen, wenn Ihr Gesprächspartner den Fehler macht, Ihre Fragen wie einen Fragebogen abzuarbeiten, nicht nachzufragen, kein Feedback auf Ihre Antworten zu geben und gar nicht richtig zuzuhören. Sie werden höchst unzufrieden sein. So schafft er es nicht, wichtiges Vertrauen aufzubauen oder gar mit den erhaltenen Informationen etwas anzufangen. Also bitte: Hören Sie ab sofort noch aufmerksamer zu!

Mit aufrichtigem Interesse gewinnt man Freunde!

Aus meiner langjährigen Erfahrung mit Mitarbeitern, Kunden und Geschäftspartnern aus über 60 Ländern weiß ich, wie wichtig nicht nur das ist, was man sagt, sondern vor allem auch, wie man es sagt. Es ist meist nicht der schnellste Weg zum Ziel, wenn man sofort auf den Punkt kommt. Viel hilfreicher ist es, wenn man erst einmal eine gute Atmosphäre schafft und eine persönliche Beziehung aufbaut. Das fällt sachorientierten Menschen nicht immer ganz leicht, ist aber in vielen Nationen üblich. Die Bandbreite, wie Sie die Aufmerksamkeit und erste Sympathie Ihres Gegenübers gewinnen können, ist groß: Sie kann von wertschätzenden Fragen bis zu persönlichen Einladungen reichen.

Als ich meine Filiale in Japan aufbaute, erfuhr ich, dass der Schwiegervater meines Partners Aisawa Kimonoschneider war. Ich interessierte mich sehr für die Traditionen und Sitten des Landes und wollte daher auch die Familie Aisawas kennenlernen. Mit aufrichtigem Interesse gewinnt man Freunde, das hat sich in meinem Leben immer wieder bestätigt. In diesem Fall wurde ich mehrfach belohnt, denn ich bekam unschätzbare Einblicke in die Mentalität, Kultur und Sitten des damals bei uns noch weitgehend unbekannten Landes, gewann Freunde und wichtige Kontakte zu anderen japanischen Kunden und Geschäftspartnern. Als Kimonoschneider war Aisawas Schwiegervater sehr angesehen und mit den besten Familien Tokios bekannt. Seine Referenzen waren Gold wert, denn sie öffneten mir Türen, die ansonsten wohl für mich als unbekanntem Fremden verschlossen geblieben wären.

Vertrauensvolle Beziehungen beginnen spontan und wachsen mit der Zeit!

Je stärker Sie selbst motiviert sind, umso empfänglicher werden Sie für die Gedanken anderer und umso besser können Sie sich geistig auf andere einstellen.

Ich weiß nicht, ob es Gedankenübertragung tatsächlich gibt, aber ich weiß eines ganz genau: Es gibt eine Übertragung der Gefühle! Und dafür brauchen Sie etwas, das noch über der Sympathie steht – dafür brauchen Sie ein tiefes Vertrauen, das in vielen intensiven Gesprächen aufgebaut wurde. Suchen Sie jeden Tag wenigstens ein vertrauensvolles Gespräch, bei dem nicht im Vordergrund steht, dass der eine vom anderen etwas will.

So schaffen Sie Vertrauen:

Seien Sie offen. Offenheit, Ehrlichkeit und Lebendigkeit rufen in einem anderen Menschen ähnliche Reaktionen hervor. Wenn man offen ist, kommen die Menschen offen auf einen zu.

Suchen Sie nach Berührungspunkten und Gemeinsamkeiten. Aus der Verhaltens- und Kommunikationsforschung wissen wir: Menschen, mit denen wir ein bestimmtes Maß an Vorlieben und Gemeinsamkeiten teilen, sind uns sympathisch.

Spiegeln Sie im Gespräch die Körperhaltung, Gestik und Mimik Ihres Gegenübers und passen Sie Ihre Sprache, Ihr Sprechtempo und Ihre Stimme Ihrem Gesprächspartner an.

Geben Sie Ihrem Gesprächspartner mit offenen Fragen die Möglichkeit, seine eigenen Erfahrungen, Meinungen und vor allem Gefühle in das Gespräch einzubringen.

Suchen Sie jeden Tag wenigstens ein vertrauensvolles Gespräch, bei dem nicht im Vordergrund steht, dass der eine vom anderen etwas will.

Wie gestalte ich meine Kommunikationsmöglichkeiten?

Nehme ich alle Möglichkeiten zur Kommunikation wahr?
Kenne ich die Wirkung der Kommunikation?
Kommuniziere ich mit Begeisterung?
Bin ich ein »guter« Gesprächspartner?
Wie zeige ich mein Interesse an meinem Gesprächspartner?
Wie gehe ich noch besser auf meinen Gesprächspartner ein?
Wie gut kann ich hinhören?
Wie gut kann ich zuhören?
Wie löse ich Kommunikationsprobleme?
Wie gehe ich mit Kritik um?
Wie bringe ich Kritik an?

Ich war und bin mein Leben lang ein begeisterter und kommunikativer Verkäufer gewesen. Ich verkaufte als angestellter Verkäufer erfolgreich Antennen und Unterhaltungselektronik, als Unternehmer Mikrochips und als Berater kreative und motivierende Ideen. Dabei habe ich immer wieder gemerkt: Das ganze Leben besteht daraus, sich ehrlich zu verkaufen.

Sei es, dass wir Menschen von unseren Vorstellungen oder Vorhaben überzeugen, sei es, dass wir das Herz eines Partners gewinnen wollen: Überall im Leben geht es doch letztendlich darum, andere Menschen von uns, unseren Produkten, unseren Ideen oder unseren Gefühlen zu überzeugen und sie für uns zu gewinnen – oder sie für etwas zu begeistern. Entscheiden Sie sich dafür, in Ihrem Leben ein mitreißender Begeisterter zu sein! Begeisternde Menschen zeichnen sich in erster Linie durch eines aus: durch ein vorbehaltloses, geradezu hingebungsvolles Interesse an ihrem Ziel. Durch den unbedingten Willen, ihre Aufgabe perfekt zu meistern.

Menschen entscheiden zu 80 Prozent nach dem Gefühl!

Verschiedene Untersuchungen haben ergeben, dass für den Erfolg bei Gesprächen zu 10 Prozent die Sachkompetenz, zu 30 Prozent die Sprache und zu 60 Prozent das Auftreten ausschlaggebend ist. Durch weitere Studien weiß man inzwischen, dass Menschen zu 80 Prozent ihre Entscheidungen emotional, das heißt aufgrund ihrer Gefühle treffen. Erinnern Sie sich an Ihre letzten Entscheidungen: Waren rationale Überlegungen und die Argumente Ihres Gegenübers ausschlaggebend? Waren es die brillanten Gesprächstechniken, mit denen der andere Sie zu Ihrer Entscheidung brachte? Oder waren es das Vertrauen, das gute Gefühl und die Begeisterung, die der Gesprächspartner in Ihnen auslöste?

Wir können nicht nicht kommunizieren!

Unter Kommunikation versteht man meist die Aufnahme, den Austausch und die Übermittlung von Informationen zwischen zwei oder mehreren Personen. Das Ziel von Kommunikation ist die Verständigung. Erreichen wir unser Kommunikationsziel, hat sich der Zweck unserer Kommunikation erfüllt. Man kann also Kommunikation als einen Prozess ansehen, in dem mehrere Menschen gemeinsam Probleme lösen. Das Erreichen dieses Kommunikationsziels ist die Voraussetzung für das Erreichen des Kommunikationszwecks. Dieser wiederum kann als gemeinschaftliche Problemlösung angesehen werden, die nur durch die vorhergehende Kommunikation und Verständigung erreicht werden konnte.

Motivation ist die Entwicklung, Synchronisation und Ausrichtung aller Eigenschaften und Fähigkeiten eines Menschen auf ein Ziel hin und wird durch Emotionen aktiviert und gesteuert. Dies geschieht fast immer über die Kommunikation, denn jedes Verhalten oder jede Reaktion auf etwas oder jemanden kann man im weiteren Sinne als Kommunikation ansehen. Das ist das, was Paul Watzlawick meinte, als er sagte, dass es unmöglich sei, nicht zu kommunizieren.

Eine gängige Beschreibung des Phänomens »Kommunikation« ist auch das sogenannte Sender-Empfänger-Modell. Dieses Modell besagt, dass Kommunikation nur dann stattfinden kann, wenn es mindestens zwei Teilnehmer an der Kommunikation gibt, die beide wechselseitig als Sender und als Empfänger auftreten, wobei sie sich über die Kodierung der übertragenen Nachrichten einig sein sollten, damit sie die empfangenen Signale richtig interpretieren können.

Wir kommunizieren, um Botschaften zu senden und zu empfangen!

Der Kommunikationsprozess besteht aus fünf Bestandteilen oder kurz den fünf Ws: WER (der Sender der Information) sagt WEM (der Empfänger der Information) WAS (der Inhalt der Information) WIE (das Medium, mit dem die Information übermittelt wird) und WARUM (das Ziel der Information).

Zwar kann grundsätzlich die Rolle des Senders oder Empfängers auch von technischen Geräten, zum Beispiel einem Computer oder einem Fernsehgerät, übernommen werden, ja auch mit Tieren oder anderen Lebewesen kann man kommunizieren, doch im Folgenden konzentriere ich mich ausschließlich auf die Kommunikation zwischen Menschen.

Durch die Art und Weise, wie wir anderen Menschen begegnen, wie wir mit ihnen kommunizieren, entsteht die Welt der Motivation!

In den vielen, vielen Gesprächen, die ich nach meinen Vorträgen mit Teilnehmern führte, bekam ich immer mehr Einblick in die Sorgen und Probleme, mit denen sich Menschen aller Altersgruppen und sozialen Schichten herumschlagen. Dabei stellte ich fest, dass sich die Sorgen und Probleme des Managers eines Weltunternehmens nicht wesentlich von den Sorgen und Problemen eines Angestellten im Außendienst einer Vertriebsfirma unterschieden und die Sorgen und Probleme einer

Verkäuferin im Supermarkt fast identisch mit denen einer Unternehmensberaterin oder einer Chefsekretärin waren.

Die Probleme bestanden sehr häufig darin, dass meine Gesprächspartner trotz hervorragender Strategien schlechte Ergebnisse erzielten oder zumindest Ergebnisse, die weit hinter den berechtigten Erwartungen zurückblieben.

Die Lösung war nicht auf der Sachebene zu suchen, sondern auf der Ebene der Kommunikation – mit Mitarbeitern, mit Kunden und Kollegen.

Jeder Mensch hat eine Botschaft für uns!

Jeder Mensch, dem wir bewusst begegnen und mit dem wir kommunizieren, hat eine wichtige Botschaft für uns! Deshalb ist eine gute und erfüllende Kommunikation das wichtigste Motivationsinstrument, das es gibt. Überlegen Sie nur einmal, wie vielen Menschen wir täglich begegnen: unserer Partnerin oder unserem Partner, unseren Kindern, der Frau an der Kasse im Supermarkt, jemandem, der uns nach dem Weg fragt, Kunden, die zu uns kommen, Kolleginnen und Kollegen am Arbeitsplatz. Wie viele flüchtige Begegnungen haben wir – gerade in der Großstadt, in der U-Bahn oder auf längeren Reisen mit der Bahn oder dem Flugzeug. Aus einigen wenigen dieser zahllosen Begegnungen könnten höchst interessante Netzwerke entstehen – wenn wir nur aufgeschlossen genug sind, diese Gelegenheiten wahrzunehmen. Wenn es nur zehn Menschen sind, denen wir täglich begegnen und denen wir das wunderbare Gefühl vermitteln können, dass sie wichtig für uns sind, dass wir ihnen Sympathie entgegenbringen – dann sind das im Monat 300 Menschen, auf die wir einen positiven Einfluss ausüben. Rechnen Sie das mal hoch. Wenn es uns gelingt, einige der Menschen, auf die wir Einfluss haben, dahin zu bringen, dass sie selbst diese positiven Gefühle weitergeben, dann entsteht eine Bewegung, die in wenigen Jahren große Teile der Menschheit berührt.

Ganz gleich wo ich mich befinde, ich pflege immer die Kommunikation, egal ob auf einer Konferenz, einem Seminar, im Restaurant, am

Ticketschalter, im Flugzeug oder in der U-Bahn. Kommunikation ist die »Firstclass« der Beziehungen und Netzwerke. Dazu gehört auch ein konsequentes Follow-up. Kontakte knüpfen ist immer nur der erste Schritt, Beziehungen pflegen ist die große Kunst, die folgt. Aus meiner Erfahrung weiß ich, wie wichtig es ist, dranzubleiben, nachzuhaken, ein Feedback zu geben. Es macht mir selbst große Freude, wenn ich einen Kunden oder einen Freund vor einem wichtigen Termin anrufe und ihm alles Gute wünsche oder vielleicht Mut zuspreche. Er soll spüren, dass ich mich aufrichtig für ihn und seine Erfolge interessiere. Für Geschenke, die mein Herz erfreuen, sage ich gern zwei- oder dreimal Danke. Wir freuen uns doch alle, wenn wir spüren, dass ein Geschenk nicht schon nach einer Woche zur Selbstverständlichkeit geworden ist. Für Freunde wie für Geschäftspartner gilt: Sie werden auf lange Sicht keinen Erfolg haben, wenn Sie immer nur dann bei ihnen anrufen, wenn Sie etwas brauchen. Zeigen Sie Ihren Mitmenschen, dass Sie echtes Interesse haben, dass Ihnen etwas an der gemeinsamen Beziehung – oder dem möglichen Vertragsabschluss – liegt, dass es Ihnen wirklich wichtig und keineswegs gleichgültig ist.

Nur mit Kommunikation lösen wir Probleme!

Die meisten Probleme, mit denen wir zu kämpfen haben, liegen auf der Kommunikationsebene – mit den Lebenspartnern und Freunden, mit Mitarbeitern und Kollegen, mit Kunden oder Sachbearbeitern in Ämtern. Und sehr schnell gewinnen diese Probleme eine fatale Eigendynamik, die in unser ganz persönliches Umfeld hineinwirkt und uns aufwühlt oder sogar verletzt. Wie oft geschieht es, dass wir Probleme nicht ansprechen. Dadurch, dass wir nicht darüber reden, löst sich kein Problem der Welt. Im Gegenteil. Es wird immer stärker. Es belastet unsere Beziehung immer mehr und oftmals dadurch, dass wir ständig eben an dieses Problem denken. Ein Buch, das ein Freund geliehen und nicht zurückgegeben hat, ein vergessenes Dankeschön, ein nicht eingehaltenes Versprechen, eine unbedachte Kränkung – all das verschwindet nicht dadurch, dass man es verschweigt. Immer wieder steigt die Erinnerung daran hoch und belastet unsere Gedanken.

Die Welt der Motivation ist auch eine Welt der Kommunikation!

Verbessern Sie deshalb ständig Ihre Kommunikation und bedenken Sie bitte: Je besser Sie auf allen Ebenen Ihres Lebens kommunizieren, desto stressfreier und schöner wird es sein. Ein Problem wird erst dann verschwinden, wenn wir versuchen, es durch Kommunikation zu lösen. Der erste Schritt hierzu ist meist ein offenes, mutiges Gespräch. Dadurch lösen sich die negativen Gedanken auf und wir können frei von schlechten Gefühlen miteinander umgehen.

Sprechen ist zu 70 Prozent Hören!

In der englischen Sprache gibt es einen großen Unterschied zwischen den Begriffen für Hören und Zuhören. Das Verb »to hear« meint das Hören allgemein, das heißt, die Wahrnehmung von Geräuschen, Klängen oder Tönen. Es bezeichnet einen eher passiven Vorgang, der mit den Ohren geschieht. Das Verb »to listen« dagegen bezeichnet das aktive, bewusste Zuhören, also einen intellektuellen, emotionalen und mentalen Prozess.

Aktives Zuhören bei Gesprächen ist, so weiß man heute, weniger eine Frage der richtigen Technik, sondern vor allem eine Frage unserer inneren Grundeinstellung, einer tiefen Einstellung, bei der es darum geht, eine gute und angenehme Atmosphäre, Einfühlungsbereitschaft und Verständnis zu schaffen. Nach Carl Rogers, dem bedeutenden amerikanischen Psychologen, Psychotherapeuten und Begründer der Gesprächstherapie, haben wir ein gutes Gespräch erst dann geführt, wenn unser Anteil am Sprechen bei ungefähr 30 Prozent liegt. Das heißt, dass 70 Prozent des Gesprächs von unserem Gesprächspartner stammen.

Zuhören heißt, ganz beim anderen zu sein!

Der Jesuit und Philosophieprofessor Bordt formulierte das in einem ausführlichen Gespräch mit mir einmal so: Wer aktiv einem anderen zuhören möchte, sollte innerlich ein Stück weit leer sein, das heißt, von sich, seinen Absichten, seinen Gefühlen, seinen Gedanken loslassen. Man kennt das ja im Alltag: Nach einem harten Arbeitstag sind wir so voll von den Ereignissen des Tages, dass es uns sehr schwerfällt, wirklich zuzuhören. Im Urlaub ist das viel einfacher. Wenn man nun während eines harten Arbeitstages zuhören will, dann muss man üben, innerlich leer zu werden, und für das, was der andere sagen möchte, einen inneren Platz bereitzuhalten. Dieses Loslassen bedeutet paradoxerweise erst einmal, dass ich mich selbst sehr genau wahrnehme und aufmerksam registriere, was in mir alles los ist. Wenn ich mir also das, was eigentlich unbewusst – oder besser: halb bewusst – ist, erst einmal bewusst mache. Dann, im zweiten Schritt, kann ich mir sagen: Okay, so bin ich jetzt eben. Aber damit beschäftige ich mich nicht mehr, denn jetzt will ich mit allem, was ich bin, beim anderen sein, zuhören und nur offen für ihn sein.

Zuhören bedeutet, auf den Partner einzugehen!

Es war wieder Carl Rogers, der besonderen Wert auf die Begegnung im Gespräch unter Einschluss der emotionalen Ebene und des gegenseitigen prinzipiellen Wohlwollens legte. Ehrlich gemeintes Zuhören bedeutet, auf die Gefühle, Emotionen und Interessen des Gesprächspartners einzugehen und nicht nur auf das Thema selbst. Es bedeutet auch, sich unter Umständen mit seiner eigenen Meinung und seinen eigenen Erfahrungen zurückzuhalten und Anteil an dem zu nehmen, was unser Gesprächspartner uns erzählt. Und es bedeutet, sich in die Wahrnehmungs- und Empfindungswelt unseres Gegenübers zu begeben und auf die Empfindungen und Gefühle beim Geschilderten sensibel zu reagieren.

Die Fähigkeit zuzuhören ist die wirkungsvollste Möglichkeit, die Umgebung zu beeinflussen und zu motivieren!

Wie oft kommt es vor, dass wir auf gerade Geäußertes gleich eingehen möchten. Es drängt uns, die Gedanken, die uns durch den Kopf schießen, sofort in das Gespräch einzubringen. Doch wenn es uns auch noch so reizt, eine Korrektur, Richtigstellung, Ergänzung oder Erfahrung loszuwerden, sollten wir unserem Gesprächspartner nicht ins Wort fallen. Ebenso sollten wir nicht jede Pause gleich mit eigenen Worten füllen. Es kann manchmal viel gewinnbringender und erkenntnisfördernder sein, wenn wir unserem Gesprächspartner in die Augen schauen, ihn beobachten und seine Gefühle zu erspüren versuchen. Aktives, bewusstes Zuhören ist eine Kunst, die man sich aneignen und entwickeln kann. Im Folgenden hierzu ein paar Anregungen.

Aufmerksamkeit schafft Offenheit!

Um dem Gesprächspartner Aufmerksamkeit zu signalisieren und zu zeigen, dass man mit seinen Gedanken bei ihm und dem Gespräch ist, hilft es oft, mit kurzen Äußerungen seine Ausführungen zu bestätigen. Wichtig dabei ist, dass diese Signale ehrlich gemeint sind und einem echten Interesse am Gesprächspartner entspringen. Indem man geduldig ist und den Gesprächspartner nicht ständig unterbricht, schafft man eine Atmosphäre, in der er seine Ideen, Gedanken oder Vorstellungen in der Ausführlichkeit darstellen kann, die ihm ausreichend erscheint.

Einfühlungsvermögen schafft Vertrauen!

Mit Einfühlungsvermögen versetzt man sich in Gedanken in die Situation des Gesprächspartners und vermeidet so, Gefühle falsch zu interpretieren.

Je mehr Gefühle und Emotionen man in das Gespräch einbringt, desto mehr Vertrauen und Offenheit schenkt uns der Gesprächspartner. Wenn man gelegentlich nachfragt, spürt der Gesprächspartner unser echtes Interesse. Darüber hinaus klären wir so Unverstandenes und vermeiden Missverständnisse.

Echtes Loben schafft positive Gefühle!

Wir Menschen sind im Gelobtwerden unbegrenzt belastbar! Geizen Sie deshalb nicht mit Lob, aber beachten Sie: Nur mit wirklich ehrlich gemeinten Komplimenten vermitteln wir unserem Gesprächspartner das Gefühl, anerkannt und geliebt zu sein. Wenn Sie diese Ehrlichkeit im Gespräch beherrschen, schaffen Sie es, dass Ihre Gesprächspartner sich wohlfühlen, Vertrauen aufbauen und sich Ihnen öffnen.

Brücken lösen Kommunikationsprobleme!

Oft entstehen Kommunikationsprobleme, wenn jemand eine andere Meinung hat als wir. Dann wollen wir unser Gegenüber gern überzeugen und unsere Meinung behaupten. Wir setzen Sachargumente gegen Sachargumente. Und wieder sind wir dabei nur an der Sache und nicht beim Menschen. Hilfreicher ist oft, herauszufinden, welche Emotionen unseren Gesprächspartner bewegen, und dann auf diese Gefühle einzugehen. Versuchen Sie, Ihrem Gesprächspartner emotionale Brücken zu bauen, über die er oder auch Sie gehen können.

Verständnis löst Kommunikationsprobleme!

Besondere Probleme in der Kommunikation entstehen auch dann, wenn wir mit fremder Kritik nicht zurechtkommen. Da gehen wir meist sofort in eine Verteidigungsposition über. Wir rechtfertigen uns oder, was noch schlimmer ist, sind beleidigt. Dabei tun wir so, als hätte unser Gesprächspartner uns bewusst angegriffen. Doch meistens ist das gar nicht der Fall. Fragen Sie sich in solchen Situationen lieber, warum Ihr Gegenüber sich so verhält und was der Auslöser für seine Kritik gewesen sein mag. Oftmals werden Sie dann feststellen, dass nicht Ihre Person die Ursache seines Angriffs ist, sondern die Gründe für sein Verhalten in ihm selbst liegen. So gelingt es Ihnen, Angriffe nicht persönlich zu nehmen.

Andererseits sollten auch Sie Ihren Gesprächspartner nicht direkt angreifen, wenn Ihnen an einer konstruktiven Lösung gelegen ist. Formulieren Sie lieber Ich-Botschaften, das heißt, anstatt der Anweisung: »Du musst oder du sollst«, greifen Sie besser auf: »Mir wäre sehr wichtig, dass«, zurück oder ersetzen Sie ein: »Du bist nicht bei der Sache«, mit einem: »Mir scheint, dir geht etwas anderes durch den Kopf«.

Klarheit löst Kommunikationsprobleme!

In der funktionierenden Kommunikation ist es wichtig, dass der Sender und der Empfänger sich klar verstehen. Darum ist es hilfreich, sich in Gesprächen immer wieder rückzuversichern, ob beide Gesprächspartner vom Gleichen reden und das Gleiche meinen. Sie sollten deshalb im Gespräch immer wieder überprüfen, ob der Gesprächspartner und Sie überhaupt noch auf der gleichen Wellenlänge senden beziehungsweise empfangen. Fragen Sie zum Beispiel einfach nach: »Wenn ich Sie richtig verstanden habe, meinen Sie doch ...« Mit diesem Nachfragen bauen Sie möglichen Missverständnissen vor, klären Sachverhalte und schützen sich vor schlechten Gefühlen und falschen Annahmen.

Gefühle lösen Kommunikationsprobleme!

Damit ein Gespräch für beide Teilnehmer erfolgreich verläuft, ist es auch wichtig, den Gesprächspartner nicht zu einem Antwortgeber zu degradieren, der lediglich der Wissensbefriedigung dient. Stellen Sie also nicht nur Sachfragen, auf die der andere antworten darf, ohne die Möglichkeit zu haben, seine echten Gefühle einzubringen. Ein guter kommunikativer Erfolgsmix besteht meiner Erfahrung nach immer aus sachlichen und emotionalen Fragen, wobei das Verhältnis je nach Situation und Beziehung der Gesprächspartner zueinander variieren kann.

Gutes Nachfragen löst Kommunikationsprobleme!

Wenn in einem Gespräch in das Gesagte Dinge hineininterpretiert werden, löst das oft emotionale Kettenreaktionen aus. Dies gilt vor allem, wenn einer der Gesprächspartner aus den Worten des anderen Kritik oder einen Vorwurf heraushört. Dann tritt das eigentliche Thema schnell in den Hintergrund und es geht nur noch darum, sein Gesicht nicht zu verlieren, sich zu rechtfertigen oder recht zu bekommen. Darum vermeiden Sie möglichst Bemerkungen, die das Gesagte interpretieren, und fragen Sie lieber höflich nach, wenn etwas unklar ist.

Zurückhaltung löst Kommunikationsprobleme!

Ein Gesprächspartner, der etwas erzählen möchte, fühlt sich lediglich als Stichwortgeber, wenn als Reaktion auf seine Schilderungen nur eigene Erfahrungen und Erlebnisse eingebracht werden. So hat er keine Möglichkeit, seine Situation ausführlich zu schildern oder seine Erfahrungen mitzuteilen. Bieten Sie auch nicht zu allem gleich Lösungen an, da Sie sonst schnell in den Verdacht geraten, ein Lehrmeister oder Besserwisser zu sein. Dieses Gefühl erzeugt bei Ihrem Gegenüber genau das Gegenteil von Vertrauen. Halten Sie sich so lange zurück, bis Ihr Gesprächspartner Offenheit für Ihre Lösungsvorschläge signalisiert.

Den Gesprächspartner sich einbringen lassen, löst Kommunikationsprobleme!

Nun gibt es immer wieder Gespräche, die uns nicht angenehm sind, zum Beispiel Reklamationen oder Kritikgespräche. Wie leicht tritt man hierbei ins Fettnäpfchen oder verletzt die Gefühle des Gesprächspartners. Wenn Sie also eine Kritik anzubringen haben oder etwas reklamieren wollen, fragen Sie sich vorher immer, was Ihr Ziel ist! Wollen Sie einfach Ihrem Ärger Luft machen? Oder vielleicht gar einen eigenen Fehler vertuschen? Oder im Selbstmitleid baden? Im Grunde wollen Sie das alles nicht, Sie wollen nur das eine: mit Ihrer Kommunikation ein gutes Ergebnis erreichen!

In solchen Situationen ist es hilfreich, zunächst einmal ganz neutral die Situation oder das Problem zu schildern. Damit ist die Grundlage sachlich umrissen und es ist eindeutig, worum es geht. Danach öffnen Sie sich dem Gesprächspartner und signalisieren, dass es nicht um ihn, sondern um Ihre Befindlichkeit geht. So kann Ihr Gesprächspartner sein Gesicht wahren und fühlt sich nicht von Ihnen direkt angegriffen. Schließlich suchen Sie mit ihm nach möglichen gemeinsamen Lösungsvorschlägen für das entstandene Problem. So geben Sie dem Gesprächspartner die Gelegenheit, sich selbst positiv einzubringen. Natürlich gelingt es vor allem in sehr emotionalen Momenten nicht immer, so bewusst vorzugehen. Darum warten Sie, wenn möglich, immer ab, bis die Emotionen ein wenig heruntergekühlt sind.

Auch Schweigen ist manchmal gute Kommunikation!

Mein Leben hat mich gelehrt: Gute Kommunikation, die uns bereichert, die uns hilft, Kontakte nicht nur zu knüpfen, sondern auch über Jahre aufrechtzuerhalten und zu Freundschaften werden zu lassen, ist untrennbar mit Schweigen verbunden. Ich meine damit diese so wichtige Tugend der Diskretion. Erfolgreiche Kommunikation wird nur gelingen, wenn unser Gesprächspartner weiß, dass das, was er uns im Vertrauen erzählt, bei uns sicher aufgehoben ist. Nur dann wird er sich öffnen und uns Einblicke in seine Gedanken und Gefühle gewähren, nur dann wird er uns seine ehrliche Meinung anvertrauen, nur dann wird aus oberflächlichen Floskeln eine für alle Seiten gewinnbringende Kommunikation entstehen. Diskretion und gute, positive Kommunikation sind zwei Seiten der gleichen Medaille. Ja, ich möchte betonen: »Kommunikation« ist nicht gleichbedeutend mit »reden«. Schweigen kann manchmal Respekt, Vertrauen, Verständnis, Wertschätzung besser ausdrücken als tausend Worte und damit eine sehr tiefe, verbindende Kommunikation sein.

So kommunizieren Sie in der Welt der Motivation:

Menschen entscheiden zu 80 Prozent mit dem Gefühl. Nehmen Sie Anteil an dem, was Ihr Gesprächspartner erzählt. Begeben Sie sich in die Wahrnehmungs- und Empfindungs welt Ihres Gegenübers und reagieren Sie auf die Empfindungen und Gefühle beim Geschilderten sensibel.

Jeder Mensch, dem wir bewusst begegnen und mit dem wir kommunizieren, hat eine wichtige Botschaft für uns! Deshalb ist eine gute und erfüllende Kommunikation das wichtigste Motivationsinstrument, das es gibt. Schaffen Sie sich umfangreiche und tiefe Netzwerke.

Ein guter kommunikativer Erfolgsmix besteht immer aus sachlichen und emotionalen Fragen, wobei das Verhältnis je nach Situation und Beziehung der Gesprächspartner zueinander variieren kann.

Gute Kommunikation ist untrennbar mit Schweigen verbunden. Schweigen kann manchmal Respekt, Vertrauen, Verständnis, Wertschätzung besser ausdrücken als tausend Worte und damit eine sehr tiefe, verbindende Kommunikation sein.

Wie gehe ich mit Sprache um?

Wie umfangreich ist mein Sprachschatz?
Wie nutze ich meinen Werkzeugkasten Sprache?
Wie gelingt es mir, verstanden zu werden?
Wie gelingt es mir, meine Sprache rein zu halten?
Wie überwinde ich meine Sprachlosigkeit?
Wie gelingt es mir, Missverständnisse zu vermeiden?
Es war der Philosoph Ludwig Wittgenstein, der – aufbauend auf den Aussagen von Bertrand Russell – zu dem Schluss kam, dass man nur das beschreiben, erklären und erkennen kann, worüber man auch sprechen kann. Es ist uns eben unmöglich, Dinge oder Situationen zu verarbeiten, wenn uns die Wörter dafür fehlen.

Die Sprache ist unser Werkzeugkasten, mit dem wir unsere Welt errichten!

Die Sprache ist ein wichtiger Werkzeugkasten, mit dem wir unsere Welt bearbeiten, gestalten und wahrnehmen. Je größer unser Sprachschatz ist, desto besser können wir damit arbeiten. Stellen Sie sich einmal vor, Sie müssten nur mit einem Hammer die Zündung an Ihrem Auto einstellen. Oder nur mit einer Kneifzange eine Schraube aus der Wand drehen. Gut, es funktioniert vielleicht. Aber zu welchem Preis? Manchmal stelle ich bei Menschen eine unglaubliche Sprachlosigkeit fest, einen leeren Sprachwerkzeugkasten. Und genau diese Menschen sind es dann auch, die wegen ihrer Sprachlosigkeit nicht in der Lage sind, sich selbst aus unbefriedigenden Situationen zu befreien. Wie sollten sie das auch können. Sie können ihre Lage ja noch nicht einmal beschreiben. Ihnen fehlen die Worte! Oftmals resultiert die Unfähigkeit, Probleme im Gespräch zu lösen, aus der »Sprachlosigkeit« der Menschen.

Darum sollten wir sehr viel Wert darauf legen, unseren Wortschatz ständig zu erweitern. Dazu gibt es viele verschiedene Möglichkeiten:

Bücher, anspruchsvolle Zeitschriften und Zeitungen oder Gespräche mit Menschen, die eine gepflegte Sprache sprechen. Sie werden spüren, wie Ihre Fähigkeiten allein schon dadurch wachsen.

Die richtige Sprache ist immer die Sprache des anderen!

Die nächste wichtige Erkenntnis ist die, dass Sprache, das heißt Begriffe und Wörter, nie eindeutig festgelegt ist. In verschiedenen Zusammenhängen haben Wörter und Begriffe sehr unterschiedliche Bedeutungen. Hieraus resultieren sehr oft Missverständnisse, die unsere Kommunikation erschweren. Viele Menschen gehen einfach davon aus, dass ein Begriff oder ein Wort, das sie verwenden, bei ihrem Gegenüber mit der gleichen Bedeutung besetzt ist. Doch das ist ein großer Irrtum. Je nachdem, aus welcher Umgebung ein Mensch stammt oder welche Assoziationen er mit einem Wort verbindet, sind Begriffe für ihn anders definiert. So hat das Wort »Energie« für einen Physiker eine andere Bedeutung als für einen Sportler oder Psychologen. Das Wort »Liebe« hat für junge Paare eine andere Bedeutung als für einen Briefmarkensammler. Darum geschieht es immer wieder, dass in Gesprächen Sätze fallen wie: »Das habe ich nicht so gemeint«, »Du hast mich falsch verstanden« oder »Ich glaube, Sie meinen etwas ganz anderes«.

Damit Ihnen genau das nicht passiert, sollten Sie bei jedem Gespräch darüber nachdenken, mit wem Sie sprechen. Hat Ihr Gesprächspartner den gleichen Hintergrund wie Sie? Benutzt er das Wort oder den Begriff in der gleichen Bedeutung wie Sie? Formulieren Sie das, was Sie mitteilen möchten, in der Sprache, die er verstehen kann.

So wie ich mit einem Franzosen französisch spreche, mit einem Engländer englisch, mit einem Kind auf seiner Erfahrungsebene, mit einem Freund auf der Basis gemeinsamer Erinnerungen, so spreche ich mit jedem Menschen in der Sprache seiner Welt.

So gehen Sie sorgsam mit Ihrer Sprache um:

Es ist uns unmöglich, Dinge oder Situationen zu verarbeiten, wenn uns die Worte dafür fehlen. Sprechen Sie nur über Dinge, die Sie kennen.

Die Sprache ist ein wichtiger Werkzeugkasten, mit dem wir unsere Welt bearbeiten, gestalten und wahrnehmen. Je größer unser Wortschatz ist, desto besser können wir damit arbeiten. Erweitern Sie ständig Ihren Wortschatz.

Negative Wörter schaffen negative Gedanken. Halten Sie Ihre Sprache stets rein von Verschmutzungen.

Begriffe und Wörter sind nie eindeutig festgelegt. Denken Sie bei jedem Gespräch darüber nach, mit wem Sie sprechen. Hat Ihr Gesprächspartner den gleichen Hintergrund wie Sie?

Sprechen Sie mit allen Menschen in deren Sprache. Nur so werden sie Ihnen auch zuhören.

Wie gehe ich mit meinen verschiedenen Lebensfeldern um?

Welche verschiedenen Lebensfelder habe ich?
Was fordern die jeweiligen Lebensfelder von mir?
Was geben mir die verschiedenen Lebensfelder?
Welche Lebensfelder bereichern sich gegenseitig?
Welche Lebensfelder behindern einander?
Welche Lebensfelder will ich ausbauen?
In welchen Lebensfeldern will ich mich zurücknehmen?

Selbstbestimmt zu leben ist die größte Kunst. Selbstbestimmt zu leben heißt, uns in allen Situationen treu und damit authentisch zu sein. Doch auch wenn unser Charakter und unsere Werte und Ideale die festen Konstanten in unserem Leben sind und uns dadurch die nötige Stabilität verleihen, verhalten wir uns in unterschiedlichen Situationen oder Personenkreisen verschieden. Und das ist auch natürlich und richtig: Situatives Handeln ist, wie selbstbestimmt zu leben, eine Kunst und eine hoch geschätzte Führungsqualität. Ziel dabei ist, auf unsere verschiedenen Lebensfelder einzugehen, uns dabei aber nie zu verbiegen oder gar aufzugeben.

Von Moment zu Moment bewegen wir uns in ein anderes Umfeld!

Im unserem Leben befinden wir uns immer wieder in verschiedenen Umfeldern und Lebensbereichen. Oft umgeben uns sehr unterschiedliche Menschen. Morgens wachen wir neben der Frau auf, die wir lieben. Unser Gefühl ist warm, wir denken an Zärtlichkeit und sind noch etwas zum Träumen aufgelegt. Schon wenige Minuten später stehen wir unter der kalten Dusche und widmen uns unserer Körperpflege. Vielleicht meldet sich im Anschluss dann der Hunger. Am Frühstückstisch sitzen die Kinder und albern herum. Nun müssen wir etwas Autorität zeigen. Natürlich gepaart mit elterlicher Zärtlichkeit. Im Verkehr auf dem Weg zur Arbeit sind wir als fairer Autofahrer unterwegs. Im Büro erledigen wir professionell die erste Post, hier sind wir diszipliniert. Mit einem Lieferanten müssen wir ein schwieriges Preisgespräch führen, man erwartet von uns, dass wir unnachgiebig verhandeln. Mit einem Mitarbeiter steht ein Kritikgespräch an, hier müssen wir motivieren. Und so geht der ganze Tag weiter. Von Moment zu Moment ändert sich das Umfeld und weitere unserer vielfältigen Eigenschaften sind gefragt. Die Zeiten zwischen diesen Feldern sind enorm kurz. Vielleicht liegt nur ein kurzer Fußweg, eine kurze Bahn- oder Autofahrt dazwischen. Und es bleibt manchmal gerade noch Zeit genug, sich für den jeweiligen Anlass umzuziehen.

Wir sollten unsere Fähigkeiten dort einsetzen, wo sie hingehören!

Und genauso, wie wir uns mit unserer Kleidung auf die verschiedenen Umfelder einlassen, sollten wir es eben auch mit unserem Verhalten, unseren verschiedenen Fähigkeiten und unserer Sprache tun. Doch während wir die Kleidung bewusst auswählen, geschieht das mit unserem übrigen Verhalten zu oft unbewusst und wir nehmen es nicht wahr. Und so geschieht es, dass wir uns in unserem Leben manchmal wie »im falschen Film« fühlen. Es kommt darauf an, sich bewusst zu machen, in welchem Lebensfeld wir uns gerade befinden. Uns klarzumachen, dass bestimmte Verhaltensweisen in einem bestimmten Fall passen, in einem anderen Fall nicht. Zärtlichkeit passt nicht in den Arbeitsalltag, Siegeswillen nicht in den Straßenverkehr und Geduld nicht in ein Handballspiel. Nur wenn wir unsere sämtlichen Verhaltensweisen kennen und leben können, wird es uns gelingen, uns schnell und authentisch auf das Lebensfeld einzustellen, in dem wir uns gerade befinden.

Entscheiden Sie für sich selbst:

Notieren Sie doch einmal, wo Sie sich in Ihrem Leben in verschiedenen Lebensfeldern bewegen, und schauen Sie sich jedes einzelne genau an!

Wenn Sie sich in einem Lebensfeld nicht wirklich wohlfühlen, denken Sie darüber nach, wie Sie es verlassen können!

Entscheiden Sie sich für die Lebensfelder, die Ihr Leben wirklich bereichern!

Lassen Sie sich auf diese Lebensfelder vollständig ein.

Setzen Sie Ihre Fähigkeiten und Fertigkeiten vor allem dort ein, wo sie Ihr Leben bereichern!

270

Es gibt in unserem Leben wichtige und unwichtige Lebensfelder!

Überlegen Sie doch einmal, wo Sie sich in Ihrem Leben in verschiedenen Lebensfeldern bewegen, und schauen Sie sich jedes einzelne genau an. Jedes Lebensfeld, sei es im Beruf, in der Familie, im Verein, in der Öffentlichkeit oder wo auch immer, erfordert verschiedene Eigenschaften und Talente, die Sie hier einfließen lassen. Jedes Lebensfeld bereichert Ihr Leben. Doch nicht jedes Lebensfeld im gleichen Maße. Vergeuden Sie Ihre Talente nicht in falschen Lebensfeldern. Wer zum Beispiel gut verhandeln kann, sollte dieses Talent nicht beim Pokerspiel vergeuden, sondern es im Job nutzen. Wer charmant und zärtlich sein kann, sollte dieses Talent nicht nur bei einer schönen Unbekannten einsetzen, sondern zuerst einmal bei seiner Lebenspartnerin. Manche Lebensfelder befruchten sich gegenseitig, andere behindern sich gegenseitig oder schließen sich sogar aus. Darum ist es notwendig, sich zu entscheiden, welche Lebensfelder für das eigene Leben wichtig oder nicht ganz so wichtig sind. Überlegen Sie sich bitte, welche Lebensfelder Sie verstärkt leben wollen und auf welche Sie in Zukunft weniger Wert legen werden.

Wie gehe ich mit meinem Umfeld um?

Wie sieht meine Umgebung aus?
Wie sieht mein Lebensraum aus?
Wie sieht mein Arbeitsumfeld aus?
Können sich meine Gedanken hier entfalten?
Ist mein Umfeld eher aufgeräumt oder eher unordentlich?
Habe ich alles, was ich brauche, zur Hand?
Ist mein Umfeld eher farbig und lebendig oder eher trist?
Halte ich mich gern hier auf?
Nehme ich mein Umfeld aufmerksam wahr?

Jeder Mensch braucht für seinen persönlichen Erfolg ein dynamisches und funktionierendes Umfeld. Eine Umgebung, in der er sich wohlfühlt. Dazu gehören die Arbeits- und Wohnumgebung und die Freizeit- und Erholungsräume. Die Umgebung, die täglich auf uns einwirkt, prägt bewusst und unbewusst unsere Stimmung. Eine lieblose und ungepflegte Umgebung verletzt unser ästhetisches Empfinden und lässt uns mit der Zeit abstumpfen. Eine schöne Umgebung kann uns über das Gewöhnliche hinaus erheben.

Wir brauchen ein Zuhause, aus dem wir Kraft schöpfen können!

Das beginnt mit unserem privaten Wohnraum. Normwohnungen prägen Normfamilien und formen Normmenschen. Brechen Sie aus diesen Normen aus und schaffen Sie sich ein Wohlfühl-Wohnumfeld, das zwar nicht wie im Katalog eines Möbelgeschäftes ausschauen muss, dafür aber Raum zur Entfaltung und zum Leben gibt. Oft reicht schon ein kleiner selbst gepflückter Blumenstrauß. Ihre Wohnung hat auch nicht den Zweck, andere zu beeindrucken, sondern den, dass Sie sich hier pudelwohl fühlen. Nur so werden Sie aus diesem Zuhause die Kraft schöpfen, die Sie für Ihr gelungenes Leben benötigen.

Aus der Beengtheit unserer kleinen kalten Wohnung im Münchner Arbeiterviertel wollte ich mit aller Kraft heraus. Ich habe dafür gekämpft und alles dafür getan. Und heute besitze ich wunderschöne Dinge, in denen ich meinen Erfolg wiedererkenne, und ich blicke auf das von mir Geleistete und Erarbeitete mit großer Freude. Das ist ein wunderbares Gefühl, das Kraft und Glanz verleiht.

Unser Arbeitsumfeld ist der Spiegel unserer Leistung!

Das Gleiche gilt natürlich auch für unser Leben und unser Arbeitsumfeld. Es gibt zwar immer wieder spannende Erfolgsgeschichten von

Weltunternehmen, die in Garagen oder in einem mit Sperrmüll eingerichteten Wohnzimmer begannen. Doch sehen diese Firmen heute noch so aus?

Auch mein späteres Weltunternehmen begann nur mit einem wackligen Schreibtisch vom Trödelmarkt. Doch ich habe alles dafür getan, mein Arbeitsfeld, meine Firma immer wieder weiterzubauen. Und heute empfinde ich Stolz und große Freude, wenn ich die Lejeune Academy, die ich nach meiner internationalen Karriere in der Hightech-Branche gegründet habe, mit ihren roten Säulen, den roten Designerstühlen und modernster Büroausstattung betrete und denke: »Ja, für diese Motivationsakademie und unser Team lohnt es sich, jeden Tag früh aufzustehen und bis spät abends daran zu arbeiten, unseren Klienten durch die Motivation und Begeisterung noch mehr Energie zu schenken.«

Unser Arbeitsumfeld beeinflusst unsere Leistung!

Bei Ihrem Arbeitsumfeld kommt es zusätzlich noch darauf an, dass es eine gewisse Ordnung hat, sodass Sie jederzeit all das, was Sie zur Erledigung Ihrer Arbeiten und Aufgaben benötigen, zur Hand haben. Noch immer gibt es Menschen, die der Meinung sind, Stapel unerledigter Aufgaben auf ihrem Schreibtisch seien ein Zeichen für ihren Fleiß, und deshalb pflegen sie bewusst ihre Unordnung. Die andere Seite ist jedoch, dass diese Stapel unerledigter Arbeiten oftmals bremsende und schlechte Gefühle erzeugen. Entscheiden Sie sich deshalb für Ordnung. Legen Sie auf Ihren Schreibtisch nur die Vorgänge, die Sie jetzt wirklich erledigen wollen. Es ist ein tolles Gefühl, nach getaner Arbeit einen leeren Schreibtisch zu haben und zu sich zu sagen: »Ich habe heute wieder alles erledigt und fühle mich gut.« Und so haben Sie auch die nötige Motivation und den Schwung für die nächste schöne Aufgabe.

Unser Umfeld sollte zu uns passen, nicht wir zu unserem Umfeld!

Eine der wichtigsten Herausforderungen in unserem Leben ist die ständige Veränderung. Mit jeder Veränderung in Ihrem Leben geht eine Veränderung Ihres Umfeldes einher. Achten Sie darauf, dass Ihre Umgebung, Ihr Umfeld zu Ihnen passen und nicht nur Sie zu Ihrem Umfeld. Passen Sie Ihre Umgebung Ihrem Leben an. Gehen Sie mindestens zweimal im Jahr gedanklich sehr wach in Ihrem Umfeld spazieren. Begutachten Sie Ihr Umfeld und räumen Sie es da ordentlich auf, wo die Wege nicht mehr zu Ihnen passen.

Kleinigkeiten sind Vitamine für unseren Erfolg!

Viele Menschen gehen im Leben immer wieder an ihrem Glück, an ihren Erfolgen, an ihren Chancen vorbei, weil sie ihre Umwelt nicht aufmerksam genug wahrnehmen. Es kommt deshalb sehr stark darauf an, sich mit wachen Augen und einem hellen Verstand die Freiheit zu leisten, positive Dinge, die am Wege liegen, wahrzunehmen, und Chancen, die sich bieten, auch anzunehmen. Dabei sind es vor allem die Gefühle, die unsere Aufmerksamkeit lenken. Wenn Sie zum Beispiel einen Menschen lieben, denken Sie ständig ganz automatisch an ihn. Und Sie achten auf viele Dinge, die Sie sonst gar nicht wahrnehmen würden. Alle Ihre Sinne sind geschärft und registrieren auch sogenannte Kleinigkeiten. Und plötzlich gewinnen diese Kleinigkeiten eine ganz neue, besondere Bedeutung, Strahlkraft und Dimension.

Bitte überlegen Sie doch mal, an wie vielen Kleinigkeiten Sie in Ihrem Leben bisher achtlos vorübergegangen sind und was wohl geschehen wäre, hätten Sie diese Kleinigkeiten nur wahrgenommen und sie zu Ihrem Erfolg ausgebaut. Wie viele Niederlagen und Enttäuschungen hätten Sie dadurch vermeiden können? Wie viele Chancen hätten sich Ihnen geboten? Deshalb achten Sie ab sofort mehr auf die Kleinigkeiten. Sie sind die Vitamine für Erfolg!

Entscheiden Sie für sich selbst:

Ein Umfeld, das Sie nicht positiv beeinflussen und verändern können, sollten Sie verlassen!

Brechen Sie aus Normen aus und schaffen Sie sich ein Wohlfühl-Wohnumfeld.

Zeigen Sie mit Ihrem Arbeitsumfeld, was Sie geleistet haben und leisten können!

Gehen Sie mindestens zweimal im Jahr gedanklich sehr wach in Ihrem Umfeld spazieren. Begutachten Sie Ihr Umfeld und räumen Sie es auf!

Achten Sie in Ihrem Umfeld auch immer auf die Kleinigkeiten!

Wie gehe ich mit den Menschen in meinem Umfeld um?

Wer sind meine Mitmenschen?
Wer sind meine Bremser und wie gehe mit ihnen um?
Wer sind meine Neider und wie gehe ich mit ihnen um?
Wie gehe ich mit Besserwissern um?
Wer sind meine Unterstützer und worum bitte ich sie?
Wer sind meine Freunde und wie pflege ich diese Freundschaften?
Wer ist meine Partnerin, mein Partner?
Wie gehe mit ihr/ihm gemeinsam den Weg zum gelungenen Leben?
Wer sind meine Vorbilder und was lerne ich von ihnen?
Kein Mensch kann ausschließlich deshalb erfolgreich sein, weil er sich nur auf sich selbst konzentriert. Erfolg braucht wenig Ego, aber

dafür immer ein gutes Umfeld. Sie können nicht in einem schlechten Umfeld, das entmutigt und blockiert, auf Dauer erfolgreich sein. Versuchen Sie deshalb, Ihr Umfeld rein und sauber zu halten. Das Wichtigste in unserem Umfeld sind die richtigen Menschen. Da ist kein Platz für Neider oder Menschen, die Sie ausnutzen oder ausbremsen wollen. Schauen Sie sich in Ihrem Umfeld um und überlegen Sie genau, wer Sie bremst, wer Sie unterstützt und wer Ihnen als Vorbild dienen kann.

Die Bremser in unserem Leben sind ein Zeichen dafür, wie mutig wir sind!

Bestimmt gibt es einige Menschen in Ihrem Umfeld, die dadurch auffallen, dass sie Sie ständig warnen, Angst verbreiten, Ihnen einreden, dass Sie bestimmte Dinge nicht können. Sie wollen Ihnen sagen, dass sie genau wissen, was für Sie gut, schlecht oder sogar ganz schlecht ist. Sie sind es auch, die größte Schwierigkeiten haben, ein Lob auszusprechen. Diese Menschen wirken wie eine Bremse für Ihre Gefühle und Ihren Lebensweg. Oft wäre es empfehlenswert, sich von einigen dieser Menschen zu trennen. Ein großer Wissenschaftler erzählte mir einmal, dass eine seiner ersten Entscheidungen, als er als Professor an eine Hochschule berufen wurde, darin bestand, nicht in eine Dienstwohnung einzuziehen. Er nahm sich eine eigene Wohnung, das heißt, er zog an einen Ort, wo er mit den eventuellen Skeptikern, Bremsern, Frustrierten und Dauernörglern nicht zusammenleben musste. Ein guter Teil seiner Energie, die er wirklich für andere Dinge brauchte, wäre verpufft, wenn er ständig diese Menschen um sich gehabt hätte. Leider ist es so, dass wir manchmal einen solchen Schnitt machen sollten.

Da aber viele dieser Menschen in Ihr Beziehungsnetzwerk gehören, sei es als Familie, Partner, Freunde, Arbeitskollegen oder Kunden, ist es nicht immer einfach, sich zu trennen. Überlegen Sie deshalb eigene Wege, mit diesen Menschen umzugehen. Führen Sie diesbezüglich offene und mutige Gespräche.

Beweisen Sie Mut und versuchen Sie, Ihr Umfeld durch die Kraft der Ehrlichkeit und der Motivation positiv zu verändern und zu reinigen. Hierbei hilft Ihnen sicherlich auch die Lejeune Power-Box, die alle Werkzeuge, die Sie auf dem Weg zu Ihrem gelungenem Leben benötigen, beinhaltet (www.lejeune-power-box.com).

Die Neider in unserem Leben sind ein Zeichen dafür, wie erfolgreich wir sind!

Erfolg ruft bekanntlich oft Neid hervor. Im Grunde sind Neider eifersüchtig auf Ihre beruflichen und persönlichen Erfolge, die ihnen in ihrem eigenen Leben fehlen. Der Volksmund hat recht: Neid muss man sich erst verdienen. Der Neid der anderen kann also durchaus ein sehr ehrlicher Gradmesser dafür sein, was andere Menschen an Ihrem Leben erstrebenswert finden. Aber auch wenn neidisches Verhalten ein hilfreicher Indikator für Sie sein kann, heißt das nicht, dass Sie sich den negativen Gefühlen neidischer Mitmenschen aussetzen müssen. Lassen Sie sich Ihre Erfolge nicht vermiesen, meiden Sie Menschen, die Ihre Erfolge und Ihr Glück nicht mit Ihnen teilen können oder wollen, und wenn Letzteres aus bestimmten Gründen nicht möglich ist, suchen Sie ein offenes und ehrliches Gespräch. Sie müssen dabei Ihre Erfolge keineswegs rechtfertigen, aber oft bekommt Ihr Gegenüber ein weniger verzerrtes Bild, wenn Sie ihm erzählen, was Sie alles eingebracht und auf sich genommen haben, um dieses oder jenes Ergebnis zu erreichen. Neider neigen nämlich dazu, immer nur die eine Seite der Medaille zu sehen – auf die Arbeit, die Mühen und Entbehrungen, die Sie auf sich genommen haben, sind sie nie neidisch. Diese Seite wird von ihnen völlig ausgeblendet.

Die Besserwisser in unserem Leben sind ein Zeichen dafür, wie stark wir sind!

Immer wieder gibt es Mitmenschen, die versuchen, uns unsere Ziele und Träume auszureden. Um diese ständigen Angriffe auf unsere Ideale, Lebensvorstellungen und unser Selbstwertgefühl abzuwehren, sollten wir wirksame Maßnahmen ergreifen. Unseren Glauben an uns selbst stärken wir mit Wahrheitsliebe, nachhaltigen Erfolgen und positivem Denken.

Bestimmt kennen auch Sie die Situationen, in denen Sie fest an sich geglaubt haben, in denen Sie die Kraft spürten, die in Ihnen steckt. Rufen Sie sich dieses Gefühl der Stärke täglich in Ihr Bewusstsein und prägen Sie es sich fest ein. Sie werden spüren, wie sich Ihre Körperhaltung verändert: Sie richten sich automatisch auf und strahlen Souveränität und Selbstsicherheit aus, wenn Sie an Erfolge denken. Auch Ihre Stimme wird bestimmter und gelassen. Erinnern Sie sich bei Ihrer nächsten Herausforderung an Ihre Erfolgsgefühle und Ihre Erfolgshaltung. Dies wird Ihnen dabei helfen, selbstsicher und souverän aufzutreten. Aus meiner Erfahrung kann ich Ihnen versichern: Ein selbstbewusstes Auftreten kann man trainieren und es ist gar nicht so schwer.

Bremser und Neider haben in unserem gelungenen Leben keinen Platz!

Auch ich versuche, mein Umfeld sauber zu halten. Mit der Zeit habe ich mir eine hervorragende Menschenkenntnis angeeignet. Oft erkenne ich schon sehr schnell, ob ein Mensch gut oder schlecht für mich sein könnte. Lassen Sie Bremser und Neider hinter sich, denn die seelischen Gifte, die in einer schlechten Umgebung entstehen, nehmen Ihnen Selbstbewusstsein, Fantasie, Kreativität, Lebensfreude und Mut. Wie bei mir selbst habe ich auch an engen Mitarbeitern erlebt, dass sie erst dann positiv gestimmte und erfolgsorientierte Menschen wurden, nachdem sie sich aus einem negativen, neidgeprägten Umfeld gelöst hatten.

Wichtig hingegen sind die Menschen, die uns auf unserem Weg wohlwollend begleiten, die uns unterstützen und Mut machen. Menschen, die lachen und Freude ausstrahlen, bei denen wir uns ehrlichen Rat holen können und die uns mit Geist, Energie und Kraft umgeben. Wenn wir wissen, wer diese Wohlfühl-Menschen sind, sollten wir überlegen, wie wir diesen Menschen begegnen und wie wir uns gegenseitig bereichern können.

Mit liebevoller Pflege bringen wir unsere Freundschaften zum Erblühen!

Freunde in unserem Leben sind diejenigen, auf die wir auch in schlechten Zeiten zählen können. »Freunde in der Not gehen hundert auf ein Lot«, heißt es im Volksmund. Und das stimmt. In schwierigen Situationen bleiben nur die wahren Freunde an unserer Seite, doch diese wenigen Freunde sind Großes zu leisten imstande. Überlegen Sie, wer Ihre wirklichen Freunde sind. Ich habe in meinem Leben interessanterweise die wirklichen Freunde gefunden, als ich meinen Sinn des Lebens im inneren Reichtum fand. Mein Wandel hatte zudem den großen Vorteil, die langjährigen sogenannten Wohlstandsfreunde dabei verloren zu haben.

Leider geschieht es immer wieder, dass wir die wirklichen Freunde im Leben vernachlässigen. Es tauchen neue Bekanntschaften und Lebenssituationen auf und man vergisst seine wahren Freunde. Achten Sie darauf, dass Sie die wirklichen Freundschaften in Ihrem Leben sorgfältig pflegen. Es genügt manchmal schon ein spontaner Anruf, eine Karte mit lieben Worten oder eine herzliche Umarmung.

Unsere Lebenspartner sind die Teilhaber an unserem gelungenen Leben!

Häufig können es auch unsere Lebenspartner sein, die sich neuen Veränderungen bewusst oder unbewusst entgegenstellen. Partner, die zur Vorsicht raten, wo Mut geboten wäre, Partner, die zum Abwarten raten, wo aktives Handeln nötig wäre. Sicher, das geschieht nicht aus Bosheit. Es geschieht, weil Partner zum Teil einen gänzlich anderen Lebensentwurf haben, weil sie durch ihre Erziehung und Herkunft anders aufgewachsen sind. In Zeiten, in denen das Leben seinen gewohnten Gang geht, treten diese unterschiedlichen Charaktere oder Verhaltensweisen nicht so stark zutage. Sie werden durch den Alltagstrott übertüncht. Doch in Zeiten von Krisen, Problemen oder eben auch Veränderungen können diese Unterschiede zu gefährlichen Bremsklötzen werden. Und das ist dann die Situation, in der man sich entscheiden muss, ein mutiges, offenes Gespräch zu führen und den anderen anzuhören, um dann gemeinsam wieder Schwung in die Partnerschaft oder Beziehung zu bringen. Der Tisch zwischen zwei Menschen sollte rein sein, erst dann kann wieder neue Lebensenergie fließen. Oft sind es die kleinen Unstimmigkeiten, die Spannung in eine Beziehung bringen. Ich kenne es aus meinem eigenen Leben. Manchmal entstehen Problem dadurch, dass wir dem anderen nicht zuhören und ihm ins Wort fallen. Oder wir denken, der Partner sollte dies und jenes so tun, wie wir es tun, da er sonst vielleicht nicht mehr unserem Bild entspricht. Wir führen regelrechte Machtkämpfe, die in der Folge ernsthafte Beziehungsprobleme heraufbeschwören.

Wenn Sie gerade in einer Beziehungskrise stecken sollten und sich nicht von Ihrer Partnerin oder Ihrem Partner trennen wollen, ist es wichtig, genau zu wissen, wie Sie diese Partnerschaft in Zukunft weiterführen und gesund pflegen wollen. Überlegen Sie, wie Sie Ihre Partnerin oder Ihren Partner an Ihrem Weg zu einem – gemeinsamen – gelungenen Leben teilhaben lassen.

Unsere Vorbilder sind die Wegweiser auf unserem Weg zum gelungenen Leben!

Persönlichkeitsveränderung braucht vor allem Vorbilder. Man sollte nach erfolgreichen Menschen suchen, um von ihnen zu lernen. Ich habe in meinem Leben bis heute immer wieder Vorbilder gesucht und gefunden, wobei ich betonen möchte, dass Vorbilder nicht immer prominent sein müssen. Nach Erich Kästner ist es unerheblich, ob ein Vorbild ein großer Dichter oder Onkel Fritz aus Braunschweig ist. Hauptsache, es ist ein Mensch, der im gegebenen Augenblick ohne Wimpernzucken das sagt oder tut, wovor wir zögern.

Gesellschaftliche Vorbilder ändern sich sehr stark im Laufe der Zeit, da sie überwiegend den jeweils gegenwärtigen gesellschaftlichen Moralvorstellungen entsprechen. In der Gesellschaft der Zwanzigerjahre zählten militärische Tugenden und hochdekorierte Generäle wie Hindenburg und Ludendorff, während sich in den Fünfzigerjahren viele

Deutsche für den evangelischen Theologen und »Urwaldarzt« Albert Schweitzer begeisterten.

Auch im Laufe unseres Lebens verändern sich unsere Vorbilder. Am Anfang nimmt ein Kind noch alle Eindrücke auf, die sich ins Gehirn einprägen. Zusammen mit seinen angeborenen Verhaltensmustern formt sich über eine immer komplexere Netzwerkbildung im Gehirn das, was man später Persönlichkeit nennt. In diesem Prozess sind es vor allem die Eltern oder nahe Verwandte, die eine Vorbildfunktion einnehmen. In der Pubertät kommen weitere Vorbilder hinzu, die in besonderer Weise Glück, Mitmenschlichkeit, Freiheit oder Ruhm verkörpern. Oft sind das Film- oder Popstars, die dann spater, im Erwachsenenalter, wieder durch ernsthaftere Vorbilder abgelöst werden.

Unsere Vorbilder haben die Antworten auf unsere Fragen!

In einer internationalen Umfrage des deutschen Gallup-Instituts gaben immerhin nahezu 80 Prozent aller Führungskräfte an, ein Vorbild in ihrem Leben zu haben, wobei Männer Vorbilder eher nur zeitweise haben, während Frauen mehr dazu neigen, Idole für das ganze Leben zu wählen. Allerdings kommt bei der Umfrage auch heraus, dass vor allem in der Wirtschaft überzeugende Vorbilder selten sind.

Manche Vorbilder bewundern wir aufgrund Ihrer Leistungen, andere für Ihre Werte und Ideale. Für unser eigenes Leben und unsere eigene Entwicklung ist es jedoch wichtig, dass wir unsere Vorbilder nicht unreflektiert kopieren. Anstatt den Zielen eines Idols nachzueifern, kann es viel hilfreicher und effektiver sein, genau zu analysieren, wodurch er oder sie so erfolgreich wurde. Auch hier gilt: Stellen Sie die richtigen Fragen und übertragen Sie dann die so gewonnenen Erkenntnisse passgenau auf Ihr eigenes Leben.

Als ich Anfang der Achtzigerjahre zusammen mit meiner Frau auf einer Veranstaltung der Deutschen Bank deren Sprecher, den unvergesslichen Dr. Alfred Herrhausen, zum Thema »Werte in der Wirtschaft« sprechen hörte, war ich fasziniert. Seine Rhetorik, sein Geist, seine Kör-

*persprache, seine Disziplin waren ansteckend. Nach diesem begeistern-
den Vortrag nahm ich meinen ganzen Mut zusammen, ging auf ihn zu
und sagte zu ihm: »Ich habe heute Abend ein Vorbild gefunden, es heißt
Dr. Alfred Herrhausen!« Er lachte mich an und sagte sinngemäß: »Wie
komme ich denn zu dieser Ehre?« Als er im folgenden Gespräch merkte,
dass mein Lob nicht nur eine leicht dahingesagte, oberflächliche Schmei-
chelei war, sondern meine Bewunderung auf einer klaren, wohldurch-
dachten Analyse beruhte und welche gewinnbringenden Lehren ich aus
unserer Begegnung für mein eigenes Leben zog, ohne ihn einfach kopieren zu wollen, ergab sich eine hochinteressante und lebhafte Unterhaltung und weitere lehrreiche und bereichernde Begegnungen folgten. Dr.
Alfred Herrhausen ist mein Vorbild bis zum heutigen Tag geblieben.*

Entscheiden Sie für sich selbst:

Schauen Sie sich in Ihrem Umfeld um und überlegen Sie
genau, wer Sie bremst, wer Sie unterstützt und wer Ihnen
als Vorbild dienen kann!

Lassen Sie Bremser und Neider hinter sich. Reinigen Sie
Ihr Umfeld, denn seelische Gifte, die in einer schlechten
Umgebung entstehen, nehmen Ihnen Selbstbewusstsein,
Fantasie, Kreativität, Lebensfreude und Mut!

Achten Sie darauf, dass Sie die wirklichen Freundschaften
in Ihrem Leben sorgfältig pflegen. Es genügt manchmal
schon ein spontaner Anruf, eine Karte mit lieben Worten
oder eine herzliche Umarmung!

Überlegen Sie genau, wie Sie Ihre Partnerin oder Ihren Partner an Ihrem Weg zu einem – gemeinsamen – gelungenen
Leben teilhaben lassen!

Suchen Sie sich Vorbilder, an denen Sie sich orientieren
können und die Ihnen durch ihr Beispiel Antworten auf Ihre
Fragen geben!

Wie gehe ich mit meinen Beziehungen um?

Wie groß ist mein Beziehungsnetzwerk?
Wie nehme ich meine Mitmenschen wahr?
, Wie motiviere ich meine Mitmenschen?
Wie lebe ich Begeisterung vor?
Wie fördere ich die Stärken meiner Mitmenschen?
Zu unserem Umgang mit unseren Mitmenschen gehört auch die
Frage, wie wir sie motivieren und unterstützen können. Die Palette an
Möglichkeiten ist groß.

Mit einem großen Beziehungsnetzwerk multiplizieren wir unseren Erfolg!

Zunächst einmal brauchen wir ein großes Beziehungsnetzwerk. Es er-
öffnet uns ganz neue Kreise, in denen wir neue Kontakte knüpfen und
aufbauen können. Ein großes Beziehungsnetzwerk bedeutet, dass wir
an exklusive Informationen und gute Tipps herankommen, die uns einen Vorsprung gegenüber anderen bieten, und gleichzeitig können wir
selbst Informationen gezielt in Umlauf bringen und so das Interesse
oder die Neugier bei unseren Mitmenschen und eventuellen Kunden
wecken. Ein großes Beziehungsnetzwerk bedeutet ferner, dass wir
Entscheidungsprozesse besser beeinflussen können. Ein großes Beziehungsnetzwerk bringt uns Empfehlungen und Referenzen, die wir nutzen können und wodurch wir bei anderen Menschen möglicherweise
einen Vertrauensvorschuss bekommen. Der rechtzeitige Aufbau von
Beziehungsnetzen ist eines der Geheimnisse des Erfolgs. Nehmen Sie
den politischen Bereich als Beispiel: Es kann jemand ein genialer poli-
tischer Denker sein, aber wenn er nicht in der Lage ist, sich mit einer
entsprechend großen Gruppe von Menschen zu vernetzen und sie von
seinen Ideen zu überzeugen, wird er politisch wirkungslos und damit
erfolglos bleiben.

Motivation heißt: Menschen zu begeistern, statt sie zu führen!

Man kann als Chef, Vorgesetzter, Vorsitzender oder Familienoberhaupt seine »Amtsautorität« ausüben und damit die anderen dominieren. Je nachdem, wie stark die Position ist, werden die »anderen« schon parieren. Das geht so lange gut, wie die »Untergebenen oder Abhängigen« durch Angst in Schach gehalten werden. So sah auch das Führungsprinzip von Captain Bligh auf der Bounty aus. Doch wir wissen alle, wie es geendet hat, nämlich in einer Meuterei. Denn in dem Moment, in dem man Schwäche zeigt oder ein Stärkerer kommt, ist die ganze Macht dahin.

Und nun mal Hand aufs Herz: Wie befriedigend kann es für Mitmenschen sein, in einer Umgebung aus Angst und Gehorsam zu leben? Wie erfolgreich kann ein Unternehmen sein, in dem die Mitarbeiter nur durch Druck und Befehle arbeiten? Wie lange hält eine Beziehung, in der ein Partner vor dem anderen Angst hat?

Wie oft habe ich Unternehmen kennengelernt, die wundervolle Leitbilder hatten, auf Hochglanzpapier gedruckt. Firmen, die Unmengen an Geld für Werbung ausgaben. Und dennoch waren diese Unternehmen in der Öffentlichkeit nicht sehr gut beleumundet. Niemand traute ihnen, denn das, was nach außen kommuniziert wurde, wurde in diesen Firmen nicht gelebt. Und so wundert es mich nicht, dass es viele dieser Firmen heute nicht mehr gibt. Hat man hinter die Kulissen dieser Unternehmen geschaut, erkannte man auch schnell, wo der »Hund begraben lag«.

Geschäftsführer, die nach außen das Kundeninteresse herausstellen und gleichzeitig nur an ihren eigenen Geldbeutel denken, Entscheidungswege, die nicht nachvollziehbar sind, Entscheidungen, die hinter verschlossenen Türen stattfinden, und Menschen, die das Vertrauen in ihre Vorgesetzten verloren haben. Das sind die Samen, aus denen Erfolglosigkeit und schlussendlich Niederlagen erwachsen. Da helfen dann auch keine Subventionen mehr.

Jeder Mensch zeigt uns durch sein Verhalten, wie er sich fühlt!

Um zu erkennen, wie es in einem bestimmten Umfeld wirklich um die Motivation bestellt ist, reicht es meist aus, sich die Menschen anzuschauen. Dazu habe ich viel Gelegenheit, denn häufig bin ich mit meinen Seminaren in den unterschiedlichsten Unternehmen zu Gast. Meine erste Aufgabe besteht dann darin, mir einen Eindruck zu verschaffen, wie diese Menschen auf mich wirken. Dabei stelle ich mir die folgenden Fragen:

- Wirken diese Menschen offen, ehrlich und authentisch?
- Machen diese Menschen einen fröhlichen und entspannten Eindruck?
- Wirken diese Menschen interessiert und einsatzfreudig?
- Übernehmen diese Menschen Verantwortung und stehen sie zu ihren Fehlern?
- Gehen diese Menschen hilfsbereit miteinander um?
- Sind diese Menschen loyal?

Denn jeder Mensch zeigt durch sein Verhalten, wie er sich in seinem Leben oder an seinem Arbeitsplatz fühlt. Ein Mensch, der Anerkennung erhält und in seinen Stärken gefördert wird, fühlt sich wohl und bringt alle seine Qualitäten ein. Auf diese Menschen können Sie bauen. Ob in der Firma, im Verein oder in der Familie.

Begeisterung können wir nur durch gute Kommunikation weitergeben!

Um Menschen zu begeistern, kommt es darauf an, sich aufrichtig für die Menschen zu interessieren, ihre Hoffnungen und Erwartungen zu kennen, ihre Stärken zu fördern und sie in ihrem Erfolg zu unterstützen und diesen anzuerkennen. Nur so kann es gelingen, die Ziele des Unternehmens und die Ziele der Mitarbeiter zusammenzuführen und damit den Erfolg der Firma zu fördern.

Der Erfolg meiner Firmen basiert bis heute auf diesen menschlichen Führungsstrategien. Dieser Erfolg hat sein festes Fundament in der Transparenz aller Entscheidungen, der Ehrlichkeit und Echtheit aller unserer Aussagen, dem offenen Ansprechen von Problemen und dem gemeinsamen Suchen nach Lösungen. Das geht aber nur in einer Kultur, die auf Begeisterung der Menschen aufbaut. Diese Begeisterung kann man nicht erzwingen. Man kann sie nur ehrlich vorleben und mit guter Kommunikation weitergeben.

Die Stärken unserer Mitmenschen werden zu unseren Stärken!

Als ich Anfang des zweiten Jahrtausends meine Akademie der Motivation gründete, hatte ich erstmals nur die »Vision« und den festen Glauben, dass die Welt der Motivation ein Zuhause in einer eigenen Akademie finden wird. Die Startbedingungen waren schwer, da ich wusste, dass ich nach meinem Welterfolg mit Mikrochips quasi ganz von vorn, so wie damals mit meiner Chipbroker-Idee, anfangen musste. Ich startete die Akademie mit meiner langjährigen Sekretärin, die ich schon aus meiner alten Zeit als Unternehmer als treue Weggefährtin hatte. Der Start war ein Start in bewegte »Gewässer«. Verkaufte ich früher weltweit Chips, war es von nun an die Kraft der Motivation, beheimatet in meiner Akademie und mir.

Mein erster Partner für Motivation wurde eine weltbekannte Schweizer Großbank. In vielen Motivationsrunden floss die emotionale Kraft meines Akademieprogramms in die emotionalen »Energien« der Bankmanager. Ich spürte bereits im Gründungsjahr meiner Motivations-Akademie, dass authentische Motivationslehre eine noch größere Zukunft hat als meine frühere Jagd nach täglichen Erfolgen in der Welt der Wirtschaft. Ich merkte sehr bald, dass Motivation in Verbindung mit meinem erlebten Leben der Mittelpunkt und Ausgangspunkt meiner Akademie wurde. Doch plötzlich erreichte mich wie ein Donnerschlag die Nachricht, dass meine Sekretärin die schlimmen Tsunami-Erlebnisse, die sie in einem Kurzurlaub in Sri Lanka durchmachte, schwer be-

einträchtigten. Sie kam auf mich zu und bat mich offen und aufrichtig um Verständnis, dass sie eine lange, erfolgreiche Zusammenarbeit wegen dieser schrecklichen Tsunami-Erinnerungen, die ihre Persönlichkeit verändert hatten, auf ihren Wunsch hin beenden mochte. Nun stand ich wieder allein da. Wer weiß, wie wichtig eine gute und loyale Sekretärin ist, weiß, wie schwer es ist, eine neue »rechte Hand« zu finden. Meine Akademie bestand von nun an in einem Weltkunden, der sich für die Motivation entschied, und mir. Immerhin zwei gute Wege für die Zukunft.

Roxane und Alexandra – die Zukunft ist weiblich!

Mir war bewusst, dass es jetzt für mich hieß, die richtige Nachfolgerin für meine Sekretärin zu finden. Aber wie? Ein guter Bekannter machte mich auf eine junge Dame, die gerade ihr Marketingstudium abschloss, aufmerksam. Ich holte sie zunächst auf Probe in die Motivations-Akademie. Roxane war ihr Name. Zu gleicher Zeit rief mich eine alte Bekannte an und erzählte mir, dass eine gute Freundin wegen Insolvenz ihres Arbeitgebers derzeit arbeitslos sei. Ich bat sie, mir ihre Telefonnummer zu geben. Arbeitslos, dachte ich, und erinnerte mich an die Zeit, in der ich selbst einmal arbeitslos war. Ich erinnerte mich an diese Gefühle und daran, welche Energie ich damals aufbrachte, um aus der Arbeitslosigkeit heraus mein Hightech-Unternehmen zu starten. Mit dieser Energie rief ich Alexandra an und lud sie zu einem Gespräch in meine Akademie ein. Alexandra kam und ich sah in ein trauriges Gesicht. Es saß ein Mensch vor mir, der offensichtlich nicht mehr daran glaubte, in absehbarer Zeit eine Beschäftigung mit Zukunftspotenzial zu bekommen. Alexandra war wohl gekommen, um erneut, wie schon vorher, eine Absage zu erhalten. Sie war sichtlich betroffen und antwortete mit leiser Stimme. Und genau diese Stimme war ihr Kapital. Ich empfand ihre Stimme als ehrlich und sympathisch und intuitiv entschied ich mich für sie. Drei Tage vor Weihnachten rief ich sie an und sagte ihr: »Sie haben den Job! Ich baue auf Sie und Ihre Kollegin Roxane.«
Sie war überglücklich.

Heute sind Alexandra und Roxane das Zentrum der Akademie. In den Jahren des Aufbaus der Lejeune Academy haben beide Damen die Geheimnisse der Motivation von der Pieke auf erspürt, erlernt und erlebt. Alexandra und Roxane wurden dadurch ein Teil der menschlichen Motivation. Und sie zeigen durch ihr vorbildliches Motivationsbeispiel deutlich: Die Zukunft ist weiblich!
Danke Roxane!
Danke Alexandra!

Entscheiden Sie für sich selbst:

Nehmen Sie Ihre Mitmenschen sehr aufmerksam wahr und interessieren Sie sich aufrichtig für sie!

Ein Mensch, der von Ihnen Anerkennung erhält und in seinen Stärken gefördert wird, der fühlt sich wohl und bringt alle seine Qualitäten ein. Auf diese Menschen können Sie bauen.

Um Menschen zu begeistern, kommt es darauf an, sich aufrichtig für die Menschen zu interessieren, ihre Hoffnungen und Erwartungen zu kennen, ihre Stärken zu fördern und sie in ihrem Erfolg zu unterstützen und diesen anzuerkennen.

Begeisterung kann man nicht erzwingen. Man kann sie nur vorleben und mit guter Kommunikation weitergeben.

Nehmen Sie die wichtigen Menschen in Ihrem Leben mit in Ihr gelungenes Leben.

288

Epilog

Liebe Leserin, lieber Leser. Nun haben Sie die 301 Lebensfragen durchgearbeitet. Ich gratuliere Ihnen dazu. Sie haben sich entschieden, das Wichtigste in Ihrem Leben zu verändern: nämlich sich selbst. Das ist ein mutiger und großer Schritt. Vielleicht haben Sie noch nicht alle Fragen in diesem Buch bearbeitet. Vielleicht haben Sie einige Fragen zurückgestellt, um später noch einmal darüber nachzudenken. Glauben Sie mir: Mit jeder Frage, die Sie bearbeiten, kommen Sie einen Schritt weiter auf Ihrem Weg zu einem gelungenen Leben. Machen Sie bitte weiter so!

Sie stehen am Start für Ihr gelungenes Leben!

Doch bereits mit den Fragen, die Sie bis jetzt bearbeitet haben, gehören Sie nun schon zu den Menschen, die vieles über sich selbst wissen. Zu den Menschen, die wissen, wo sie herkommen, wo sie stehen und wo sie hinwollen. Dieses Wissen ist der größte Schatz, den Sie in Ihrem Leben haben. Nun kommt es darauf an, was Sie aus diesem Schatz machen.

Lassen Sie sich von mir für Ihr gelungenes Leben begeistern!

Ich spüre die Begeisterung für ein gelungenes Leben jeden Tag selber ganz tief in mir. Mit diesem Buch möchte ich diese Begeisterung auf Sie übertragen. Spüren Sie diese Begeisterung schon? Spüren auch Sie bereits, wie einige der Fragen Sie »gepackt« haben? Wie Ihnen einiges wie Schuppen von den Augen fiel? Spüren auch Sie in diesem Moment, dass in Ihrem Leben so viel mehr steckt, als bisher geahnt? Spüren Sie bereits den Willen, Ihren Weg weiterzugehen – hin zu Ihrem gelungenen Leben? Dann lassen Sie sich inspirieren von den Beispielen aus meinem Leben! Beispiele, die Sie für Ihren Weg nutzen können. Beispiele, an denen Sie sich auf Ihrem eigenen Weg immer wieder orientieren können. Beispiele, die Ihnen in Zeiten der Schwäche, der Mutlosigkeit, der Verzagtheit Mut machen und die Kraft geben, nach vorn zu blicken, sich aufzuraffen und Ihr gelungenes Leben selbst zu gestalten!

Unser bester Ratgeber ist das Leben selbst!

Die Beispiele und Ratschläge, die ich Ihnen gebe, sind nicht irgendwo theoretisch angelesen oder am grünen Tisch entstanden. Nein! Diese Ratschläge entstammen dem wirklichen Leben. Meinem wirklichen Leben! Alle Fragen in diesem Buch habe ich selbst in meinem Leben für mich beantwortet. Ich habe die tiefsten Tiefen erlebt und die höchsten Höhen erreicht, die es in einem Leben geben kann. Die bittere Armut der Nachkriegszeit in Deutschland in einer kleine Arbeitersiedlung und den Luxus einer Villa an der Côte d'Azur mit dem Blick auf das wunderbare Mittelmeer. Den Hunger, der mich nachts nicht einschlafen ließ – und den Genuss eines Fünf-Gänge-Menüs in den teuersten Restaurants der Welt. Die unsagbare Trauer über den Verlust eines geliebten Menschen wie den Tod meiner Großmutter oder meiner Mutter – und das unsagbare schöne Gefühl, selbst geliebt zu werden, so wie von meiner Frau Irène. Die schlimme Enttäuschung, von heute auf morgen den Job zu verlieren und vollkommen mittellos dazustehen – und das Erfolgsgefühl, ein eigenes Milliarden-Unternehmen zu führen. Die Angst vor der eigenen Zukunft bis hin zu dem Gedanken, sich das Leben zu nehmen – und den Mut, mich meinen Herausforderungen im Leben zu stellen, die Kraft, mein Leben in die eigene Hand zu nehmen. Die Dankbarkeit und die Demut für all das, was ich in meinem Leben erreicht und bekommen habe, und das großartige Gefühl, anderen Menschen zu helfen und etwas weiterzugeben.

Sie leben in einer wundervollen Welt!

Sie kennen sicher das tolle Lied von Louis Armstrong, dem begnadeten amerikanischen Trompeter und Sänger: »What a wonderful world«. Hören Sie sich dieses Lied an. Und schauen Sie sich dabei in unserer Welt um. Diese Welt ist schön. Nehmen Sie in jedem Moment Ihres Lebens bewusst das alles wahr, was uns diese wunderbare Welt um uns herum zu bieten hat. Gehen Sie doch einfach einmal an einem frostklaren Wintertag in den Bergen spazieren und spüren Sie, wie die herrlich frische, kalte Luft in Ihre Lungen strömt. Oder spazieren Sie an einem sonnigen Frühlingstag über die weiche grüne Wiese und erfreuen sich an der Vielfalt der blühenden Blumenpracht. An einem Sommertag laufen Sie am Meer am Strand entlang und spüren den weichen Sand unter Ihren Füßen und den warmen, sanften Wind an Ihrem Körper. Oder machen Sie im Herbst einmal einen Waldspaziergang und nehmen Sie die Farben der Blätter und die Kraft der letzten Sonnenstrahlen bewusst wahr. Wenn Sie die Schönheit dieser Welt jeden Tag wahrnehmen, werden Sie es erkennen: It is a wonderful world!

Jeder Tag kann Ihr schönster Tag sein!

Stehen Sie doch einmal morgens früh auf und erleben Sie, wie die Sonne aufgeht, die frühen Morgennebel sich langsam lichten und ein neuer Tag beginnt. Ein Tag, der genau das wird, was Sie aus ihm machen. Oder setzen Sie sich abends einmal nach draußen auf eine Bank und schauen Sie einfach nur der Sonne zu, wie sie den Tag langsam und stimmungsvoll ausklingen lässt. Einen Tag, der genauso war, wie Sie ihn gelebt haben. Glauben Sie mir: Ob diese Welt hässlich ist oder schön, liegt nur an Ihnen. Ob ein Tag gut ist oder schlecht, liegt nur an Ihnen. Nehmen Sie an jedem Tag Ihres Lebens das Schöne wahr und Sie werden Schönes erleben. Machen Sie ab jetzt jeden Tag in Ihrem Leben zu Ihrem schönsten Tag.

Sie sind ein Teil dieser wundervollen Welt!

Diese Welt ist wundervoll. Das ist sie nicht deshalb, weil alles in Ordnung ist. Das ist sie nicht deshalb, weil es keine Probleme gäbe, so ist es bei Weitem nicht. Diese Welt ist darum schön, weil wir diese Welt verändern können. Wir sind ein Teil dieser Welt. Und es ist allein Ihre Entscheidung, ob Sie einfach so in dieser Welt dahinleben wollen oder ob Sie die Aufgabe in der Welt übernehmen wollen, die Ihnen zusteht. Der Grund, warum es eine so große Zahl von Problemen gibt, liegt doch darin, dass die meisten Menschen nicht bereit sind, sich für das Gute einzusetzen. Zu viele Menschen sind bequem, möchten lieber abwarten. Doch Abwarten ist nur dort sinnvoll, wo vorher gesät wurde. Denn nur das, was wir säen, können wir ernten. Warten Sie also nicht Jahr für Jahr darauf, dass irgendetwas geschieht, ohne dass Sie eine Grundlage dafür geschaffen haben, und verschenken dadurch die beste Zeit Ihres Lebens. Entscheiden Sie sich für die wundervolle Welt. Entscheiden Sie sich für Ihre wundervolle Welt. Entscheiden Sie sich für Ihr gelungenes Leben. Entscheiden Sie sich jetzt!

Auf dem Weg zu Ihrem gelungenen Leben gestalten Sie Ihre wundervolle Welt!

Für Ihr Leben sind nur Sie allein verantwortlich. Sie haben in der Hand, wie Ihre Tage aussehen. Es hängt ausschließlich von Ihnen selbst ab, in welche Richtung Sie schauen, welche Richtung Sie Ihrem Leben geben. Glauben Sie mir: Egal was in Ihrem Denken jetzt noch gegen Glück und Erfolg sprechen mag, es wird sich auflösen, je mehr Sie sich in Richtung gelungenes Leben aufmachen. Je mehr Sie in sich selbst die Begeisterung dafür wecken, ein gelungenes Leben führen zu wollen. Die Begeisterung, mit der Sie Ihr Lebensziel ansteuern, gibt Ihnen so unendlich viel Kraft. Wahrscheinlich haben Sie diese Kraft bereits beim Lesen dieses Buches in sich gespürt. Das ist die Kraft, mit der Sie Ihre Welt erfolgreich aufbauen. Die Kraft, die entsteht, wenn Sie für sich herausfinden, was Sie im Leben erreichen wollen. Wenn Sie Ihr Ziel gefunden haben, sind Sie auf einem starken Veränderungsprozess in Richtung Zielgerade. Wenn Sie Ihr Lebensziel im Auge haben, sind Sie auf dem Weg zu Ihrem gelungenen Leben!

Auf dem Weg zu Ihrem gelungenen Leben können Sie Ihren Lebenswunsch verwirklichen!

Wie heißt denn Ihr größter Lebenswunsch? Welche Lebensform entspricht ganz Ihrem Wesen, Ihren Fähigkeiten und Ihrem Können? Welche Ziele möchten Sie in Ihrem Leben erreichen? Wie sieht Ihr Lebensentwurf aus? Viele Menschen haben nur eine ganz vage Vorstellung von dem Leben, das sie eigentlich führen möchten. Im Grunde möchten sie nur, dass es ihnen irgendwie besser geht. Diese Ziellosigkeit führt nur zu einer tief sitzenden Unzufriedenheit, aber niemals zur Verwirklichung von Träumen. Wenn Sie Ihr Leben entscheidend verbessern möchten, machen Sie sich ein genaues Bild von der Lebenssituation, in der Sie in einem, in drei, in fünf Jahren leben möchten – mit allen Einzelheiten. Diese Ziele halten Sie in allen Details fest. Das ist ungeheuer wichtig, denn Sie wollen diese Ziele ja tatsächlich erreichen. Die Ernsthaftigkeit, mit der Sie sich auf diese Ziele festlegen, sagt sehr viel aus über die Kraft Ihrer Begeisterung für ein neues Leben. Ich hatte immer diese Kraft in mir. Selbst in den schlimmsten Momenten meines Lebens. Ich wusste, die Kraft ist in mir. Wenn Sie das Bild Ihrer eigenen Zukunft deutlich vor sich sehen, finden auch Sie Ihre Kraft für den Weg zu Ihrem gelungenen Leben!

Auf dem Weg zu Ihrem gelungenen Leben werden Ihre Erfolge eine Eigendynamik entwickeln!

Den Lebenswunsch zu verwirklichen heißt jedoch auf keinen Fall, dass man sich Ziele nur vorzunehmen braucht – und dann erfüllen sie sich schon irgendwie von allein. Die Verwirklichung von Zielen erfordert Zeit, Geduld, Ausdauer, Beharrungsvermögen, Mut und Kraft zum Überwinden von Rückschlägen. Ich hatte von Beginn an das Ziel vor Augen, der größte Chipbroker weltweit zu werden. Wenn ich mir allerdings vorgenommen hätte, dieses Ziel in fünf Jahren zu erreichen, wäre ich gescheitert. Den Börsengang und den damit verbundenen wirtschaftlichen Erfolg konnte ich mir bei der Gründung nicht vorstellen. Das ist auch eines der Geheimnisse der Motivation, dass fundierte Erfolge eine große Eigendynamik entwickeln. Jeder Erfolg, und sei er noch so unbedeutend, gibt uns das Gefühl, in unserem Leben voranzuschreiten. Achten Sie jeden Tag auf Ihre kleinen Erfolge. Erleben Sie jeden Tag diese Erfolge ganz bewusst. Ihr Denken wird sich dann Schritt für Schritt in ein Erfolgsdenken verwandeln. Und bald werden Sie nicht mehr in Problemen, sondern nur noch in Erfolgen denken. Ab diesem Moment sollte Ihr Denkprogramm nicht mehr lauten: »Das kann ich nicht!«, sondern: »Das darf ich noch lernen!« Und anstatt resignierend zu sagen: »Das habe ich nicht!«, denken Sie mit Entschlossenheit: »Das brauche ich noch!« Auf Wünsche, die Sie seit Langem hegen und die für Ihr Leben wirklich bedeutsam sind, werden Sie nicht mit dem Seufzer reagieren: »Das kann ich mir nicht leisten!«, sondern mit dem Vorsatz: »Dafür muss ich noch ein paar gute Ideen in Erfolge umsetzen!« Ihr Denkprogramm lautet dann: »Ich will besser werden! Ich will erfolgreich sein!« Das ist Ihr wahrer Treibstoff, der Ihren Motor antreibt und am Laufen hält!

Ihr gelungenes Leben beginnt heute!

Wenn Sie sich die Frage beantworten, wo Sie in einem oder gar in fünf Jahren stehen wollen, seien Sie nicht zu bescheiden. Es steckt so viel in Ihrem Inneren. Glauben Sie an die wunderbare Kraft der menschlichen Energie – Ihrer Energie. Mit ihr können Sie Berge versetzen, Niederlagen überwinden und andere Menschen von Ihren Zielen überzeugen. Glauben Sie an sich selbst und an die unendlichen Möglichkeiten, die Ihnen Ihr Leben offenhält. Doch steile Berge können wir nicht auf wackligen Beinen bezwingen. Wer große Wünsche mit geringer Entschlossenheit angeht, ist schnell zum Scheitern verurteilt. Denn die Stärke der Entschlossenheit sollte der Größe des Wunsches entsprechen.

Ich weiß noch genau, wie mit jedem Mal, als ich als Kind beim Abendessen vor einem fast leeren Teller saß und in die müden, glanzlosen und verzweifelten Augen meiner Mutter blickte, mein Wunsch umso größer in meiner Seele wurde: »Ich werde es schaffen. Ich werde Millionär!« Ich war wild entschlossen, von früh bis spät fleißig und hart zu arbeiten. Ich würde alles einsetzen, was mir an Kraft und Ideen zur Verfügung stand, um diesem Wunsch näherzukommen. Diese Entschlossenheit finden Sie in Ihrer inneren Überzeugung. In Ihrer tiefen Überzeugung, jetzt unmittelbar vor Ihrer eigenen glänzenden Zukunft zu stehen. Sie stehen vor Ihrem gelungenen Leben. Sagen Sie es laut zu sich selbst. Am besten vor einem Spiegel: »Ich stehe vor einer glänzenden Zukunft. Mein gelungenes Leben beginnt heute!« Sie werden dann die Kraft, die aus dieser Selbstüberzeugung entspringt, stark in sich fühlen!

Auf dem Weg zu Ihrem gelungenen Leben werden Sie die richtigen Antworten finden!

Es gibt einen wesentlichen Unterschied zwischen Fragen und Grübeln. Leider sind viele Menschen so programmiert, dass sie besonders in problematischen Lebenssituationen, zum Beispiel nach Schicksalsschlägen oder Niederlagen, beginnen zu grübeln. Sie fragen sich: »Warum gerade ich?« Oder: »Warum geschieht das nur mir?« Das sind genau die falschen Fragen. Diese Fragen blicken in die Vergangenheit. Diese Fragen führen unweigerlich zu falschen Antworten. Wer grübelt, sitzt im Hamsterrad und kommt nicht heraus. Grübeln bedeutet lediglich, dass man die Probleme nur hin und her wälzt. Und dort beginnt das Jammern. Ein ewiger Kreislauf. Brechen Sie aus diesem Kreis aus! Stellen Sie sich in jeder Situation die richtigen Fragen. Jeder Mensch, der Erfolg haben möchte, braucht seine persönliche Checkliste. Wo waren Sie unehrlich sich selbst gegenüber? Wo waren Sie feige? Wo waren Sie rückständig? Wo haben Sie aufgehört, Antworten zu suchen? Wo sind Sie ehrlichen Lebensfragen aus dem Weg gegangen, weil Sie die Antworten fürchteten? Mit wem müssten Sie noch Gespräche führen? Wo müssten Sie Wissenslücken auffüllen? Jeden Abend lasse ich meinen Tag Revue passieren und stelle mir genau diese ehrlichen Fragen. Und es ist ein wundervolles Gefühl, einzuschlafen mit dem Gedanken: Ja, heute habe ich jede Frage richtig beantwortet. Heute habe ich alles erreicht, was zu erreichen war. Heute war ein gelungener Tag. Heute war mein schönster Tag!

Auf dem Weg zu Ihrem gelungenen Leben werden Sie Mut schöpfen!

Die ehrlichen Antworten auf diese Fragen erfordern Mut. Oft sehr viel Mut. Mut ist ein ganz wichtiger Schlüssel, um sein Leben neu aufzusperren. Darum trainieren Sie Ihren Mut. Versetzen Sie sich täglich in den Gefühlszustand des Erfolgs, den Sie sich sehnlich wünschen. Geben Sie Ihrer Intuition, Ihrem Unterbewusstsein den Auftrag, Ihnen einen Weg zu Ihrem Erfolg aufzuzeigen. Dann wird Ihnen der Erfolg auf völlig überraschende Weise zuströmen. Wenn Sie Ihren Mut trainieren, indem Sie sich jeden Tag immer wieder in Ihr Unterbewusstsein den Satz: »Ja, ich schaffe es!« von Neuem einprägen, dann werden Sie eines Tages feststellen, dass nicht Angst und Mutlosigkeit die spontane Reaktion auf Schwierigkeiten sind, sondern Zuversicht und Erfolgsbewusstsein. Oft braucht es auch den Mut, sich zum Handeln zu entschließen. Dass ich jetzt zum Beispiel dieses Buch schreibe, erforderte Mut, denn auch ich musste mich erst den 301 Lebensfragen stellen und diese mutig und ehrlich beantworten.

Auf dem Weg zu Ihrem gelungenen Leben werden Sie vielen Herausforderungen begegnen!

Zu Ihrem Leben gehören Erfolge und Herausforderungen. Auf dem Weg zum gelungenen Leben werden Ihnen also immer wieder kleinere oder größere Probleme begegnen. Es gibt kein Leben ohne Probleme. Denn Probleme sind wichtig. Probleme sind für uns, nicht gegen uns. Probleme zu haben ist auch kein Zeichen von Schwäche. Aber Probleme liegen zu lassen ist ein Zeichen von Schwäche. Probleme sind immer ein Signal zur Aktivität. Probleme fordern Mut heraus. Sie bringen uns oftmals an die Grenzen des Könnens, des Selbstvertrauens. Ohne Probleme gibt es keine Erfolge. Erfolg zu haben bedeutet auch nicht, dass man plötzlich keine Probleme mehr hat. Erfolgreich zu sein bedeutet nur, dass man Probleme erfolgreich gelöst hat. Also betrachten Sie Probleme als das, was sie sind: Wegmarken auf Ihrem Weg zum gelungenen Leben. Herausforderungen, an denen Sie wachsen. Ich rufe Ihnen zu: Nehmen Sie diese Herausforderungen an und räumen Sie Ihre Probleme auf!

Auf dem Weg zu Ihrem gelungenen Leben werden Sie Ihre Ängste erkennen!

Eine ganz wesentliche Frage auf dem Weg zum gelungenen Leben ist die Frage, wie man sich von der Angst befreit. Erst wenn Sie Ihre Angst überwinden, können Sie anfangen, Selbstvertrauen aufzubauen. Das Selbstvertrauen, das Sie brauchen, um erfolgreich zu sein und ein wirklich gelungenes Leben zu führen. Angst hindert Sie daran, erfolgreich zu sein. Angst raubt Ihnen alle Kraft. Es zählt nur noch die Frage, wie man diese Angst reduzieren kann. Wie man die Angst in Ordnung bringen kann! Aus einer unbereinigten Angst entsteht eine Situation, in der Sie nicht gehen können, aber auch nicht bleiben wollen. Daraus entsteht Lähmung. Und diese Lähmung verhindert, dass Sie Ihr Potenzial zur Anwendung bringen.

Auf dem Weg zu Ihrem gelungenen Leben werden Sie Ihre Ängste besiegen!

Angst vor dem Versagen, vor dem Alleinsein, vor dem Erfolg und alle weiteren Ängste sind doch letztendlich nur Ängste in unserem Kopf. Die meisten Ängste bewahrheiten sich nie. Wenn Sie diese Ängste einfach ungefragt hinnehmen, werden Sie sie nie los. Sie werden Sie immer begleiten. Um sich von den Ängsten zu befreien, kommt es darauf an, sich der Angst zu stellen. Fragen Sie sich, woher diese Angst überhaupt kommt, danach fragen Sie sich, wie diese Angst Sie beeinträchtigt, und dann entscheiden Sie sich, diese Angst nicht mehr zuzulassen.

Angst ist oft auch verbunden mit einem Rachegefühl, mit dem Verfluchen dessen, der einem die Angst einflößt beziehungsweise vor dem man Angst hat. Hören Sie auf, die Personen zu bekämpfen, die Ihnen Angst einflößen. Bekämpfen Sie Ihre Angst. Wenn es Ihre Eltern sind, die Ihnen Angst einflößen oder Ihnen über viele Jahre Ihrer Kindheit Angst eingeflößt haben, dann müssen Sie erst einmal eine saubere Schnittstelle schaffen. Hinter einer Angst steht nicht selten ein über Jahrzehnte aufgestautes Fehlverhalten. Aus solchen Situationen hilft oft nur eine wirklich ernsthafte, wenn auch schmerzhafte Auseinandersetzung. Auflösen können Sie diese Angst nur durch Gespräche. Dazu müssen Sie eine Atmosphäre schaffen, in der beide Seiten ihre Fehler eingestehen können. Dazu brauchen Sie wieder Mut. Um diesen Mut zu untermauern, brauchen Sie ehrliche und klare Argumente. Fassen Sie den Mut und sagen Sie dem- oder denjenigen, die es betrifft, dass Sie unsagbar gelitten haben. Sie werden erleben, wie Ihre Angst verschwindet.

Auf dem Weg zu Ihrem gelungenen Leben werden Sie Ihre wahren Werte entdecken!

Welche Werte Sie wirklich leben und umsetzen wollen, ist eine Entscheidung, die nur Sie selber treffen können. Nehmen Sie sich bitte die Zeit und fragen Sie sich, welche Werte in Ihrem Leben wirklich für Sie wichtig sind. Und bitte fragen Sie sich auch, von wem Sie diese Werte übernommen haben. Eltern, Großeltern, Erzieher, Lehrer, Partner, Freunde, Kollegen, Vorbilder und Mitmenschen, alle haben ihre eigenen Wertvorstellungen. Welche dieser Werte jedoch für Ihr Leben Bedeutung haben, können nur Sie selbst entscheiden. Denn erst wenn Sie Ihre Werte kennen und leben, werden Sie ein wirklich gelungenes Leben führen. Werte sind die Grundbausteine des Lebens und erfordern jeden Tag Disziplin. Ohne Disziplin gibt es keine Umsetzung der Werte! Werden auch Sie ein »Wertemensch«!

Bei mir war es meine Großmutter, von der ich lernte, wie wichtig Werte im Leben sind. Sie war Zeit ihres Lebens mein Vorbild, meine Liebe. Sie war es, die mich Werte wie Disziplin, Anstand, Ehrlichkeit und Respekt lehrte. Wenn Sie sich in Ihrem Umfeld umschauen und suchen, werden Sie die Menschen finden, die Ihnen wichtige Werte vorleben können.

Auf dem Weg zu Ihrem gelungenen Leben werden Sie Ihre Geist-Körper-Seele-Balance erreichen!

Je echter Sie Ihre Geist-Körper-Seele-Balance leben, je echter Sie sind, umso erfüllter wird Ihr Leben sein, umso besser werden Sie das in Ihrem Leben umsetzen, was Ihre Persönlichkeit vorgibt. Diese Geist-Körper-Seele-Balance zu finden, zu erkennen und vor allem zu leben ist die starke Basis und das echte Selbstbewusstsein, auf das Sie Ihr Leben ganz neu ausrichten und aufbauen können. Diese Balance im Leben ist wie ein Glockenschlag. Damit die Glocke schön zum Klingen kommt, muss sie ganz gleichmäßig schwingen. Hören Sie auf Ihre innere Glocke. Schwingt sie? Oder gibt es da noch ein paar Missklänge?

Auf dem Weg zu Ihrem gelungenen Leben entdecken Sie Ihre Einzigartigkeit!

Vergessen Sie es nie: Dass Sie leben, war nicht Ihre eigene Idee, und dass Sie atmen, war nicht Ihr eigener Entschluss. Dass Sie leben, war eines anderen Idee, und dass Sie atmen, dessen Geschenk an Sie. Niemand denkt und fühlt und handelt so wie Sie und niemand lächelt so, wie Sie es gerade tun. Niemand sieht den Himmel ganz genauso wie Sie und niemand hat je gewusst, was Sie wissen. Ihr Gesicht, Ihre Figur hat niemand sonst auf dieser Welt. Sie sind reich, egal ob mit oder ob ohne Geld, denn Sie leben! Niemand lebt so wie Sie. Sie sind ein Mensch, ein einzigartiger noch dazu. Sie sind Sie. Und Sie leben Ihr Leben. Gehen Sie Ihren Weg. Gehen Sie in die Richtung, in die Sie wollen. Aber gehen Sie! Gehen Sie ihn JETZT!

Auf dem Weg zu Ihrem gelungenen Leben: Haben Sie einen ständigen Weggefährten!

Ich wünsche Ihnen auf Ihrem Weg zu Ihrem gelungenen Leben alles Gute und werde mit diesem Buch Ihr ständiger Begleiter sein. Wann immer Sie in Ihrem Leben ein Hindernis überwinden müssen, wann immer Sie eine Weggabelung in Ihrem Leben erreichen, wann immer Sie in Ihrem Leben sich schwach oder hilflos fühlen, halten Sie inne und stellen Sie sich den Fragen Ihres Lebens. Jedes Mal, wenn Sie in diesen Situationen wieder in diesem Buch blättern, werden Sie erneut die Energie spüren, die diese Fragen ausströmen. Sie werden Ihnen die Kraft geben, mutig und beherzt Ihren Weg weiterzugehen. Ihren Weg durch diese wundervolle Welt. Ihren Weg zu Ihrem gelungenen Leben!

Zum Ausklang

Liebe Leserin, lieber Leser

Das gelungene Leben ist das Leben, in dem wir Liebe schenken, glücklich sind und zufrieden. Dabei hängt es nicht davon ab, ob wir einen Ferrari fahren, an einem wunderschönen Ort leben oder ständig ein fröhliches Gesicht machen. Das gelungene Leben führen wir dann, wenn es uns gelingt, unsere Wünsche, die wir tief in unserem Herzen tragen, zu verwirklichen. Wenn wir an diesen Herzenswünschen auch und gerade dann festhalten, wenn es scheinbar keine Hoffnung gibt. Wenn es uns gelingt, an unserem Traum festzuhalten, wenn wir die Hoffnung nie aufgeben, dann werden sich eines Tages wundervolle Wirklichkeiten für uns ergeben. Wirklichkeiten, die wir aus unserer tiefsten Seele genießen können. Das ist die Botschaft, die uns Chris Rea und Shirley Bassey in ihrem wunderbaren Lied »Do you own a Ferrari« schenken. Und das ist die Botschaft, die auch ich Ihnen mit auf Ihrem Weg zu einem gelungenen Leben mitgeben möchte.

CHRIS REA:

SHIRLEY,
>Do you own a Ferrari?
>Do you live in a wonderful place?
>And the smile on your face
>Is of joyful laughter,
>happy ever after

SHIRLEY BASSEY:

>Yes, I own a Ferrari
>Yes, my life is your dream
>And I live in a wonderful place
>And the smile on my face
>Is not sycophantic
>I'm just a true romantic

How about you?
What is so wrong
With a heart with a dream
A soul without hope
Is a terrible scene

Deep in the coldest and
darkest of nights
I hang on to my dream
Keep it locked in my sights

What is so wrong
With a heart with a dream
A soul without hope
Is a terrible scene

Deep in the coldest and
darkest of nights
I hang on to my dream
Keep it locked in my sights

CHRIS REA:
Shirley, do you own a Ferrari?

Das ist meine Botschaft an Sie: Finden Sie Ihren Traum, halten Sie daran fest, gehen Sie Ihren Weg hin zu einem wirklich gelungenen Leben. Die 301 Fragen in diesem Buch sind Ihr Navigationssystem. Und falls Sie sich doch einmal verlaufen oder bei der einen oder anderen Weggabelung unsicher sind, scheuen Sie sich nicht, mich in meiner Akademie via Internet unter www.lejeune-academy.de zu besuchen. Ich werde dort sein. Lassen Sie sich auf Youtube von diesem energievollen Lied mitreißen. (http://www.youtube.com/watch?v=brdni8pD6uw)
Ich wünsche Ihnen ein gelungenes Leben und freue mich auf Sie!

Ihr Erich Lejeune

Anhang

Register

Bücher des Bestsellerautors Erich Lejeune

Lejeune, Erich J.
Mr. Chip – Eine deutsche Karriere
315 Seiten, Hardcover, ISBN 3-7857-0584-0

Lejeune, Erich J.
Mut zur Karriere – Mein Alphabet des Erfolgs
284 Seiten, Hardcover, ISBN 3-7857-0615-4

Lejeune, Erich J.
Aufbruch Deutschland – Die Streitschrift eines Unternehmers zur Lage der Nation
261 Seiten, Hardcover, ISBN 3-478-35490-0

Lejeune, Erich J.
Die ce Story – Gewinnen mit Chips
248 Seiten, Hardcover, ISBN 3-478-36310-1

Lejeune, Erich J.
Mein Marathon des Lebens – Mit Gegenwind zum Erfolg
320 Seiten, Hardcover, ISBN 3-478-72620-4

Lejeune, Erich J.
Lebe ehrlich – werde reich! – Das Buch der Werte
aktualisierte Auflage, 312 Seiten, Hardcover,
ISBN 978-3-636-01506-8

Lejeune, Erich J.
Lebe ehrlich – werde reich! – Das Buch der Werte
Hörbuch, 379 Minuten auf 5 CDs

Lejeune, Erich J.
Lebe ehrlich – werde reich! – Das Buch der Werte
Hörbuch, 379 Minuten auf 4 Kassetten

Lejeune, Erich J.
Du schaffst, was du willst – Dein Wille geschehe!
280 Seiten, Hardcover, ISBN 978-3-636-01505-1

Lejeune, Erich J.
Du schaffst, was du willst – Dein Wille geschehe!
Hörbuch 450 Minuten auf 6 Kassetten

Erich Lejeune
365 Tage Motivation – Für Körper, Geist und Seele
4. Auflage 2006, 384 Seiten, Hardcover, ISBN 978-3-636-01504-4

Erich Lejeune
Lebenswissenschaft Motivation – Das Geheimnis Ihres persönlichen Erfolges
250 Seiten, Hardcover, ISBN 978-3636062505

Erich Lejeune
Schluss mit der Angst – Für mehr Vertrauen in Deutschlands Zukunft
1. Auflage 2006, 160 Seiten, Hardcover, ISBN 978-3-636-01331-6

Der Habsburg-Faktor – Visionen für das neue Jahrtausend.
Eva Demmerle im Gespräch mit Otto von Habsburg
1. Auflage 2007, 224 Seiten, Hardcover, ISBN 978-3-636-01523-5

Käfer, Gerd
Der Gourmet-Papst – Dienen ist mein Leben – aber bitte mit Sahne
Gerd Käfer im Gespräch mit Erich Lejeune
1. Auflage 2006, 304 Seiten, Hardcover, ISBN 978-3-636-01357-6

Winfried Noé
Vorsprung durch Astrologie – Mit Motivation Krisen in Chancen verwandeln
Wienfried Noé im Gespräch mit Erich Lejeune
1. Auflage 2007, 278 Seiten, Hardcover, ISBN 978-3-636-01513-6

Thomas Fuchsberger
Zucker – Na und? – Mein Leben mit Diabetes
Thomas Fuchsberger im Gespräch mit Erich Lejeune
1. Auflage 2007, 288 Seiten, Hardcover, ISBN 978-3-636-01525-9

Peter Kraus
I love Rock`n`Roll – Keine Zeit zum alt werden
Peter Kraus im Gespräch mit Erich Lejeune
1. Auflage 2006, 304 Seiten, Hardcover, ISBN 978-3-636-01432-0

Hotel Vier Jahreszeiten
150 Jahre 1858 – 2008
1. Auflage 2008, 160 Seiten, Hardcover, ISBN 978-3-636-01566-2

Die Lejeune Academy
für Philosophie und Motivation

ERKENNE DICH SELBST

Die Lejeune Academy unterstützt Menschen in Wirtschaft, Politik, Wissenschaft, Kultur und Gesellschaft darin, ihr Potenzial zu entdecken, es optimal zu nutzen und so den Weg zu einem erfolgreichen, selbstbestimmten und erfüllten Leben zu finden. Wir bieten Ihnen in fundierten Tests und effizienten Workshops die Möglichkeit, sich selbst zu erkennen – Ihre Wünsche, Ziele, Bedürfnisse, Stärken, aber auch Ihre Schwächen. Dies öffnet Ihnen die Tür zu einem erstklassigen und selbstbestimmten Leben.

Leben Sie Ihr volles Potenzial
Wir bieten Ihnen mit effektiven Trainingseinheiten die Möglichkeit, Ihre Stärken auszubauen und so das ganze Spektrum Ihres Naturells und Ihrer Fähigkeiten zu nutzen. Entfalten statt verbiegen, selbstbewusst die eigene Persönlichkeit leben, anstatt fremdbestimmt Rollen zu spielen – das ist unsere Devise.

Ratschläge nach Maß
Jeder Mensch ist einzigartig, kein Lebensweg gleicht dem anderen. Wir bieten Ihnen individuelle Beratung und passgenaue Strategien für Ihren ganz persönlichen Weg zu Erfolg, Glück und Erfüllung.

Authentisches Wissen aus erster Hand
Unsere Lösungsansätze und Tipps beruhen nicht auf angelesenem Wissen oder Erfahrungen aus zweiter Hand, sondern haben sich in Erich Lejeunes erfolgreichem Leben verlässlich bewährt. Profitieren Sie von seinem breiten Spektrum an Kompetenzen und seiner langen Lebens- und Praxiserfahrung.

Das Original ist immer besser als eine Kopie. Darum präsentiert Erich Lejeune in seinen Vorträgen, Kursen, Seminaren und Coachings ungeschminkt die Essenz der Lebenswissenschaft Motivation. Das bedeutet für Sie: klare Orientierung, Zeitersparnis, Lebensfreude und Erfolg.

Vom Leben für das Leben lernen
Erich Lejeune hat die Praxis zur Theorie. Er holt die oft abstrakten Erkenntnisse aus Motivation und Philosophie in Ihr alltägliches Leben. Seine Anregungen sind konkret, lebensnah und praxisorientiert.

Motivation: dem Leben Kraft geben
Wie gewinne ich Energie, Begeisterung und Motivation?
Wie entwickle ich Selbstwert und Selbstbewusstsein?
Wie finde und erreiche ich meine Ziele?
Wie organisiere ich mein Leben?
Wie begegne ich Herausforderungen?
Wie erreiche ich die Geist-Körper-Seele-Balance?
Wie erreiche ich die Kraft der Motivation?
Wie lebe ich ehrlich und finde meinen inneren Reichtum?
Wie wichtig sind mir Emotionen?
Wie verwandle ich Niederlagen in Erfolge?

Philosophie: das Leben verstehen
Was ist der Sinn meines Lebens?
Wie wichtig sind Wahrheit und Ehrlichkeit?
Welche Werte machen mich stark?
Nach welchen Werten soll ich leben?
Wie lebe ich authentisch?
Wie bin ich Vorbild?
Wie finde ich Erfüllung?
Wie gehe ich mit meinen Ängsten um?
Wie wichtig ist Liebe in meinem Leben?
Wie stark ist meine Seele?
Was sind meine Lebensfragen?

Kommunikation und Leadership: Überzeugen und gewinnen
Kommunikation durch Motivation, Sprache und Körpersprache
Umgang mit modernen Kommunikationsmitteln und Medien
Erfolgsstrategien entwickeln
Erfolgreich verkaufen
Finanzen optimieren
Erfolgreiche Personal- und Teamführung
Coachings für Frauen – die Zukunft ist weiblich
Vertrauen ist gut, Controlling ist besser
Zukunft Marketing – Zukunft Vertrieb – Zukunft Werte
Markencheck und -aufbau mit Blick in die Zukunft

Die Lejeune Power-Box –
Ihr Navigationssystem für ein
gelungenes Leben!

Die Lejeune Power-Box bietet eine einzigartige Kombination aus verschiedenen Hörbüchern, mehreren Live-Interviews mit Erich Lejeune, einem Tele-Seminar-Mitschnitt, einer DVD eines großen, zweistündigen Keynote-Referats von Erich Lejeune, sorgfältig zusammengestellten Ausschnitten aus Erich Lejeunes verschiedenen Fernsehsendungen, vier speziell entwickelten Arbeitsbüchern, drei Postern und 52 Sinn-Karten. Diese Motivations-Power-Box ist nicht nur ein qualitativ hochwertiges Produkt, sondern sie ist vollgepackt mit Erfolgsstrategien, Weisheiten, Inspiration und Philosophie. Sie bietet mehr als 13 Stunden Lejeune-Power pur!
Erich Lejeune führt mit Ihnen einen philosophischen Dialog, der Sie überzeugen wird, sich die wirklich wichtigen Lebensfragen ehrlich zu stellen, um so Schritt für Schritt Klarheit über Ihr Selbst zu gewinnen, vielleicht eine neue Richtung einzuschlagen und positive Impulse für Ihren Weg in ein gelungenes und motiviertes Leben zu finden.
Weitere Informationen zum spannenden Leben von Erich Lejeune **und zur Lejeune Power-Box** finden Sie unter www.lejeune-academy.de und zur Lejeune Power-Box.

Bildnachweis

S. I: Familie Lejeune
S. II: Familie Lejeune
S. III: Familie Lejeune, Erich Lejeune, Galerie Roucka
S. IV: Familie Lejeune, Erich Lejeune, Galerie Roucka
S. V: Lejeune Academy, Rusch Verlag, Galerie Roucka
S. VI: Sparkasse Ingolstadt, Lejeune Academy
S. VII: Erich Lejeune
S. VIII: Famlile Lejeune, Galerie Roucka

Herz für Herz
Stiftung für Leben!

»Herz für Herz – Stiftung für Leben!« wurde im Jahr 2003 von dem Münchner Unternehmerehepaar Erich und Irène Lejeune ins Leben gerufen. Die Stiftung ermöglicht Herzoperationen und Rehabilitierung sowie Eingriffe am Herzen und diagnostische Maßnahmen bei Patienten, insbesondere bei Kindern aus den ärmsten Regionen der Welt.

Die Stiftung unterstützt:

– weltweit Aus- und Fortbildung von Ärzten und medizinischen Hilfspersonal

– die Entwicklung moderner Verfahren zur Behandlung von Herz- und Kreislauferkrankungen

– die Aufklärung über die Bedeutung von Herz- und Kreislauferkrankungen und ihre Behandlung

Irène Lejeune
Vorstand
»Herz für Herz – Stiftung für Leben!«

Zeigen auch Sie Herz – Stiften Sie Leben!

Spendenkonto der Stiftung:
HypoVereinsbank
BLZ 700 202 70, Konto: 66050700

weiter Infos unter:
www.herzfuerherz.de

Lejeune Academy
»Philosophy & Motivation«

Seine einzigartige Karriere aus einem Arbeiterviertel in München-Ramersdorf
zum erfolgreichen internationalen High-Tech-Unternehmer und seine
Entwicklung zum Motivationscoach
von Weltunternehmen sind ein eindeutiges Zeugnis dafür, was Mut,
Begeisterung und der
unabdingbare Wille zum Erfolg in uns Menschen bewegen können.
Erich Lejeune ist Visionär,
Vordenker der Motivation und Gründer der
»Lejeune Academy«, TV-Moderator,
Bestsellerautor und
vor allem authentisches Vorbild und
Sinngeber für Sinnsuchende!
Entdecken Sie an einem unvergesslichen und exklusiven Motivationstag mit
Erich Lejeune die vielfältigen Einsatzmöglichkeiten Ihres großen Potenzials.
Lassen Sie sich dafür begeistern, täglich Ihr Erfolgsbewusstsein und Ihre
Motivationskraft zu steigern und in echte Lebensenergie umzuwandeln.

**Vorträge, Einzel– und Gruppencoachings,
Verkaufscoachings,
Motivationscoachings,
Emotionscoachings und Impulsreferate**

So erreichen Sie uns:

Lejeune Academy GmbH
Denninger Strasse 15
81679 München

Sekretariat Frau Alexandra Hille

Tel: +49 (0)89 30 90 50 8-0
Fax: +49 (0)89 30 90 50 8-12

Alexandra.Hille@lejeune-academy.de
www.lejeune-academy.de

Weitere Titel aus dem mvg-Programm

Kurt Tepperwein

Glücklich

Heute, morgen und für immer

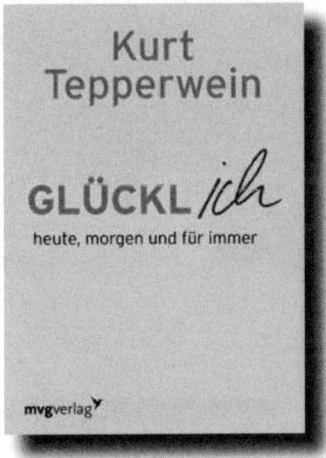

212 Seiten, Hardcover
ISBN 978-3-86882-012-6
€ 16,90

Kurt Tepperwein weiß, dass das Geheimnis des Glücks in seiner
Einfachheit liegt. Alles Wissen über Glück hat er für den täglichen
Gebrauch absolut verständlich und spannend aufbereitet. So wird für
seine Leser ganz einfach jeder Tag ein Glückstag.

Bestellung per
Tel: +49 (0) 8191-970 00-258
Fax: +49 (0) 8191-970 00-198
bestellung@mvg-verlag.de
www.mvg-verlag.de